中国博士后科学基金会
特华博士后科研工作站
总编：王　力　潘晨光

中国博士后社会科学研究报告

长三角都市圈产业一体化研究

The Research of Industrial Integration
In the Yangzi River Delta

李清娟　著

经济科学出版社

图书在版编目（CIP）数据

长三角都市圈产业一体化研究／李清娟著. —北京：经济科学出版社，2007.8
（中国博士后社会科学研究报告）
ISBN 978-7-5058-6418-4

Ⅰ. 长… Ⅱ. 李… Ⅲ. 长江三角洲－地区经济－经济一体化－研究 Ⅳ. F127.5

中国版本图书馆 CIP 数据核字（2007）第 094463 号

中国博士后社会科学研究报告

学术总顾问　　王茂林　　王洛林　　王传纶
（按姓氏笔画为序）　刘鸿儒　　李京文　　吴小平
　　　　　　　　　周正庆　　周道炯　　黄　达

中国博士后社会科学研究报告

编委会名单

主　任：徐颂陶

副主任：庄子健　李　扬　李茂生

编　委（按姓氏笔画为序）：

丁学东	马庆泉	王国刚	王松奇	王　铎	王　君	王保俊
王广谦	王华庆	王　建	王开国	王　力	王太元	王一鸣
田　进	厉以宁	卢德之	付自应	史建平	卢　平	李克穆
李小雪	李　扬	李剑阁	李茂生	李光荣	何盛明	何德旭
何小锋	刘士余	刘　力	刘　伟	刘京生	刘啸东	刘　元
米建国	孙海泉	孙建勇	孙祁祥	朱　炎	陈栋生	陈锡文
邵　宁	宋逢明	吴晓灵	肖金成	杨　琨	张东生	张维迎
邹东涛	郑新立	易　纲	周道许	周春生	孟　焰	洪　崎
胡　坚	胡继之	胡满泉	胡昭广	侯伟英	项俊波	姜　洋
姜　洪	南京明	宣昌能	赵玉海	唐双宁	袁　力	敖惠诚
曹凤岐	高传捷	高材林	贾建平	晋保平	夏　斌	夏杰长
夏燕月	徐信忠	黄速建	黄湘平	梁　琪	屠光绍	萧灼基
董文标	谢　平	赖小民	潘晨光	霍学文	戴根有	

本卷指导专家：陈栋生　邹东涛

序一

邹东涛[*]

扬子接天入东海，
滋润华东三角带。
都市繁星争辉映，
产业集群好又快。
科技金贸英才聚，
科学发展领前帅。
清涓朗朗蓝图绘，
华夏崛起增异彩。

---

[*] 序作者为经济学教授，博士生导师，国务院特殊津贴享受者，世界生产力科学院院士，特华博士后科研工作站指导专家，社会科学文献出版社总编辑，中央财经大学中国发展和改革研究院院长。

序二

陈栋生[*]

从区域经济发展的角度来看，20多年来，我国经济快速发展的拉动主要靠"三驾马车"——长三角、珠三角、环渤海。中国的地形特征就是三级台阶，西高东低、中间丘陵山地或平原，而经济发展水平、社会发展水平、对外开放的条件则刚好相反，排序是东中西。改革开放27年来，我国平均年经济增长率是9.4%，山东、江苏、浙江、上海、广东、福建等省市大概拉动了整个经济增长的3/4。与此同时，区域经济发展中也存在"几个病灶"：西部的病灶主要是欠发达、有待开发，加之原本脆弱的生态遭到了破坏；东北曾是新中国工业的骄傲，而近20多年来，面临结构和体制双重老化；中部6省的西侧和境内几十个老工业基地则分别兼具西部与东北的杂症；东部地区经济增长速度很快，年增长率都在两位数，但是增长方式的转变相对滞后，主要表现在两个方面：一是自主创新、自主品牌少。二是增长方式粗放，资源环境难负其重，出现了民工荒、地荒、电荒、煤荒。面对各自的病灶，对症下药，是提高经济增长质量与效益的必由之路。

应对经济全球化和抢抓经济全球化的机遇，都必须走城市联盟之路、区域联盟的道路。现在已经出现了三种类型的区域合作，第一种类型是跨地带的区域合作，成效显著的有"9+2"，"9"是广东及周围的8个省、区，"2"是香港和澳门。因为广州有资金、有技术，但它周边的中西部如川、云、贵、湘等地缺资金、缺技术，这是一种南北互补性的合作。第

---

[*] 序作者为中国区域经济学会副会长、中国社会科学院荣誉学部委员、特华博士后科研工作站指导专家。

二种是几个省毗邻地市组成的经济区,比如徐州和周边20多个城市组织成淮海经济区;再如邯郸、邢台、安阳及周边的部分地市组成中原经济区;参与合作的城市,发展水平与经济结构类似性大于差异性,属"南南型"合作。第三,大都市圈的联合,近年来迅猛发展,最引人注目的有以上海为中心的长江三角洲16个城市的大城市群,还有京、津、冀大都市圈,其他如广州、武汉、郑州、沈阳等都和周边城市结合成规模不等的大都市圈。

要实现区域协调发展、城乡协调发展,就要构建一种良性互动的机制,即一个地区的发展能够带动别的地区,而不是以牺牲、抑制别的地区为代价。互动发展要靠相应机制来保证:第一,市场机制。最近几年,东部地区,特别是"三驾马车",土地短缺、地价上涨,煤电油水都涨价,要素的价格上涨、供求不平衡、空间价格产生差异。在没有行政障碍下必然诱导要素的空间流动,近年东部地区,特别是浙江、广东的资金大量流向中西部;据不完全统计,现在西部接受东部的资金,近5年有5 000亿元,仅浙江一个省流到西部的资金超过1 000亿元,上海也超过1 000亿元。促进区域协调发展,必须让市场机制充分发挥作用。第二,合作机制。合作机制是一种协议性的分工,已经推进几十年了,但是有的成功,有的不成功,有的成效不明显。如果是政府搭台、企业等各类市场主体唱戏,成效就明显;反之,政府搭台、市场主体积极性不高,往往是空热闹一场。第三,互助机制,中央政府从20世纪80年代初就在发达与欠发达省市间结对子,比如福建和宁夏、上海和云南、北京和内蒙……其中既有道义性的合作,亦有按市场原则的互惠互利合作。第四,扶持机制,这是指纵向渠道,上级政府对下级政府转移支付,目标是实现公共服务享有均等化。除了这些机制,还有一个很重要的机制,就是利益补偿机制。以河流为例,上游地区保护水源清洁,中下游地区理应给予相应补偿。

长江三角洲地区作为我国参与全球竞争与合作的主体区域,域内各城市加强分工协作、优势叠加集成,是增强区域整体国际竞争力,实现率先发展,更好地发挥辐射、带动中西部作用的关键之一。李清娟博士将

序 二

"长三角都市圈产业一体化"作为博士后研究选题,从产业分工、工业化与城市化相互促进、生产性服务业、政府战略等方面进行了系统深入的研究。在博士后出站报告答辩会上,受到中国社科院金融研究所李杨先生、王国刚先生、国务院发展研究中心米建国先生、中国社科文献出版社邹东涛先生等多位学者的高度评价。出站报告被中国社科院金融研究所、中国博士后特华工作站评为优秀博士后论文,是作者对长三角产业一体化研究长期积累和深入思考的成果,她本人也获得优秀博士后殊荣,本书就是在博士后出站报告基础上修改完成的。李清娟同志任职于上海市经济委员会,承担着组织编制上海"十一五"产业发展规划的重任,在繁忙工作之余还按时完成了项目研究,并取得了骄人的成绩,实属不易,在此向她本人表示衷心祝贺。希望今后继续努力,发挥理论研究与政策谋划紧密结合的优势,为推进我国区域经济一体化建言献策。

是为序。

2006 年 3 月 18 日

摘　　要

　　20世纪90年代初以浦东的开发开放为契机，长三角地区成为国际投资者关注的焦点，掀起了国际产业向长三角转移的浪潮。外商投资不仅加速了长三角产业布局一体化的进程，而且长三角交通、信息和市场的一体化促进了企业在更大范围内整合资源的便利，吸纳了大量人口向长三角集聚。长三角都市圈产业一体化的形成，有利于推进中国在技术构成较高的产业参与国际竞争。本书从长三角产业分工深化、产业集群、技术创新、开发区与城市化、金融一体化、生产性服务业、政府战略等方面对影响长三角产业一体化的因素进行了研究。提出上海作为核心城市应大力发展生产性服务业，提高区域经济支配力和辐射力。深层次推进长三角产业一体化，需要在政策制定、区域规划、土地制度、区域管理等方面进一步发挥中央政府的指导作用。

主要研究观点[①]

20世纪90年代初以浦东的开发开放为契机,长三角地区成为国际投资者关注的焦点,掀起了国际产业向长三角转移的浪潮。外商投资不仅加速了长三角产业布局一体化的进程,而且长三角交通、信息和市场的一体化促进了企业在更大范围内整合资源的便利。长三角以上海为管理控制、研究开发和市场营销中心,其他区域为发展腹地的产业分工模式正在形成。长三角产业一体化的实现对促进我国国际产业竞争力、农业劳动力人口转移、城市化和现代化发展等方面具有重要战略意义。

从世界范围来看,城市群在经济发展中的主导作用明显。美国尼尔·R·佩尔斯等学者(1993)提出citistate理论,他认为国家影响经济和社会发展的权威性越来越受到各种力量的挑战,以国家为基本单位来考察经济和产业的发展是不够的,区域集聚条件正在成为国际资本流动考虑的首要因素和政府策略性思考的主要指向。从产业发展和企业发展的理论角度看,以国家为基本单位的传统立场正在向以产业区域及其创新环境为出发点的立场转变。区域合作、联动与协调发展是伴随着经济全球化一同发展的世界性潮流,也是未来一段时期内世界经济发展的方向和趋势。为利用和应对这一世界性潮流带来的机遇和挑战。全球经济一体化的经验表明,大都市在区际乃至国际经济竞争与合作中的作用越来越重要。

一、长三角都市圈产业分工趋于深化

长三角区域由于地理相邻、文化相近、市场结构互补,有效地降低了

[①] 博士后出站报告的主要研究观点全文刊发在上海市政协:《建言》2007年6月11日第11期。

企业交易成本和违约风险，降低了企业配置资源的搜寻成本。从近代工业化伊始长三角都市圈逐步发展成为我国企业数量多、企业布局密集大、产业竞争激烈和成本集约制造业的密集区。

长三角地区各政府之间在招商引资、基础设施建设、政府服务等方面使用了竞争策略，极大地改变了计划经济条件下经济相互封闭、来往较少的局面，加速促进了都市圈内各种产品要素的流动和产业的转移；区位功能开始分化，服务业逐渐替代了中心城市和中心城区的工业基地职能，周边城市和周边城区逐渐成为制造业的集聚区；江苏和浙江的第二产业比重在整个20世纪90年代处于上升阶段，而上海则表现为第三产业比重上升，第二产业比重大幅下降。大量的农村劳动力和各类专业人员越来越集中到长三角，扩大了城市规模、提高了城市化水平，产业和人口的集聚使城市间的规模经济和外部经济相互渗透、彼此交织在一起；开放程度越来越高，投资和贸易与世界经济的联系越来越紧密；三资企业从整个都市圈的范围考虑生产布局，同时各地区的企业与外资企业合作，融入其生产和采购链条，使各地区的产业和企业得到整合，发挥了各地的资源优势，提高了竞争力。

外资的投资布局加速了长三角产业一体化。1992年以来，外资流入中国的特点之一是技术密集度相对较高的生产项目大量落户在上海及其周边的苏州、无锡、杭州等城市。外商投资的技术产业所需的并不仅仅局限于廉价劳动力的供应，而是着重技术劳动力的供应和技术产业发展所需的区域性技术供应链，更重要的是上海技术产业和科技资源对长江三角洲都市圈内外商技术产业的支持，这就是为什么越靠近上海的城市，其吸收的外商投资量越多。外商投资的技术产业迅速在长江三角洲的扩大凸显出上海对外资企业发展的支持作用，强化了上海在长江三角洲产业分工中的核心地位。

长三角从产业同构向产业分工深化的转变。长江三角洲都市圈内部是否存在产业同构现象是一个尚未解决的问题。从实证研究的结果来看，产业同构的说法缺乏系统的数据支持，并且同实际状况不相吻合。可以说，正是长三角地区资源禀赋的同质性构成了长三角地区统计分类大类行业的同质性，或者说，是更大范围内的产业集群化发展态势的形成。由于认识上的偏差，大多数学者都把长三角制造业大类的同构性认为是长三角地区实现产业一体化发展的最大难点和障碍。因为从统计分类的3位数或4位数的行业划分来看，认为长三角地区产业同构的结论是不能成立的。

产业同构的背后必然是重复建设带来的过度竞争，由于长三角地区的国有企业改革步伐较快，现代企业制度完善，不同企业的同质产品在激烈竞争中形成了差异化特色，促进了产品质量的提升和市场的繁荣，这一点正是产业集群的一个特性。长三角地区的产业同构现象背后隐藏的是产业集群发展的规律，在同业竞争中，不断创新，从而促进了整个区域的发展与繁荣。"小商品"为主体的产业集群是浙江经济发展的突出特点。而上海的产业集群主要是以资本和技术密集型产业为主。随着上海大项目大基地产业布局思路的实施，上海以郊区为布局重点的制造业集群态势明显。

二、长三角都市圈演进为世界制造业中心的趋势分析

据预测通过高新技术对传统支柱产业的改造，一个世界性的新型制造业中心有望在长三角崛起。同时，这一区域城市化进程也将明显加快，在未来十年内，这一区域的一体化发展极有可能成为我国区域经济发展的重要增长极和亚太地区经济发达地带，成为具有较强国际竞争能力的外向型经济示范区。

目前，整个长三角区域正在成为"世界工厂"。据统计，截至2003年底，上海、江苏、浙江已累计批准三资企业7万多个，合同利用外资金额累计1 500亿美元，世界500强公司中已有400多家进入。这些三资企业的客户、协作生产厂家和新设立的分支机构遍布长江三角洲地区。有关机构估计，十年后，江、浙、沪地区将会有十几万个外商投资项目和累计1 500亿~2 000亿美元的实际使用外资数额。大量的外向型企业的存在，使得长三角区域的经济国际化程度大幅提升。与此同时，"中国制造"的商品也正源源不断地从这里走向世界。上海港国际集装箱吞吐量的快速上升就是一个佐证。20世纪80年代初期，上海港的吞吐量仅为3万多标准箱，到了2004年则飙升至1 450万标箱，到2005年前10个月已上升至1 700万标箱。如此巨大的国际资本集结量和如此庞大的国际货物吞吐量，正是与长三角地区的"世界工厂"地位互为因果。

长三角都市圈产业国际市场份额逐步扩大。2004年，长三角地区的

对外贸易继续保持强劲增长势头，取得了突出的成绩。15个城市完成外贸出口总额突破2 000亿美元，达到2 045.2亿美元，比上年增长47.5%，增幅高出全国平均水平12.1个百分点。15个城市外贸出口占全国的份额进一步提高，占全国的三分之一强，达到34.5%，比重较上年提高2.9个百分点。

随着经济全球化和本地化趋势的融合发展以及知识经济的崛起，长三角塑造成为现代制造业中心的区域优势再一次凸显出来。其主要表现为：经济要素的组合优势，经济成长的后劲优势，集群规模的经济优势，制度创新的领先优势，交汇融合的环境优势。

打造世界制造业中心——长三角共同的选择。构筑世界制造业中心，提高长三角产业在国际产业链中的地位，在国际产业分工格局中提高竞争力，而且由此产生的强大辐射力，将成为中国东部沿海地区带动中西部地区发展的强大引擎。因此，推进长江三角洲地区世界制造业中心的形成，将成为本地区各城市的共同任务，近两年来，上海、江苏和浙江先后制定了先进制造业发展战略。

三、长三角都市圈产业发展与城市化进程的相互促进

长三角地区城市功能分化扩展了城市的集聚与辐射范围。随着区域经济一体化加速发展，城市发展分化日益明显，以上海为核心的长三角城市体系正在逐步形成，不同等级规模和职能的城市的集聚与辐射能力及范围正在显著增强，并且城市间人口流动规模也在扩大，城市之间基础设施配套能力也在逐步加强。这都有利于资源的跨地区流动和人口的自由流动。

根据国际经验和中国未来发展的大趋势，长三角应该会成为中国更重要的经济承载区和人口承载区。目前长三角常住人口总量占全国10.39%。在城市化过程中，将导入更多新移民，除了本区域内农村人口转化为城市人口外，还有其他区域移民涌入，未来10~15年，长三角地区人口将达1.5亿。与世界著名大都市圈相比，长三角区域人口规模明显偏小，大都市圈的集聚效应尚未充分发挥。此外，在并不平衡的地区发展中，有条件的地区承载更多人口对全国实现全面小康和现代化都具有重要战略意义，国家需要长三角充分发挥它吸引农业人口的无形而巨大的影响力。

制造业持续增长伴随着人口向大城市的集聚。与江浙沪在中国和世界制造业地位的稳步攀升相一致，三省市工业就业人口总量从1992年的2 522.38万人增加到2003年的2 886.73万人。其中江苏省制造业就业人数从1992年的1 270.8万元增加到2003年的1 368.31万人；浙江省制造业就业人数从770.81万人增加到1 201.3万人，上海则从470.77万人下降到317.12万人。从以上三组数据可以反映出制造业在三地的发展态势，可以看出浙江是就业人数增长幅度最大的省份，上海制造业就业人数下降，但上海制造业工业产值却表现了连续15年的两位数增长，说明了上海制造业劳动生产率的提高，背后隐藏着产业结构升级的内在规律，同时也说明制造业从上海向江浙两省转移的趋势。

进一步从沪杭甬城市带中可以看出，人口集中主要发生在大城市。杭州市区的工业总产值从1991年353.18亿元增加到2003年的增加3 202.52亿元，是1991年的近10倍；杭州市区人口从1991年578.73万人增加到2003年的642.78万人，净增64.05万人。宁波市区工业总产值从269.60亿元增加到2003年的2 630.29亿元，也是1991年的近10倍，人口从514.16万人增加到549.07万人，净增34.91万人。统计数据以常住人口为准，如果包括流动人口，这一数据将更大。而县级行政区的人口规模增长幅度没有随着工业增长而增长，如富阳2003年工业总产值是1991年的14倍，而人口仅增长3.17万人。这一点进一步证实了城市发展规律，大城市为主导的城市发展模式应是中国未来城市化发展道路的主要方向。

长三角地区将率先实现城乡一体化。城市将成为上海周边区域，具有主导地位的空间形态。长三角是沪苏浙两省一市的有机组成部分，由于优越的自然、经济地理和已有发展水平的作用，以及处于大国经济环境之中，其人口集聚水平将是很高的。在长三角都市圈将最有可能率先在我国形成城乡一体化的经济和社会发展格局。当前实现这一目标需要从土地制度、人口管理等方面实现突破。

四、上海生产性服务业发展将有利于长三角产业整合

现代服务业按照服务对象划分，主要包括四大类：政府服务、公共服

务、生产性服务和生活性服务。生产性服务业是指主要为生产经营主体而非直接向个体消费者提供的服务,从企业内部的生产服务部门分离和独立从而发展起来的新兴产业。在 Sassen（2000）的《Global City》中对纽约、伦敦和东京等全球城市的生产性服务业进行了系统研究,认为生产性服务业是后工业化时期的主导产业。

长三角经济圈的进一步腾飞和人口的集聚客观上要求作为核心城市的上海,发挥区域性的资源再配置、要素再整合的作用。而完成这一使命的组织载体只能是功能完备的生产性服务业。因此,大力发展生产性服务业,不仅是上海作为长三角核心城市的提升自身支配力的要求,也是长三角制造业成为国际产业基地的发展要求。上海国际化程度较高,具有参与处理对外经济交流与合作关系的高端人才,具有江浙两省不可替代的独特地理优势,而且上海生产性服务业水平的提高对提高我国国际形象,维护国家利益具有重要作用。

据初步估算,2004 年上海生产性服务业单位数为 12.91 万家,占全市单位数的 31.4%；从业人数达 228.85 万人,占全市从业人数的 25.1%。从上海生产性服务业发展现状来看,主要有以下几个发展特征：（1）生产性服务业是推动上海第三产业发展的重要力量。上海生产性服务业企业数占全市第三产业的 39%,从业人数占 49%,资产总计占 68%,营业收入占 67.8%,生产性服务业已成为推动上海经济发展的主要力量。（2）科技研发投入持续增加,研发机构向上海集聚。2004 年上海全社会科技研发支出达到 170.6 亿元,比 2001 年的 88.1 亿元翻了一番以上,占全市生产总值比例由 2001 年的 1.78% 提高到 2.29%。2004 年科研服务行业单位数 1.04 万家,从业人员 16.27 万人,其中从事研究与试验发展的单位有 933 家,从业人员 4.75 万人,其中外资研发中心已达 140 家；从事科技交流和推广、专业技术服务的单位有 4 381 家,从业人员 7.12 万人。以企业为主体的研发体系正在不断形成和完善过程中。（3）以开发区为载体的集聚特征明显。张江、金桥、漕河泾等国家级开发区在制造业发展的同时,都出现了向生产性服务业转变的趋势。城市近郊工业区近年来也纷纷提出产业转型发展理念,在产业升级过程中都进行了一些有益的探索。

上海发展生产性服务业面临着全球外包服务市场迅速扩大、服务业转移具有较强的选择性、国际投资中服务业比重增加较快和长三角作为世界制造基地快速发展的四大发展机遇。为推动上海生产性服务业发展，引导社会和投资者了解生产性服务业发展重点和发展目标，上海确定了包括金融及保险服务、商务服务、物流服务、科技研发服务、设计创意服务和职业教育服务等与先进制造业密切相关的六大行业作为生产性服务业发展重点。在现有工业用地、工业区、工厂等范围内，突出产业转型、产业升级、产业链延伸和功能完善，规划以科技研发、设计创意、现代物流等生产性服务业为发展重点的生产性服务业集聚区。

产业融合的发展和深化要求上海大力发展生产性服务业，而上海产业能级的提升、结构的优化也顺应了这一要求，并为此提供了坚实的支撑。制造业的生产过程信息化和生产管理信息化以及二者的一体化，事实上也就是信息产业不断深化和不断细化的发展过程，这一过程必将伴随着大量的设计开发企业、检测和试验企业、信息咨询企业、管理咨询企业、市场调查企业、人力资本培训企业、批发和零售企业、物流企业等的繁荣和发展。应该看到，制造业本身对服务需求的增加是服务业务外包化的重要前提和基础，没有高水平、高效率的制造产业体系和集群，高水平、规模巨大的生产性服务业是难以被刺激、孕育和发展起来的。长三角制造业的进一步发展要求效率更高、功能更强、专业分工更细的组织结构和企业形态，而实现这一点必须要有强大的生产性服务业作支撑。

五、政府在促进长三角产业一体化中作用不可替代

在国外，解决跨区域经济管理问题的普遍做法是建立相应的跨行政联盟组织等。在发达的市场经济国家，以都市圈域的社会管理而论，有许多管理和协调工作还是要依赖政府的组织创新和制度创新。从改革开放以后的区域发展历程来看，中国地方政府的作用体现在发动经济增长和营造良好环境两个方面。发动经济增长包括创造经济增长的初始条件，在中国的实践中体现为地方政府从中央要特殊政策，以便迅速从国内、区内和国外积累资本；在这个过程中，政府制定前瞻性的计划，或者由政府主导、或者顺应市场的力量，确定本地区发展的先导工业和产业。

应该强调的是推动长三角一体化的主体力量是市场和企业。区域一体化的根本推动力是市场自发有序的力量，在市场的作用下，区域经济的发

展必然会突破以行政界限为范围，转向形成跨行政区的一体化组合体系为主导的区域经济模式。20世纪90年代另一个推动都市圈形成的力量是外资和港澳台企业的大量进入。这些外资企业多在昆山和苏州等地设厂，而在上海开立银行账户和区域性的总部，三资企业用资金、服务和生产把都市圈联系起来。

经过20年的尝试，长三角各地在地方政府协调方面取得了相当的成果，长三角各城市对接轨上海、建构长三角一体化都市圈已形成共识。江浙两省的企业纷纷到上海投资。据相关统计，目前在上海市的内地投资中，来自江浙的投资已占50%。而在环杭州湾5万多家企业中，有一半以上已经或即将在上海设点。在政府、学界和企业界共同努力下，长三角一体化进程正由务虚转向务实，长三角一体化步伐明显加快，长三角地区跨行政区经济活动将得到显著增强，长三角一体化大格局正呼之欲出。

（一）基于中央政府角度的长三角地区产业合作发展思路

1. 组建有效的区域协调管理机制

建立跨区域的管理机构，比如区域经济联席会议、区域经济联盟或协调委员会等机构，并赋予相应的规划和调控权，由它来处理解决单一地方政府无力解决的难点问题。我国的行政等级制对行政区划的影响较大，而缺乏行政等级的跨域协调组织实质上不具有有效的协调能力。我国城市圈经济的快速发展，需要中央政府协调各方利益推进一体化的进程，建议成立"国务院长三角都市圈领导小组办公室"，主要职能是按照中央"统筹区域发展"的方针，制定空间布局规划、区域发展战略和区域经济政策；协调省区之间的利益关系，整合区域资源，促进区域之间经济社会的均衡、协调发展，推进大都市经济圈的一体化。

2. 编制适应长三角都市圈快速发展的国土规划制度和调整制度

城市圈的协调发展问题已成为"十一五"期间我国城镇化发展战略的重要内容。从全国范围来讲，我国国土规划调整需要注意两个方面：一是城市带、都市圈是城镇化发展中的不容忽视的必然形态；二是大范围、按流域和区域制定国土规划和实施管理应是中央政府宏观管理的重要基本职能。在城镇化发展加速的条件下，迫切需要明确大范围、按流域和区域制定国土规划和实施管理应是中央政府宏观管理的重要基本职能。建议以长三角都市圈为试点,将成功的土地制度改革经验在全国扩大试点范围,为最终建立适合我国城镇化发展的土地制度,探索新的发展途径。

3. 建立区域合作的利益补偿机制助推城市间的合作

以上海为中心的"长江三角洲城市经济协调会"以及其他一些省内的各种城市联盟,这些城市合作组织,通过统一规划、加强协调,在推进基础设施建设、城乡布局、市场体系、产业发展和环境保护与生态建设诸方面的一体化都在发挥着作用,但在协作中,一旦各方利益协调受阻,就易陷入议而不决或决而难行的困境。受以上因素影响,中国城市群的发展速度将会放缓,而"利益补偿机制"将能"助推"中国城市间的合作。建立区域利益调整机制,对部分地区在地区利益和地区机会上的损失进行补偿,使这些地区同样享受到产业整合后效率提高所增加的利益,从而减少区域产业结构调整可能遇到的阻力。

4. 合理引导"各自为政"向行政权力的联合转变

改革开放的进程,是中央政府逐步给地方更多发展自主权的过程,激发了地方政府的积极性,为追求本地区利益,促使地方政府不断的制度超越和制度创新,提高行政效率,改进投资环境等,以尽快地促进本地区经济的增长,"各自为政"的行政管理模式,发挥了积极的作用。涉及到共享的基础设施建设项目国家应听取相关省市的意见。

(二) 基于地方政府的一体化推进政策建议

1. 由让利竞争向服务竞争转变。区域之间从招商引资的让利竞争向改善综合环境的"服务竞争"转变,是中国区域竞争不断深化、走向成熟的趋势和要求。将各城市与周边的合作发展作为政绩考核指标,引导地方政府加强区域合作。

2. 加强一体化政策制度建设。逐步取消各地的"优惠政策"。为加强招商引资各地的优惠政策导致了产业的低水平和土地的低效率利用,一体化的政策环境有利于引导产业的合理布局。继续推进"公共产品一体化",在基础设施建设上要统一规划建设,在生态环境治理上要有全局的概念等,重点是促进人员流动的一体化,实施一体化的社会保障、人口管理、交通管理等方面一体化。

3. 加强交通基础设施建设一体化是长三角产业一体化的物质基础和

必要条件。在基础设施联动建设方面，重点是加强上海国际航运中心和上海国际航空港集疏运系统的配套建设、区际交通和通讯设施的衔接和标准化匹配规划。其中，围绕上海国际航运中心洋山深水集装箱枢纽港和浦东机场二期扩建工程建设，加强长江三角洲港口、机场、高速公路和内河航道集疏运系统及物流园区的联动建设应是重点。

目录

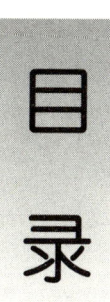

第一章　选题理由与研究目的 ……………………………………… *1*
　一、长三角都市圈的界定 ……………………………………… *1*
　二、研究目的 …………………………………………………… *4*

第二章　都市圈经济发展的理论与实践 ……………………………… *8*
　一、都市圈经济理论演进综述 ………………………………… *8*
　二、纽约和东京都市圈发展分析 ……………………………… *13*
　三、三大都市圈成为我国经济发展的核心 …………………… *18*

第三章　长三角都市圈产业一体化与产业集群发展分析 …………… *27*
　一、长三角都市圈产业一体化发展内涵和历史轨迹 ………… *27*
　二、外资的投资布局加速了长三角产业一体化 ……………… *34*
　三、长三角从产业同构向产业分工深化的转变 ……………… *38*

第四章　长三角都市圈主要产业发展与技术创新 …………………… *53*
　一、长三角电子信息产品制造业 ……………………………… *53*
　二、长三角装备制造业 ………………………………………… *60*
　三、长三角纺织服装业 ………………………………………… *68*
　四、长三角产业技术创新中存在的问题和对策研究 ………… *73*

第五章　长三角都市圈演进为世界制造业中心的趋势分析 …………… 92

一、世界制造业中心转移轨迹及趋势 …………………………… 92

二、长三角成为世界制造业中心的趋势及瓶颈 ………………… 101

第六章　长三角都市圈产业发展与城市化进程的相互促进 ………… 118

一、长三角都市圈产业发展与城市化 …………………………… 118

二、长三角产业开发区与新城型城市化 ………………………… 128

三、从自发型乡村工业化到规划控制型新城的演变 …………… 133

第七章　生产性服务业与长三角都市圈产业分工深化 ……………… 139

一、生产性服务业发展的一般规律 ……………………………… 139

二、长三角金融一体化的推进障碍与对策 ……………………… 156

三、上海生产性服务业的发展战略研究 ………………………… 163

第八章　政府在促进长三角产业一体化中的作用 …………………… 180

一、国际经验的借鉴 ……………………………………………… 180

二、政府促进长三角一体化发展的实践 ………………………… 183

三、长三角制造业发展战略 ……………………………………… 200

参考文献 …………………………………………………………… 208

后记 ………………………………………………………………… 213

第一章

选题理由与研究目的

一、长三角都市圈的界定

改革开放后，中国经济发展加速了城镇化进程。都市圈的形成被认为是中国经济增长的动力之一。特别是近10年来，中国城镇化率从1990年的18.9%上升到2002年的39.1%。也就是说10年中，每年约有2 500万人从农村进入城市。中国已进入了城镇化快速发展时期，城市已经成为经济活动的主要载体。从世界城市化进程来看，城市化率从36%提高到60%是一个加速期。中国目前已经跨进了这个"城市化加速期"的门槛，城市化率在增长的过程中，都市圈的协调发展和一体化规划引起了地方政府的高度关注。目前在我国主要形成了以九大经济区①为主的城市群发展

---

① 在中国区域结构发生重要变化的同时，中国的都市区开始日渐显性化，中国九大经济区分别产生了自己的核心区，这九大都市区分别是：①大香港都市区：以香港、澳门、广州、深圳为中心，包含香港、澳门、广州、深圳、珠海、佛山、江门、惠州、清远、东莞、中山等城市。③大上海都市区：以上海为中心，南京、杭州为次中心，包括上海、南京、杭州、无锡、常州、苏州、南通、扬州、镇江、杭州、宁波、温州、嘉兴、湖州、绍兴、金华、舟山、台州等。④大北京都市区：以北京、天津为中心，包括北京、天津、石家庄、唐山、秦皇岛、保定、张家口、承德、廊坊。⑤沈大都市区：以沈阳、大连为中心，包括沈阳、大连、鞍山、抚顺、本溪、锦州、营口、阜新、辽阳、盘锦、铁岭、朝阳、葫芦岛等。⑥青济都市区：以青岛、济南为中心，包含青岛、济南、淄博、东营、烟台、潍坊、泰安、威海、日照、莱芜等。⑦大武汉都市区：以武汉为中心，包括武汉、九江、信阳、黄石、十堰、宜昌、襄樊、鄂州、荆门、孝感、荆州、黄冈、咸宁、随州、岳阳等城市。⑧成渝都市区：以成都、重庆为中心，包括成都、重庆、自贡、泸州、德阳、绵阳、遂宁、内江、乐山、南充、宜宾在内。⑨关中都市区：以西安为中心，包括西安、铜川、宝鸡、咸阳、渭南、汉中等城市。

模式，其中以上海为核心的长三角都市圈、以港澳深为核心的珠三角都市圈和以京津为核心的环渤海都市圈被认为是成长性较好、经济集聚能量大的区域。特别是进入新世纪，长江三角洲地区已成为中国经济发展速度最快、活力最强的地区之一，引起了全世界的关注。

（一）长三角都市圈范围界定

都市圈的概念是指以经济比较发达并具有较强城市功能的中心城市为核心，同其有经济内在联系和地域相邻的若干周边城镇所覆盖的区域相组成的，其经济吸引和经济辐射能力能够达到并能促进相应地区经济发展的最大地域范围。都市圈是一种以其高密度的城市和一定门槛规模的人口以及巨大的城市体系，区别于其他地区和其他城市类型的空间组织。都市圈内等级体系较为合理，相互分工与合作关系明确，区与区之间经济发展则具有相对独立性。根据城市化、工业化的内在规律组建起来的都市区，可以为中国未来国民经济分级、分区调控体系的建立提供一种有效的组织载体。

长三角都市圈有广义和狭义之分。广义的长三角是指以江浙沪两省一市为主体的区域空间。狭义的长三角——长三角都市圈概念是指空间地理位置相近的15个城市，包括上海、南京、杭州、宁波、苏州、无锡、常州、镇江、嘉兴、绍兴、南通、湖州、舟山、扬州、泰州，后来台州也宣布加入，成为16个城市。

中国经济实力最强的35个城市中有10个在长三角，全国综合实力百强县（市），长三角占了一半。广义的长三角地区聚集着近百个工业产值超过100亿元的产业园区，还有数千家巨型企业。世界500强企业有400多家在此落户，合同利用外资总值已超过1 500亿美元。在全球经济一体化浪潮不断高涨的今天，长三角地区城市间联动与合作也在加快推进，推动了区域综合经济实力的增强，在全国经济发展中的核心地位不断增强。2004年，长三角地区15个城市实现生产总值27 604亿元，比上年增长15.4%，增幅高出全国平均水平5.9个百分点。土地面积仅占全国1%、人口占全国不足6%的区域内，创造的GDP总量占全国的比重超过1/5，达到20.2%，比上年提高0.7个百分点，表1-1是2004年长三角15个城市主要经济指标及与全国的比较。

从经济绝对量看，2004年，各城市完成GDP能级格局又有新变化，常州、嘉兴两市跻身千亿城市行列，使经济总量超过1 000亿元的城市增加到10个，占总数的2/3，分别是上海、苏州、杭州、无锡、宁波、南京、绍兴、南通、常州和嘉兴。

表1-1　　2004年长三角地区15个城市的主要经济指标与全国的比较

指标	总量				增速（%）		
	长三角	全国	占全国比重（%）		长三角	全国	比全国高出百分点
			2004年	2003年			
生产总值（亿元）	27 604.62	136 515	20.2	19.5	15.4	9.5	5.9
第二产业	15 389.39	72 387	21.3		17.6	11.1	6.5
第三产业	10 986.30	43 384	25.3		14.1	8.3	5.8
固定资产投资（亿元）	13 177.11	70 073	18.8	19.2	24.4	25.8	-1.4
消费品零售总额（亿元）	7 956.25	53 950	14.7	15.1	14.9	13.3	1.6
外贸出口总额（亿美元）	2 045.20	5 934	34.5	31.6	47.5	35.4	12.1

资料来源：上海市统计局。

近年来，长三角地区积极抓住国际产业转移的机遇，加大吸引外资力度，已逐渐成为世界的制造业基地，工业生产能量不断扩大。2004年，15个城市共实现工业增加值13 714.68亿元，比上年增长18.7%，增幅高出GDP 3.3个百分点，且明显高于全国平均水平，对区域经济的增长发挥了重要作用。

（二）长三角的独特个性

大都市圈是由地理、经济和历史人文因素交织而形成的一种空间现象。当今世界最大的3个大都市圈为纽约、东京和长三角大都市圈。与世界其他大都市圈相比，长三角地区具有独特的个性。

1. 幅员广阔。长三角是世界三大都市圈中最大的都市圈，面积是纽约、东京大都市圈的5倍和7倍多，人口是4倍和2倍，具有超越纽约和东京大都市圈的发展潜力。

2. 人口高度密集。在这个5倍于纽约大都市圈的区域内，平均人口密度为每平方公里760人。如果仅计算平原地区，则人口密度约为每平方公里913人，高于纽约（895人），低于东京（2 548人）。如果以纽约大都市圈为参照，则长三角已具有都市化地区的人口密度。

3. 周边区域经济规模大大超过核心区域。长三角大都市圈的周边省份的面积和人口，均数倍于上海市；而纽约和东京大都市圈的周边区域，单个区域人口均少于纽约和东京。这导致了长三角大都市圈的周边区域，经济规模超越核心城市的必然性，纽约和东京周边区域经济规模则难以超载核心城市，这对长三角大都市圈的基本状况构成了决定性影响。

4. 大国经济导致的巨大发展空间。中国人口是美国的4倍多，是日本的近10倍，巨大的国内市场，给了长三角地区以巨大的发展空间。再加上国际贸易，形成了长三角整体快速发展的市场环境。

二、研究目的

长三角大都市经济圈以上海为核心，其城市化水平整体较高，城市体系完备。尽管在全国比重稳步上升，但与世界城市相比经济规模还不够大。长三角已处在向工业化中后期发展的阶段，根据经济发展的规律，今后五年城市化进程将明显加快。通过高新技术对传统支柱产业的改造，一个世界性的新型制造业基地有望在此崛起。未来十年内，长江三角洲将有可能成为我国区域经济发展的重要增长极和亚太地区经济发达地带，成为具有较强国际竞争能力的外向型经济示范区。许多有识之士甚至认为，"长三角"不仅已经或者即将成为中国经济巨轮的领航者，而且极有可能成为世界经济下一轮复苏的"发动机"。

和完全属广东省的珠江三角洲不同，长江三角洲都市经济圈内存在的最大问题是长三角分属二省一市的15个城市构成，行政隶属关系非常复杂，地区之间的协调难度很大，导致一些区域性交通基础设施和环境治理工程因各地缺乏协调而进展缓慢，这成为"诸侯经济"的根源。由于该地区内部自然禀赋比较相似，因而产业竞争加剧。地方利益所导致的一系列问题，可能推迟长三角变成国际级区域经济中心的时间表。只有打破由于行政区划造成的地方保护主义与诸侯经济，拆除束缚长三角的"汉界楚河"，在区域规划、基础设施、环境保护、市场准入等方面加大互动发展力度，才可避免长三角基础设施重复、无序竞争等弊病，实现区域可持续发展。

现在长江三角洲正面临着难得的发展机遇。中共十六届五中全会提出的"**要继续推进西部大开发，振兴东北地区等老工业基地，促进中部地区崛起，鼓励东部地区率先发展，形成东中西互动、优势互补、相互促进、共同发展的新格局**"区域规划思路，为东部地区的快速发展提供了良好的政策环境。紧紧抓住今后一二十年这个"重要战略机遇期"，以上海建设国际经济、金融、贸易和航运中心为龙头，长三角将迎来一个前所未有的发展机遇，以长三角的腾飞带动整个长江流域地区经济的新飞跃，辐射和牵引我国中西部经济并联手进入世界市场，在新世纪延续"中国奇迹"。

"世博"机遇则百年难遇，举办2010年世界博览会将给上海带来极其强劲的经济动力，成为晋升为较高层级的综合性世界级城市的载体；同时，世博会的举办将通过旅游、会展、物流、建筑、投资、商贸等一系列经济活动推动长三角经济高速增长，从而使长三角真正成为经济繁荣的世界第六大都市圈。从国际上看，随着世界经济一体化进程的加快，太平洋沿岸正成为国际资本转移的场所，长三角凭借其有利的经济发展基础、科技实力、市场潜力等优势，将成为吸引国际资本的强力"磁场"。

（一）研究长三角都市圈产业一体化具有现实意义

推进长三角都市圈的产业整合，有利于推进中国在技术构成较高的产业参与国际分工。长江三角洲地区的产业口岸优势，发达的现代交通体系，完整的工业配套体系，领先于全国的教育与科技研究开发水平，以及具有相对优势的人力资本，使该地区发展资本构成和技术构成较高的产业在中国具有比较优势。因此，我国在技术构成较高的产业参与国际分工与竞争，长江三角洲地区将发挥我国其余地区难以替代的作用。而推进长江三角洲地区的产业整合，将有利于该地区的产业提升和竞争力的提高，从而促进我国在资本和技术构成较高的产业参与国际分工。

推进长三角都市圈的产业一体化，有利于加强长江三角洲区域分工深度，形成网络化的复合分工体系。虽然由于地方政府强烈的经济动机，出现了地方政府直接参与地区间支柱行业的竞争和开发区引进外资的竞争，所采取的竞争手段主要是降低价格，或通过让渡地方利益，如免税、土地低价等，以吸引外商投资。因此以产业一体化发展替代地区过度竞争将有助于经济的共荣，其重要性正在为大多数地区所共识。

推进长三角都市圈一体化是加入WTO后改变政府经济管理模式的需要。WTO的基本理念是倡导自由贸易和自由竞争，需要政府利用市场原则来配置资源，政府直接干预经济的行为将逐步减少，产业发展将主要由市场来推动，各地为了提高竞争力，必须根据比较优势来发展产业。如果能在长江三角洲这样一个更大的空间通过市场配置进行产业整合，将会降低结构调整的成本和提高结构调整的效率。

（二）长三角一体化进程加速

从区域经济结构变动和发展趋势分析，广东省的经济发展得益于香港转移劳动密集型制造业的经济转型，从香港取得了资金和技术，在区域上同香港组成了区域经济合作带，对香港有资金和技术的依赖性。

江苏、浙江等虽然是围绕上海发展起来的，但是经济的联系程度没有香港同广东那么紧密。上海同周边地区的工业化过程中所发挥的作用主要是示范，而不是对各地区的资金和技术控制权。由于上海还没有集聚起足够的经济实力向周边省份提供资金和技术，各省已经建立了相对完整的制造业体系，在地方利益的驱动下兴建了大量的制造业企业，与上海制造业是水平竞争关系，不是垂直型的合作，决定了上海成为服务业中心的难度。

当前，长三角区域一体化发展已呈现出了一些特点：一是政府、学界和企业界形成了一种合力；二是跨地区的多层次、多形式、多领域合作逐步展开；三是经济融合方兴未艾，市场的推力不断增强；四是一体化的城市、交通、信息、网络体系正在加速构建。为形成长江三角洲地区产业一体化整合的硬件基础，长江三角洲地区应以网络化为目标，形成发达的交通通讯体系，建设以上海为核心的环状高速公路、高速铁路及上海与临近城市之间的轻轨，提高这一地区城市化水平。推动都市圈一体化发展战略需要中央政府与地方政府的统筹规划来实施，单靠市场经济自身和地方政府的力量难以承担这样的重担。在"十一五"规划过程中，国家发改委专门成立了长三角规划课题组，在下一轮产业发展过程中，进一步发挥国家宏观调控的导向作用。

市场经济体制的建立，使市场这只看不见的手对经济的调控作用越来越大，超越了政府对经济的行政管理作用力。推动长三角一体化的主体力量是市场，是企业，是长三角区域内具有独立市场主体地位的各类市场法人和自然人，各市场主体之间多维度、多层面的、广泛的市场交易和经济合作是构成一体化的主要内容。

另外，外资大规模进入也有力地带动了长三角地区资源的有效整合。以浦东为龙头的长三角地区，正在成为我国吸引外资的重要地区。外资大规模进入长三角地区，不仅促进了各行政区经济的发展，推动了产业结构升级，更重要的是外资进入完全是一种市场化选择，加之外资进入后外资企业之间的联系完全遵循市场规则，由此带动了长三角地区资源的有效整合，也抵消了行政区经济对资源跨区域配置的阻碍力量，加快推动了区域一体化发展。

加强区域经济联系，提高长三角地区的整体竞争力和国际竞争力。可以重点做好三件事：一是共同建设以上海为龙头的长三角国际制造业基地；二是共同打造以上海为中心的长三角世界级城市群；三是共同推动以上海为主导的区域经济合作试验区。实现沪苏浙联动发展、互利共赢，主要依靠市场的力量，辅以必要的行政推动，把上海的能量充分扩展出来，与苏浙资源聚为一体，形成叠加效应和整体优势。

长三角地区借着改革开放的春风，创造了中国经济史上一个又一个奇迹，令世人瞩目，令全球关注。长三角地区正以超常的魅力吸引着国内外资本前来投资合作，成为中国融入全球一体化的前沿平台，成为世界重要经济区和先进制造业密集区。以上海为龙头，江浙为两翼的长三角地区正在形成港口、城市、腹地联动发展的良好态势，一种优势互补、互动发展、互利互赢的局面正在形成，并发挥越来越大的作用。

第二章

都市圈经济发展的理论与实践

一、都市圈经济理论演进综述

都市圈经济一体化理论是在区域经济理论基础上演进而形成的。区域科学研究始于20世纪40年代,至艾萨德(Walter Isard)的著作《区域科学导论》(1975)出版,标志着30多年的发展中,该学科体系已趋成熟。区域发展理论按经济增长方式划分,主要包括平衡增长理论和不平衡增长理论。城市和区域是一个经济整体,城市和区域的经济联系和关系随着城市化的进展日益加强和扩大,同时城市区域范围也随之扩大。由小城市区域到中等城市区域,再到大城市区域的发展是城市化的必然。

自法国学者戈特曼1957年提出"大都市经济圈(带)"概念以来,大都市圈已成为衡量一个国家或地区社会经济发展水平的重要标志。[①] 都

---

① 戈特曼1957年提出世界范围内形成了六大城市群,除长三角城市群以外,其他五大城市群分别是:①美国东北部大西洋沿岸城市群:该城市群从波士顿到华盛顿,包括波士顿、纽约、费城、巴尔的摩、华盛顿几个大城市,共40个城市(指10万人以上的城市)。该城市带长965公里,宽48到160公里,面积13.8万平方公里,占美国面积的1.5%。该区人口6 500万,占美国总人口的20%,城市化水平达到90%以上。②欧洲西北部城市群:这一超级城市带实际上由大巴黎地区城市群、莱茵-鲁尔城市群、荷兰-比利时城市群构成。主要城市有巴黎、阿姆斯特丹、鹿特丹、海牙、安特卫普、布鲁塞尔、科隆等。这个城市带10万人口以上的城市有40座,总面积14.5万平方公里,总人口4 600万。③北美五大湖城市群:该城市群分布于五大湖沿岸,从芝加哥向东到底特律、克利夫兰、匹兹堡,并一直延伸到加拿大的多伦多和蒙特利尔。该城市群与美国东北沿海城市群共同构成了北美的制造业带。④日本太平洋沿岸城市群:又称东海道城市群。一般指从千叶向西,经过东京、横滨、静冈、名古屋,到京都、大阪、神户的范围。该城市群一般分为东京、大阪、名古屋三个城市圈。这个区域面积3.5万平方公里,占日本全国的6%。人口将近7 000万,占全国总人口的61%。⑤英国以伦敦为核心的城市群:从伦敦到曼彻斯特等英国城市群。

第二章 都市圈经济发展的理论与实践

市圈经济作为一种现代区域经济发展的模式，逐渐占据世界经济发展的主导地位，经济发达国家的历史经验表明，一个国家走向现代化的标志之一是以科学技术为主体的工业化和为之服务的高度城市化。而都市圈经济正是工业化和城市化的有机结合和统一，其不仅表现为一个都市圈经济范围内资源的空间优化配置和工业化的推进，从而促进圈域经济的高效率增长；而且还表现为多个都市圈经济范围内资源的空间优化配置和经济协调发展，从而推进一国经济乃至整个世界经济的高速发展。

美国尼尔·R·佩尔斯等学者（1993）提出 citistate 理论（高汝喜，2004）。该理论认为，大城市区域（metropolitan area）、城市群（metroplis）、城市集聚区（conurbation）等概念已经显得过时，它们能表达城市量级和空间结构的巨大变化，但是不能反映它的本质。他们提出一个新的概念，即 citistate，认为只有 citistate 才能完整反映美洲乃至全球现今形成的城市区域的全部意义。遍及全球的国际自由贸易协定、共同市场和经济联盟的发展，使最能显示国家经济权力的贸易壁垒、对外的经济自主权和对内的民族工业保护权在不断消除和瓦解。由于经济的活力和渗透性，有些 citistate 已经和正在形成国际性城市而具有全球性影响。如像欧共体转化为欧盟这样一个区域性经济组织，调节成员国之间的经济活动，而不是国家调节。纽约、伦敦、东京的大银行、大公司和旅游机构都能随时对全球的金融动态作出反映。

Citistate 是一个以城市为主导的区域，不限于一个国家或者地方政府，它的权力超过了一个国家或者这些城市的上一级政府的权力，它是依赖经济活动和经济联系而构成的一个经济组织，而且随着这种组织的经济活动的联系越来越强，国家或者地方政府对其的影响力就越来越弱，经济是 citistate 的推动力，是提高其影响力的关键因素，citistate 是由活跃的经济发展所促成的自然经济体；citistate 有其中心城市及其经济腹地；在当今世界，citistate 有着更大得多的创造力和活力，由于知识、技能、信息日益重要，城市将日益显示其吸引和培育人才的重要潜能和优势，城市也将比国家具有更大的迎接新世纪挑战的能力，如经济竞争、社会安定、教育、基础设施和环境改善等。

（一）大都市圈形成的三个阶段

大都市圈的形成一般要经历三个阶段：第一阶段是以集中型城市化为主的大都市形成阶段。人口与产业向城市集聚，形成人口、产业、资本、技术高度集中的大都市。第二阶段是集聚与扩散并行阶段。一方面，人口与产业继续向大城市集聚，另一方面，由于大城市中心区的高度集聚，使中心区用地紧张，环境恶化，城市用地开始向用地潜力大的郊区扩展，在郊区出现了新的居住区和工业区，即出现了城市郊区化现象。由此而在中心城市外围形成了与中心城市社会经济联系紧密的郊区，与中心城市共同组成了大都市圈。第三阶段是形成阶段。在一定区域内，由一系列相互作用很强的大都市发展成的多个大都市区基本相连，形成城市化水平相当高的、地域范围相当广的大都市密集区。

大都市圈形成的条件有区位、交通通讯、产业、要素流动、创新等条件。其中区位是基础条件，包括地理位置、气候、地貌及土壤植被方面等；历史基础，需要较长的历史形成过程和积累；交通通讯是大都市圈形成的重要条件和必然结果；都市圈也是科技和产业革命的推动的结果，大都市圈是新技术、新产业的培养器，具有较强的创新能力和吸收能力，能不断地形成新产业，促进产业结构不断地调整、升级和扩散，大都市圈是由主导产业演替到较高阶段时形成的产物；有一定的人口规模和合理的人口流动。

区域空间结构随产业结构高度化变动而变动，在产业发展的不同阶段，城市的形态发展也具有一定的规律型。区域产业结构的高度化演进，需要空间结构不断保持优化的运动趋势。通过不断地提高空间结构的有机关联度，创造一个有利于产业更新的良好区位条件、空间关系和环境质量，以顺应产业结构高度化的要求。空间结构的成长过程按阶段逐步展开，代表了区域空间结构高度化的演进过程（如图2-1）对应于城市化发展的几个阶段：城镇—小城市——大城市—城市带（群）—都市圈一体化。

都市圈的建立以工业发展和城市的空间集聚为基础和主体。一个大都市圈是一个经济社会高度一体化的经济体，其中有中心城市发挥主导作

第二章 都市圈经济发展的理论与实践

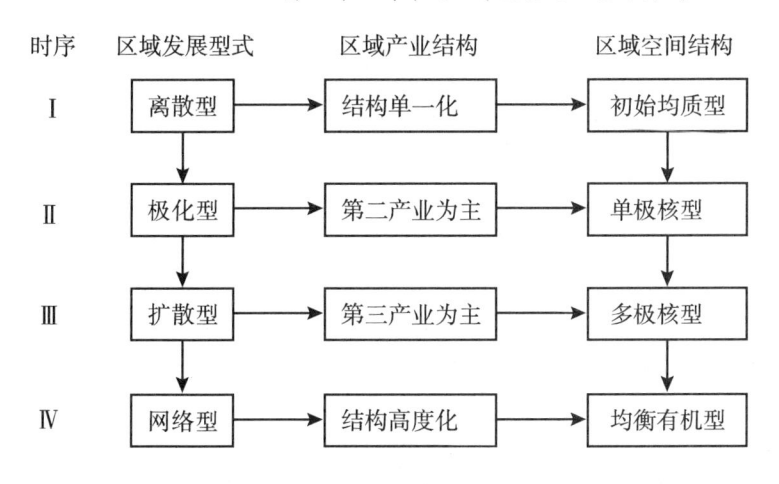

时序	区域发展型式	区域产业结构	区域空间结构
Ⅰ	离散型	结构单一化	初始均质型
Ⅱ	极化型	第二产业为主	单极核型
Ⅲ	扩散型	第三产业为主	多极核型
Ⅳ	网络型	结构高度化	均衡有机型

图 2-1 区域产业活动的时空演化模式

用，中心城市依靠发达的交通通讯网络与其周边地区密切联系在一起，其间有密集的人员工作生活流动、资本流和信息流。在开放竞争的条件下，广泛地参与国际经济分工，成为国际经济体系的一个重要环节；都市圈是一个以城市为主导的区域，不受行政区划的限制，是在市场经济规律的作用下形成的，构成一个国家和地区经济社会的发展极。

都市圈经济作为一个社会经济系统所具有以下特征：第一，都市圈经济是一种高聚集经济。城市经济本质上是一种聚集经济，以大城市为特征的都市圈经济是一种高聚集经济。通过大力发展都市圈经济，能够推进一个地区的社会分工和规模经济，实现更高的总体经济效益，并通过都市圈经济的辐射而带动整个地区经济的发展，从而推动整个国家，乃至世界经济的不断发展。第二，都市圈经济是一种高能级经济。由于聚集经济作用，都市圈经济比其他地区具有更高的经济发展势能，从而对周围地区产生强烈的经济吸引和经济辐射功能。大城市经济圈域作为一个强大的经济场，通过向外扩散商品、转让技术、产业转换，从而一方面为中心城市的金融、贸易、信息、技术服务等第三产业的发展腾出空间，保证中心城市及紧密层经济得以持续增长和发展；另一方面其不断向外扩散经济、产品及产业，又可以带动周围地区的经济发展，促进都市圈经济的空间拓展。通过都市圈经济吸引和经济辐射的双重功能作用，有利于合理配置圈域内的经济资源，形成合理的产业结构和空间布局。圈域经济一体化使企业集团的扩张边界扩大，发挥集约化规模经营优势。第三，都市圈经济是一种开放性经济。区域经济一体化以国际市场为背景，以中心城市的外向化为特征，通过最佳的经济发展环境、生活条件及社会环境，吸引大量的国际资本、信息技术、人才聚集，从而推动都市圈经济的全球化发展。其开放性还表现在都市圈经济大量的对外经济、贸易、金融活动的功能上。当今世界的金融中心主要集中在纽约、伦敦、东京、中国香港、新加坡等国际大城市经济圈；当今世界最大的贸易中心主要集中在鹿特丹、伦敦、巴黎、东京、中国香港、新加坡等大城市经济圈。可以看出，都市圈经济已成为一个国家，一个地区外向型经济的枢纽点。第四，都市圈经济是一种自组织经济。主要表现在都市圈经济是一个长期不断地历史演化过程，处在不断地调整结构、调节功能和空间形态的变化之中，表现出强大的自我调整的生命力。

（二）跨国公司的全球布局促进了大都市圈的经济扩张

大都市圈的地域扩张，提高了其在国内乃至全球经济活动中的地位。跨国公司的在全球布局有两个动机：一是力图增强自身在国际范围内的竞争力；二是在全球范围内改变其流动性资产的组合，以实现与不同区位的非流动性资产的最佳搭配，他们日益寻求世界级的基础设施、高效率的熟练劳动力、创新能力和聚集在一起的高效率的供应商、竞争者以及辅助机构的服务。发展中国家和地区越来越开放国内市场，改善投资环境，争取更多的国际投资，促进本国的经济增长。经济全球化为落后地区提供了新的发展机遇，发展中国家和地区在既定的条件下，不论其国内发达地区还是落后地区，地方政府会积极创造条件利用外国资金、技术和人才，促进本地区的经济发展。在一国资源禀赋结构基本相同的经济区域内，由于某种原因，地区（城市）发展有高有低，随着地方政府权力的扩大，面对全球化和发达国家产业转移的发展机遇，为获得快速发展而不断地进行创新和竞争，达到较快的经济增长速度，甚至相对落后的地区（城市）会在某一方面超过这个区域的以往相对发展水平较高的中心地区（或中心城市），因而这个经济区域内的政府之间的竞争是非常激烈的。从中国改革开放以来外资的集聚看，主要集中在珠江三角洲和长江三角洲地区，使这些区域的经济规模迅速扩大。

二、纽约和东京都市圈发展分析

从国际经验看，现代意义上的国际性大都市圈，一般都是由数个甚至数十个功能各异但互为补充的现代化城市组成的国际性城市群。从世界范围看，纽约、伦敦、东京三大都市圈不仅在本国的经济地位占有支配地位，而且在全球范围内也具有重要的影响力，这三大城市被称为"全球城市"。

（一）纽约都市圈

美国的城市化经历了100多年历史，城市规模不断扩大，形成了各种形式的城市群落，每个大都会都是一组城市连绵地带。纽约在世界上列国际性经济中心全球城市的首位，对于纽约都市圈包括的地域范围主要有几种说法，一种是以美国东部五大湖地区为区域范围，约200多个中小城市，形成了连绵14万平方公里的巨型国际性城市群。该城市群以特大城市纽约市为龙头，由交通枢纽芝加哥串联起钢铁城匹兹堡和巴尔的摩、军事工业城费城、汽车城底特律、电子工业城波士顿，加上芝加哥的机械工业制造，组成了一个大型化、专业化、协作化的既分工明确又相互补充的现代化经济运作的有机综合体。比较典型的划分是美国东部的世界著名大城市纽约，面积945平方公里，人口700多万人。该市所在的连续建成区地跨纽约、新泽西、康涅狄格等3个州，34个市。纽约的另一地域是纽约—东北新泽西标准都市区，这是美国统计局划定的一城市地域，包括纽约州和新泽西州的17个郡（县），面积6 200平方公里，人口1 700多万。纽约还有一个地域范围是纽约区域规划委员会根据社会、经济特征而划定的"城市化地理区"，称为"纽约大都市区"，这一区域包括纽约市及周围的纽约州、康涅狄格州和新泽西州的26个郡（县），面积32 400平方公里，人口1 900万，约占这三州总人口的68%。

从统计的可获得性来看，大纽约都市圈包括纽约、康州和新泽西三州便于准确分析（见表2-1），都市圈核心区主要包括纽约州的15个县区、康州的3个县和新泽西州的13个县，共31个县区。

表2-1　　　　　　　纽约、康州和新泽西三州的情况

	总人口（万人，2001年估计）	土地面积（2000年，万平方公里）	人口密度（2001年，人/平方公里）
美国	28 479.69	916.2	31
纽约州（62个县）	1 901.14	12.2	155
康州（8个县）	342.51	1.3	273
新泽西州（21个县）	848.44	1.9	442
三州合计	3 092.09	15.4	201
三州合计占美国比州	10.9%	1.7%	6.5倍

资料来源：U. S. Census. Bureau. 整理，转引自高汝喜，2004。

从表2-1看出，2001年三州的总人口占美国的10.9%，土地面积占美国的比重为1.7%，人口密度是美国平均水平的6.5倍。在纽约都市圈的31个县区中，纽约州的15个县的制造业总产值578.86亿美元，占纽约州的39.5%，零售额911.77亿美元，占纽约州的65.5%，雇员人数494.7万人，占全州的69.3%；康州的3个县制造业总产值183.25亿美元，占全州的39.0%，零售额155.80亿美元，占全州的44.6%，雇员人数59.78万人，占全州的39.1%；新泽西州的13个县制造业总产值704.35亿美元，占全州的72.6%，零售总额588.30亿美元，占全州的73.6%，雇员人数247.17万人，占全州的71.8%。

表2-2　　　1984、1996年美国、纽约、曼哈顿产业就业分布表　　　单位：%

	美国		纽约		曼哈顿	
	1984年	1996年	1984年	1996年	1984年	1996年
建筑业	5.3	5.1	3.7	2.8	2	1.3
制造业	24.8	18.2	16.4	9	14.6	8.1
运输业①	6	5.9	8.1	7.7	6.9	6.2
批发业	6.7	6.5	7.6	6.7	8	6.8

第二章 都市圈经济发展的理论与实践

续表

	美国		纽约		曼哈顿	
	1984年	1996年	1984年	1996年	1984年	1996年
零售业	20.6	21	12.5	22.3	9.9	10.8
FIRE	7.4	7	17.4	17	23.6	23.2
总的服务业	26	35	33.4	44.1	33.9	43.5
商业服务	4.9	7.1	8.9	8.3	11.6	10.8
法律服务	0.8	0.9	1.9	2.3	2.6	3.4
个人服务	1.3	1.3	1	0.9	0.7	0.7
保健服务	7.9	10.8	8.1	13.9	4.9	8.2
教育服务	1.9	2.1	3.2	4.2	3.1	4.3
其他服务[②]	9.2	12.9	10.3	14.4	11	16.2

资料来源：美国普查局，美国、纽约，1984年和1996年。转引自Sassen（2001）。
注：百分比相加并不为100，因为其他分类未被列出。比如农业、林业、渔业、采矿业和未分类的行业。FIRE指金融、保险、研发和教育。
[①]包括通讯和公用事业；[②]其他服务业包括：宾馆和其他住宿业、汽车修理和车库、社会服务、各类修理业、动画、娱乐业、博物馆、植物园和动物园、各类服务。
纽约包括了5个区：纽约市/曼哈顿、国王区、皇后区、布朗克斯和里士满。

由此看出，纽约都市圈是三个州的制造业、商业和就业人员等高度集聚的地区。在纽约都市圈中制造业、零售业和非农雇员的地理分布是：制造业产值、零售额和非农雇员人数三项最多的前十二个县区均位于都市圈中的中心城市及周围，说明**在地理位置上越靠近纽约的地区制造业越发达**。

就业结构的变化规律反映出产业结构的调整过程。Sassen（2001）对从纽约市的劳动力就业结构变化分析1984和1996年两个时间节点的比较（表2-2），得出以下分析结论：1994年美国制造业从业人员的比重从24.8%，这一比重在纽约市是16.4%，曼哈顿是14.6%，而且大部分是制造业公司的办公室职位。到1996年这一比例降至18%、9%和8%。美国从事法律服务的从业人员不到总数的1%，而在曼哈顿这一比例高出3倍。商务服务业带动的其他服务（如旅馆业、博物馆和娱乐业）就业比重从1984年的比重增加到1996年的16%。

(二) 东京都市圈

日本则将城市作为一个完整的系统,在进行城市内各要素的平衡和外部平衡的基础上,以大中城市为轴心,以周围的中小城市和农村为依托,形成各具特色的经济圈。1962年,日本制定了"国地综合开发计划"的政策,将工业向东京湾、尹势湾、大阪湾和濑户内海所谓"三湾一海"扩展,围绕东京、名古屋、大阪、北九州四个中心城市,形成了首都、近畿、中部、北九州四个经济圈,拥有60%的人口和75%的工业总产值。这些经济圈的形成和发展,有力地促进了日本经济的起飞。

日本城市化的最主要特征是大城市经济圈。根据大城市经济圈划分标准,日本大城市经济圈也主要分为三级。一级大都市圈是东京圈,总人口达到2 650万人,据《日经贸易》1990年的分析,东京圈聚居了全国经济产业的49%和全国500家最大企业总部的70%;该圈域内的技术人员是全国平均数的3.9倍。二级大城市经济圈有名古屋和大阪(神户)圈,总人口都达到1 000万人。三级城市经济圈主要有北九州—福冈圈、札幌圈等人口在100万以上的大城市经济圈域。上述三大经济圈基本上容纳了日本近70%的总人口,是构成日本空间的经济基础。随着大都市圈的发展和空间扩散,日本三大城市经济圈产业结构相互补充,再加上高速公路新干线的连接,形成了东京—大阪大城市经济带,聚集了全国6 000万人口,占全国总人数的48.6%;工业生产占全国的2/3。

日本都市圈经济的形成和发展,从客观上看主要受日本自然地理条件的制约和影响;从主观上看受日本政府国土开发政策的直接影响,从而使日本都市圈经济发展具有有别于美国和其他国家的不同特点,即政府推动型都市圈经济发展。由于日本特殊的地形和自然资源的限制,促使日本政府较早地重视国土开发和整治,从而使都市圈经济发展模式成为日本区域经济发展的首选模式。从20世纪40年代开始,就制定了国土开发纲要,根据经济发展情况的变化,不断修正国土综合开发计划,一直通过政府规划和政策来影响和促进都市圈经济的发展。特别是在大都市圈经济的基础设施、空间扩散、产业结构调整等方面,通过政府的区域政策,一方面促进都市圈经济发展,另一方面又不断改进和创造条件,从而形成了以三大城市经济圈为核心的日本都市圈经济特征。

表2-3 1978~1985年和1986~1996年东京产业就业变化

	变化的百分比1978~1985年	变化的百分比1986~1996年
农业	-39.3	-36.2
采矿业	-9.4	-35.4
建筑业	-3	16.2
制造业	-6.7	-12.9
电力和其他公用事业	0.9	6.4
运输和通信	1.4	14.8
批发	16.4	8.9
金融和保险	7.1	25.7
不动产	24.8	29.5
服务业	33.7	37.2
政府	-2.1	6.9
总计	11	12.9

资料来源：根据东京都政府计算，第108~111页，1997年。

20世纪80年代中期，东京发生重大的经济转型，但在就业人数上并未表现出来。但东京经济转型，与纽约有着不同的过程，东京有坚实的经济基础，通过服务、贸易和办公室工作服务于广大地区。东京有590万劳动力，远远大于纽约。东京市区中心就有1 700万人，而纽约大都市区才1 800万人。随着中心商务区高层建筑的拔地而起，城市中心的老工业区被肢解。从20世纪60年代政府开始指导化工和钢铁产业布局于东京南部。

另一方面，最近10年中，制造业出现了两种增长类型的发展趋势，在老工业区和东京中心的其他地区，以手工业为基础小批量生产的工厂开始复苏，特别是与时尚设计市场相联系的产业，如服装和家具业。第二种类型主要是专业化、高新技术的产业。许多公司过去是某一特定公司的分包商，他们现在更加独立，占据着专业化市场，大公司购买他们的零部件和研发成果。他们大多是与电子相联系的产业，为老生产线提供新产品。东京的高新技术制造业中心，为一般的规模生产线推出新产品和新技术，是重要的生产和试验中心。这些产品中最后有许多形成了大批量生产。

在纽约和东京的产业结构转型中，最突出的特点是**制造业下滑的同时，生产性服务业快速发展**（见表2-3）。纽约的金融和生产性服务业是在20世纪70年代开始快速发展的，而伦敦是在20世纪80年代初。东京只是在20世纪80年代中期以后才开始这个过程，而且经历了许多年后才像纽约和伦敦那样显现出来。在东京中央商务区77%的服务中，专业化、面向世界市场的服务业所占的比重，比整个国家和大东京地区高得多。东京的资源禀赋和世界区位条件与以上海为中心的长三角地区最为接近，东京的都市圈发展模式的对长三角更具有借鉴意义。发展生产性服务业是处于工业化后期国际大都市产业转型升级的必然。随着生产性服务业在生产过程中重要性的不断提高，其规模也随之增加，目前生产性服务业已是世界经济中增长幅度最快的行业。在主要发达国家，以通信、物流、批发、专业服务、工农业支撑服务等为主的生产性服务业已经占到全部服务业的50%以上。

三、三大都市圈成为我国经济发展的核心

正如美国尼尔·R·佩尔斯等学者（1993）提出 citistate 理论，国家影响经济和社会发展的权威性越来越受到各种力量的挑战，以国家为基本单位来考察经济和产业的发展是不够的，区域集聚条件正在成为国际资本流动考虑的首要因素和政府策略性思考的主要指向。从产业发展和企业发展的理论角度看，以国家为基本单位的传统立场正在向以产业区域及其创新环境为出发点的立场转变。

区域合作、联动与协调发展是伴随着经济全球化一同发展的世界性潮流，也是未来一段时期内世界经济发展的方向和趋势。为利用和应对这一世界性潮流带来的机遇和挑战。全球经济一体化的经验表明，大都市在区际乃至国际经济竞争与合作中的作用越来越重要。我国改革开放以来，尤其是近几年逐渐形成了京津唐经济圈、长三角经济圈和珠三角经济圈，这三个最大的都市经济圈目前竞争力的走向，已经受到海内外的广泛关注。

（一）长三角都市圈：经济实力最强

表 2-4 的数据从几个侧面反映了在经济效益、竞争力方面和总体经济实力方面长三角与珠三角的对比：

表 2-4　　　　　　　2003 年沿海发达地区 GDP 的比较

		浙江	上海	江苏	山东	广东	北京	天津
绝对值 （亿元）	生产总值	9 200	6 251	12 452	12 370	13 450	3 612	2 387
	第一产业	722	93	1 107	1 505	1 062	95	90
	第二产业	4 830	3 131	6 782	6 590	7 048	1 298	1 212
	第三产业	3 648	3 027	4 563	4 275	5 350	2 218	1 085
增长速度 （%）	生产总值	14	11.8	13.5	13.3	13.6	10.5	14.5
	第一产业	2.7	2.3	-0.1	5.6	1.2	3.3	6.1
	第二产业	16.6	16.1	17.2	16.1	18	11.9	17.8
	第三产业	13.2	8	11.7	11.9	10.8	10	11.5
产业结构 （%）	第一产业	7.8	1.5	8.9	12.2	7.8	2.6	3.8
	第二产业	52.5	50.1	54.5	53.3	52.4	36	50.8
	第三产业	39.7	48.4	36.6	34.5	39.8	61.4	45.5

资料来源：浙江省统计局。

从表 2-4 可以看出 2003 年，上海、江苏、浙江的 GDP 总和是 27 903 亿元，大约是广东 13 450 亿元的 1 倍。

从长江三角洲 15 个城市加总的 GDP 来看[①]，也达到了 22 775 亿元，是广东省的 1.69 倍。这说明在经济总量方面，长三角要比珠三角大。

据统计，2003 年长江三角洲地区实现生产总值 22 775 亿元，人均 GDP（按户籍人口计算，下同）达到 30 008 元，按现行汇率折算为 3 626 美元，突破 3 000 美元大关，步入中等收入国家水平。从世界发达国家的经济发展经验看，当一个国家人均 GDP 处于 3 000~10 000 美元之间，正是国民经济具备了相当实力，进入活跃、加速发展的重要阶段。长三角地区人均 GDP 超过 3 000 美元，标志着长三角地区经济发展进入新的阶段，

---

① 缺少台州，以下数据口径相同，都只计算长三角地区的 15 个城市。

综合实力跃上新平台。

表2-5　　　　2003年财政收入和居民收入情况的比较

		全国	浙江	上海	江苏	山东	广东	天津
绝对值	地方财政收入（亿元）	9 842	706	886	798	712	1 313	205
	城镇居民人均可支配收入（元）	8 500	13 180	14 867	9 263	8 400	12 384	10 313
	农村居民人均纯收入（元）	2 622	5 431	6 658	4 239	3 151	4 055	5 861
增长速度	地方财政收入（%）	15.6	24.6	25	24	16.8	9.4	19.1
	地方财政收入（%）	20.5	31.7	32.7	29.4	21.2	14.7	24.8
	城镇居民人均可支配收入（%）	9.3	12.5	12.2	13.2	10.3	11.2	10.5
	农村居民人均纯收入（%）	5.9	9.9	7.2	6.1	6.7	3.6	10.3

资料来源：江苏省统计局。

从表2-5 2003年数据看，15个城市人均GDP都呈现快速增长态势，最低的增速也达到了11%以上，最高的增速达17%。人均GDP苏州跃居榜首，达到47 701元，上海居次席，无锡排第3位。杭州、宁波均超过30 000元，名列第4、5位。15个城市中有9个城市人均GDP超过3 000美元。未达到3 000美元的城市分别为：浙江的舟山、绍兴、湖州；江苏的南通、扬州、镇江和泰州。

表2-6　　　　2003年五省市主要经济效益相对指标值与位次

地区	工业经济效益综合指数（%）		总资产贡献率（%）		资产保本增值率（%）		流动资产周转率（次）		成本费用利润率（%）		全员劳动生产率（元/人）	
	2003年	位次	2003年	位次	2003年	位次	2003年	位次	2003年	位次	2003年	位次
全国合计	144.67		11.13		113.48		1.96		6.24		66 942.73	
上海	195.80	1	12.85	3	113.40	4	1.99	5	7.93	1	134 862.23	1
江苏	143.91	5	10.84	5	114.26	3	2.26	2	4.61	5	72 788.95	3
浙江	159.25	2	14.48	1	125.00	1	2.19	3	6.72	2	71 562.03	4
山东	151.27	4	13.4	2	120.62	2	2.54	1	6.58	3	57 748.35	5
广东	152.06	3	10.43	5	111.20	5	2.16	4	5.34	4	84 214.02	2

资料来源：江苏省统计局。

表2-6数据表明：上海在5项指标中对比中，居第1名，经济效率

第二章 都市圈经济发展的理论与实践

比较高。说明上海的竞争力仍然比较强大。

在长三角地区，苏州的增长最值得引人注目，近两年，苏州在引进外资方面已经超过上海。在以上统计中，台州没有被列入。台州原来是资源条件差、基础薄弱、经济很不发达的地区，新中国成立以来几乎没有国家投资，国有企业也很少，然而依靠民营企业的发展，台州已经成为浙江省的一个新的增长点。

2003年，规模以上工业产品市场占有率排名是：广东14.76%，排名第一位；江苏12.78%，位居第二位；山东10.61%、浙江8.9%、上海7.81%，分别列在第三位至第五位。从提高幅度看，五省市中，浙江提高最快，共提高1.69个百分点。从总量看，长三角约为29.49%，是珠三角的约两倍。这在一定程度上体现了产业配套发展的纵深能力。尤其是在以信息化带动工业化发展方面的持续发展能力。反之，单独拿上海与广东相比，上海的占有率规模仅是广东的一半，也说明了上海必须借助江苏和浙江，进行两翼扩展和配套发展。

长三角大都市经济圈以上海为核心，其城市化水平整体较高，城市体系完备。改革开放以来，长江三角洲的乡镇企业异军突起，小城镇建设加快，建制镇和县级市（小城市）的数量急剧增加。近几年，这一地区开始由重点发展小城镇转向重点发展大中城市，空间布局上再次由分散走向集中，各类开发区建设，成为原有城市外延扩张的主要标志。

长江三角洲地区正在成为全国经济内向一体化和外向一体化的核心区域。（1）长江三角洲地区是我国市场经济内向一体化的重要核心区域之一。区域市场经济内向一体化是外向一体化的基础。随着我国国民经济市场化进程的加快，长江三角洲地区的市场化进程将进一步提高，区域内部各省市区县之间的市场分割、垄断最终为统一的区域市场经济体系所取代，地方保护主义、重复建设将随着政府职能的转变与市场资源配置功能的进一步强化而逐渐削弱。长江三角洲地区市场经济内向一体化发展趋势具有六大特点：一是核心区域通过扩散效应对边缘区市场化进程的推动；二是边缘区逐渐融入核心区市场经济体系，市场发展的差距逐渐缩小；三是区域内部生产要素与产品的跨区域自由流动；四是区域市场交易成本的进一步降低；五是区域内部公共产品投资与公共经济政策的一体化协调；六是区域内部开放度进一步提高。（2）长江三角洲地区是我国市场经济外向一体化的核心区域。区域市场经济外向一体化，是指区域市场经济体系高度融入全球市场经济体系的过程。我国市场化进程的推进和对外开放程度的进一步提高，为长江三角洲地区扩大对外开放、提升国际市场竞争力提供了机遇和挑战。长江三角洲地区区域市场经济外向一体化表现在以下五个方面：一是区域市场开放度进一步提高，对外资外贸的依存度提高；二是生产要素与商品在区域与国际间自由流动速度加快，规模扩大；三是区域公共品与非公共品投资的国际化协调；四是区域经济政策外向互动影响效应进一步提升；五是区域市场与国际市场的融合、互动影响与波动传递。

上海都市圈在工业的地域分工上，圈层等级分布也很明显，外围区域发展起一定规模的，为核心和内圈区域发展汽车、化工、电子等主导行业提供零部件的配套工业。可以说，目前大上海都市圈较大香港和大北京都市圈最大的优势就在于其区域内的产业合作机制已经基本形成。作为我国最大的工业制造中心，大上海的产业发展主要以纺织与服装制造、重化工业和汽车工业为主。随着上海、苏州、杭州等其他城市信息、咨询、生物、旅游等产业的发展，大上海的产业结构正在快速升级。

长江三角洲都市经济圈已处在向工业化中后期发展的阶段，根据经济发展的规律，未来10年内，长江三角洲将有可能成为我国区域经济发展的重要增长极和亚太地区经济发达地区之一，成为具有较强国际竞争能力的外向型经济示范区。通过高新技术对传统支柱产业的改造，一个世界性的新型制造业基地有望在此崛起。长三角能不能实现其经济的长期快速增长，并居于三大经济圈领先地位，很大程度上取决于江、浙、沪所辖的长三角能否高水准的联动发展，构建起一体化的战略群。

（二）京津唐都市经济圈：聚集竞争力最高

都市经济圈的形成，就本质而言，是市场化和城市化的结果。以此标准来看，京津唐大都市经济圈与长三角、珠三角大都市经济圈不同，后者的形成与发展得益于工商业的发展、先行对外开放所导致的外资进入及自主型城市化，而京津唐大都市经济圈的形成与发展，则得益于现有体制下全国资源向都城的集中，中关村、奥运村的出现均以首都特有的政治文化

第二章 都市圈经济发展的理论与实践

为背景。这一地区传统的重化矿冶工业、水资源短缺和环境保护的矛盾日渐突出。即使南水北调工程完成后，原有的传统工业项目也应向京津线的南北两翼扩散，同时应大力发展高速公路和轻轨铁路，将郊区和卫星城与京津唐保（保定）连成现代交通网络。吴良镛教授等对京津唐大都市经济圈未来战略地位强调京津唐大都市经济圈的开放性，其在参与世界政治经济、文化生活、国际交往等活动中的组织管理协调功能将更加突出。按照这一思路，北京将成为洲际的政治、文化及国际交往中心。

大北京都市圈是我国北方最大的、现代化程度最高的工业密集区和重工业与新兴产业发展基地。特别是近年来，奥运商机及其由此带来的大规模的城市建设，正在加快这一地区的发展进程。大北京都市圈的综合竞争力排在大香港和大上海之后。该地区在人才、科技、基础设施、区位等方面的竞争力在全国居于前列：众多的高校、科研院所聚集在此，智力资源极为丰厚；基础研究能力、科技创新能力很强；基础设施体系较为完善，通达性好；作为政治、文化中心，联系南北东西的优势明显，区位条件较好。就产业发展看，这一地区的产业体系完备，传统制造业基础较好，高新技术产业发达，服务业高级化趋势较为明显。

但这一都市区目前的发展状况与其所拥有的资源禀赋相比较而言，仍不尽理想，由于产业联系度不够，造成整个区域对经济发展主体的吸引力和凝聚力基本处于缺位状态。从总体上看，该地区当前面临的问题主要导源于以下两方面现实制约。

其一，市场化程度不足，制度落后。这一地区的市场发育程度亟待提高，需要以改革的措施有效提升资本质量，加速科技成果转化，彻底转变政府职能。由于市场化不够，随着科技投入和产出的下降，这一地区的经济整体实力弱化趋势明显，占全国经济总量的比重上升速度缓慢，在全国的经济地位和科技地位呈下降趋势。经济体制，特别是国有企业体制改革明显滞后，加之行政分割带来的利益冲突和对有限资源的竞争，使企业竞争力持续衰减。"强政府弱市场"的现实已经严重阻碍了产业规模的扩大和民营经济的发达。

其二，区域内部竞争大于合作。中心区功能密集造成中心城市对周边地区的拉动力不显著。都市圈缺乏经济、科技核心，城市之间资源、市场竞争激烈，竞争动机强烈而合作互补动机不足，区域壁垒导致区内各城市难以实现优势互补。在水资源和土地资源制约日益严重的情况下，城市之间的过度竞争势必进一步加剧业已存在的资源配置与地域空间失衡的局面。

（三）珠三角都市经济圈：制度竞争力最高

广东省1994年曾确立了珠江三角洲经济区，当然，我们这里所说的珠三角都市经济区还应把香港、澳门计算在内。无疑，这里是中国市场化及国际化程度最高的大都市经济圈，经济总量排在三大都市圈之首。珠江三角洲地区城市化的发展，首先得益于接近香港。香港是其主要的投资来源，约占75%。大香港都市区是当前我国首屈一指的产业高地：以香港为支撑的金融和国际贸易高地；以广东各城市为依托的加工制造业高地，将港澳计算在内的话，珠三角都市圈的经济总量将超过长三角都市圈。该地区无论是在人才、资本、制度、结构、开放，还是在区位与基础设施、环境、政府管理等方面都具有全国一流水平。早期珠三角的腾飞基本上是由出口型轻工业带动的，目前，珠三角正在发展装备工业、石化工业，力图改变产业结构，提升加工业水平。该地区已初步形成了以电子及通讯设备制造业为主的珠江东岸电子资讯产业走廊、以传统电气机械、钢铁、纺织、建材为主的珠江中部产业带和以家庭耐用与非耐用消费品及五金制品为主的珠江西部产业带。但目前，该地区的科教、文化产业与经济发展并不相称，中心城市之间的分工与合作也有待深化。十一届三中全会后，广东步入改革开放之"先河"，设特区市，撤县设市，均走在全国前列，一批新城市随之拔地而起。东莞就是典型例子。1997年香港回归，实行"一国两制"，这种制度从深层次上推进了珠三角的城市化进程。伴随着世界经济结构大调整和产业的大转移，21世纪初，珠江三角洲成为世界IT产业的生产基地。由于受到南岭阻隔，经济腹地狭小，对周边区域辐射带动能力还不够强；加入世贸后，随着内地尤其是长三角的市场化进程加快，市场因素将代替地缘和血缘因素，一些外商甚至会异地搬迁；珠三角80年代后的大发展，很大程度上是依靠了国家的优惠政策，目前珠三角的人才储备仍是弱项。

三大都市经济圈各有其竞争优势。京津唐都市经济圈的政治文化角色

第二章 都市圈经济发展的理论与实践

作用仍然是其他经济圈所不可替代的；长三角都市经济圈的加工制造能力是其传统的长项；而珠三角都市经济圈的对外开放前沿地位仍是其制度创新的源泉。

都市经济圈的成功与否，关键是看有没有世界级的超级城市作为其内核，而这种超级城市除了能源、水源、机场等硬件条件以外，新型机制和创新能力也是至关重要的。三大都市经济圈的金融业、信息业、交通业、制造业在全国都具有枢纽和核心地位，今后仍会继续发挥其在整个国民经济发展中的引擎作用。大型企业及跨国公司总部、地区总部、研发中心和营销中心将向三大都市经济圈的核心城市汇集，因此，加快产业结构优化升级，尽快发展高技术产业、出口导向产业和现代服务业，把国内竞争优势提升为国际竞争优势，是三大经济圈内核心城市面临的共同问题。

大都市连绵带上的经济发展往往最具活力。应根据连绵带梯度发展的特点，建立国土规划、区域规划、城市规划、交通规划和村镇规划所构成的空间地域综合规划体系，强化区域规划的横向协调作用，变行政区经济为都市圈经济，使大都市连绵带成为国内外两个市场对接交融的过渡带，带动其他地区对外开放和参与国际市场竞争。

突出特大城市，尤其突出大都市的要素整合作用，也有可能是我国今后进行行政区划调整的重要依据。可以预测，未来国内区域竞争将是都市经济圈之间重量级的较量，中国最大的三个都市经济圈将引领中国经济发展的主方向，并成为辐射带动相关国内区域经济和社会发展的龙头。

我们正处在剧烈变革的时代，以信息技术为主体的科技革命、全球经济结构调整、跨国公司在国际分工中的作用日益突出是这个时代的三大潮流。中国的改革开放，使自身融入了这次世界潮流的调整之中，逐步确立起在国际经济分工中的位置。紧随珠江三角洲的快速崛起，中国潜力更大的长江三角洲成为又一个令世界瞩目的发展热点区域。两大三角洲的发展，勾勒出21世纪中国经济版图的基本轮廓，也勾画出未来中国融入全球经济的基本轨迹。

以上海为龙头，经济区已突破行政区界限，长三角城市之间的整合已步入良性发展轨道，鲜明的产业集群和外向型为主的城市分工将越来越多地出现在长三角。长三角经济区的崛起对珠三角客观上构成竞争压力，有助于大珠三角区域城市间的关系由竞争走向竞合，政府替代是两大区域发展出现的共同趋势，但地方政府要关注的是如何使这种替代符合市场的趋势而不是回归到传统的计划经济，将国内资源和国际资源有机地整合起来，在最短时间内形成产业集聚和区域集聚效应。从全球分工的角度看，珠三角和长三角基本已经进入20世纪后期形成的国际供应链当中，中国将出现两大经济区比翼齐飞，共同推动中国成为"世界工厂"的进程，并引导中国现代服务业集群在上海、广州等中心城市形成，引领中国经济迈向更高的层次和水平。

第三章

长三角都市圈产业一体化与产业集群发展分析

一、长三角都市圈产业一体化发展内涵和历史轨迹

长三角区域由于地理相邻、文化相近、市场结构互补,有效地降低了企业交易成本和违约风险,降低了企业配置资源的搜寻成本。从近代工业化伊始长三角都市圈逐步发展成为我国企业数量多、企业布局密集大、产业竞争激烈和成本集约制造业的密集区。

(一)长三角产业一体化的内涵

产业一体化主要是作为产业发展的主体企业能够按照资源配置和企业效益最大化,在长三角实现一体化布局。根据比较优势形成产业分工,实现区域产业结构合理化,提升产业整体竞争力。产业一体化是实现区域一体化的主要推动力量和重要组成要素。一体化的本质含义是建立共同市场,以实现要素的合理流转和优化组合。产业一体化必须以下面几个一体化为基础:(1)形态一体化。形成以上海为核心的都市连绵区,逐步消除城乡二元结构,使区域城市成为各种要素流动的枢纽和创新的孵化器。(2)市场一体化。通过建立共同的生产要素市场,消除不同区域间生产

要素、技术水平差异及行政障碍，使劳动力、资本及各种生产要素在区域间自由流动，达到优化配置的目的。（3）基础设施和信息一体化。实行区域间资源共享，公共产品共建，信息公开、透明、强化信息资源互通，以提高资源使用效率与投资效率。（4）制度一体化。从区域整体利益出发，梳理各城市现有的地方性政策和法规，减少各城市在税收等特殊政策优惠方面的差异，对各种经济主体实行国民待遇。（5）生态环境一体化。区域发展一体化是一个动态发展过程，在前期可能有某一方面的协作与联合，如产业联合或投资联合等。完全的经济一体化需要让渡一定的地方权力，服从联合体共同的利益决策，实行统一规划，共同管理，成员之间有相同的经济政策环境。

（二）长三角都市圈产业一体化发展的历史轨迹

1. 长三角都市圈产业一体化形成时期。从18世纪中期上海开埠到20世纪30年代，是以上海为中心城市的都市圈形成时期，上海逐渐成为远东和我国的经济金融中心，同时行政上脱离江苏省升格为直辖市。1937年，上海共有54家银行的总行，128家分行，均占全国各大城市之首。全国73家商业银行中有36家的总行设在上海，实收资本总额6 210万元，占全国商业银行实收资本总额的74.6%。这一时期上海的工业继续扩张，其原因除了金融业的支持外，民族资本建立了不少的大型棉纺织、丝绸、面粉、榨油、卷烟等工厂。

民族工业中以纺织和食品为主的轻工业由上海进一步向周边的中小城市扩散，促进上海附近中小工业点的形成。于是以棉纺织工业为主体的南通、常州，以棉纺织、丝绸、面粉工业为主体的无锡，以丝绸为主体的苏州以及其他一些小工业中心都拥有一定的实力，并与上海连成一个以轻纺工业为主体的工业城市群。据统计，到1949年以前，苏南（主要是无锡）出产的生丝有90%经上海出口，在上海出口的商品中，有50%~90%以上的茶、丝、面粉、土布等来自于长江下游和太湖地区。在城市信息体系方面，二级市场体系中心与上海保持密切关系，随上海市场变化而变化，无锡各大工厂在上海都设有申庄，申庄定期从上海发送市场行情，无锡各行业的每天交易行情，都及时地传达到苏南各地，许多县城及集镇

第三章 长三角都市圈产业一体化与产业集群发展分析

的工厂和商店都依无锡的行情来定价。

2. 一体化向行政分割下的独立产业体系转变。从新中国成立初期的1952年到70年代末，由于工业化的推进，三省市的工业增加值都在提高，但是上海工业化的速度远远超过江浙两省。上海的工业总产值从20世纪50年代到70年代末，相对于周边地区都处于绝对优势地位，是工业极化地区。

新中国成立以后，国家强调按省级行政区都要建立起相对独立的、比较完整的工业体系。以上海为中心的都市经济圈被强制性的制度变革分割开来。20世纪50年代是上海经济的转折点，由消费性城市变为生产性城市、由远东的经济中心变为中国的重工业基地，轻纺工业受到抑制，原材料工业过度膨胀，机械电子加工工业长期粗放型发展。

1960年到20世纪70年代末，上海重化工业超前发展，工业形成了以冶金、纺织、石化和机械电子为主的门类齐全的工业体系，这样的经济结构格局一直延伸到20世纪80年代末期，三次产业结构变动的过程见表3-1。上海经济愈益内向化，产业更加自成体系、自我循环，城市功能也更加单一。

表3-1　　　　　　江、浙、沪三次产业结构比较　　　　单位：GDP、%

年份	上海市	浙江省	江苏省
1952	5.9:52.4（49.7):41.7	66.4:11.3（9.3):22.3	52.7:17.6（15.8):29.7
1955	4.0:54.8（52.2):40.2	61.5:12.7（10.8):25.8	50.4:19.1（17.1):30.5
1965	5.7:73.0（72.1):21.3	46.7:30.4（27.1):22.9	43.3:31.8（28.3):24.9
1970	4.7:77.1（76.5):18.1	46.7:32.4（29.3):20.9	39.5:35.7（32.8):24.8
1975	4.0:77.2（76.1):18.8	46.5:34.0（30.1):19.5	36.7:43.2（39.5):20.1
1980	3.2:75.7（74.0):21.1	36.0:46.8（41.0):17.2	29.5:52.3（47.3):18.2

说明：括号内的数据是工业增加值占当年GDP的比重。
资料来源：高汝熹（2004）。

3. 长三角工业经济恢复性增长时期。从1978年到1991年，都市圈年均经济增长速度是8.4%，其中上海7.4%、江苏10.8%、浙江12.2%，上海最慢。在20世纪80年代初期，上海的GDP总量与江苏接近，是浙江的1.7倍，人均GDP分别是江苏和浙江的5.1倍和5.8倍；到1990年，上海的GDP总量分别是江苏的53%和浙江的84%，上海的人均GDP分别是江苏和浙江的2.8倍，较之1980年，差距缩小了一半（见表3-2）。上海在经济总量和增长速度已经显著的落后于江浙两省。究其原因主要是当时传统的老国有企业由于体制机制不适应当时商品经济发展形势，而江浙两省的民营和乡镇企业抓住了我国短缺经济，特别是消费品短缺的市场机会，获得了难得的历史性发展机遇，积累了中国经济发展中最稀缺的资金要素资源。

表3-2　　　　上海与江浙地区20世纪80年代经济比较　　单位：亿元、元

省市	1980年 GDP总值	1980年 人均GDP	1985年 GDP总值	1985年 人均GDP	1990年 GDO总值	1990年 人均GDP
上海	311.9	2 738	466.8	3 855	756.5	5 910
江苏	319.8	541	651.8	1 053	1 416.5	2 103
浙江	179.7	470	427.5	1 063	898.0	2 122
苏州	40.7	787	91.9	1 714	202.1	3 617
无锡	35.3	947	79.7	2 049	160.4	3 865
常州	22.8	771	49.6	1 620	94.9	2 935
南通	35.7	490	67.2	904	134.3	1 736
杭州	40.7	791	90.5	1 675	189.6	8 310
宁波	29.5	634	71.1	1 455	141.4	2 845
绍兴	16.6	433	40.0	1 016	82.4	2 002
嘉兴	17.8	610	41.0	1 366	81.3	2 582
舟山	4.9	554	13.1	1 407	24.6	2 538

资料来源：上述省市统计年鉴。转引自高汝喜（2004）。

从与周边城市的比较看，在整个20世纪80年代，周边城市GDP的增长速度超过上海的1倍，差距也在快速缩小。如1980年，上海的GDP总量分别是苏州的7.7倍、常州的13.7倍、宁波的11倍、舟山的64倍；到了1990年，上海的GDP总量分别是苏州的3.7倍、常州的8倍、宁波的5.4倍、舟山的31倍；1980年，上海的人均GDP分别是苏州的3.5倍、常州的3.6倍、宁波的4.3倍、舟山的5倍，到了1990年，上海的人均GDP分别是苏州的1.6倍、常州的2倍、宁波的2倍、舟山的2.3倍。

这是整个20世纪80年代大上海都市圈由割裂到恢复经济密切联系的

第三章 长三角都市圈产业一体化与产业集群发展分析

一个折射。所有制结构以全民和集体为主,占工业总产值的90.4%。经济改革后的10年中,发展迅猛的江浙工业逐步与上海工业结构趋同,上海在财政与外汇负担制约下难以调整产品和产业结构,结果原有的综合配套能力优势逐渐消失,而新的产业优势未能及时形成。

4. 上海核心城市功能再造时期。改革开放至1991年,由于上海发展较慢,江苏和浙江经济规模尚小,沪苏浙生产总值合计占全国比重持续走低。1991年以后,这一局面发生转折性变化,2003年,沪、苏、浙GDP占全国比重的29.8%,比1991年增加13.3个百分点。目前,中国经济每增长1个百分点,沪、苏、浙约占其中的1/3。

1991年国家实施浦东开发开放政策以后,上海发展速度加快,并且带动了江浙两省和上海周边城市的快速发展。从个别城市看,1991年上海的人均GDP是苏州的1.7倍、无锡的1.6倍、宁波的1.9倍;到2001年,上海的人均GDP是苏州的1.2倍、无锡的1.2倍、宁波的1.5倍。显然周边城市的经济实力与上海的差距在快速的缩小。

长三角地区各政府之间在招商引资、基础设施建设、政府服务等方面使用了竞争策略,极大地改变了计划经济条件下经济相互封闭、来往较少的局面,加速促进了都市圈内各种产品要素的流动和产业的转移;区位功能开始分化,服务业逐渐替代了中心城市和中心城区的工业基地职能,周边城市和周边城区逐渐成为制造业的集聚区;江苏和浙江的第二产业比重在整个20世纪90年代处于上升阶段,而上海则表现为第三产业比重上升,第二产业比重大幅下降。大量的农村劳动力和各类专业人员越来越集中到这个地方,扩大了城市规模、提高了城市化水平,产业和人口的集聚使城市间的规模经济和外部经济相互渗透、彼此交织在一起;开放程度越来越高,投资和贸易与世界经济的联系越来越紧密;三资企业从整个都市圈的解放考虑生产布局,同时各地区的企业与外资企业合作,融入其生产和采购链条,使各地区的产业和企业得到整合,发挥了各地的资源优势,提高了竞争力。

表3-3　　　　　　　　江、浙、沪三次产业结构变化　　　　　单位:GDP、%

年份	上海	江苏	浙江
1978	4.0:77.4(76.0):18.6	27.6:52.6(47.0):19.8	38.1:43.3(38.0):18.6
1990	4.3:63.8(59.1):31.9	25.1:48.9(44.8):26.0	25.1:45.4(40.5):29.5
2001	1.7:47.6(42.8):50.7	11.4:51.6(44.9):37.0	10.3:51.3(46.1):38.4

从江浙沪优势产业分析来看，江苏主要集中在基础工业和重化工产业，浙江集中在轻纺和食品产业，上海集中在装备产业。三地在电子信息、纺织、石油化工等重要产业上存在一定的竞争。目前上海在产业技术能级上占据高端，但苏浙两省产业能级水平提高的速度很快。在行业集中度上，前三个重点行业江苏占制造业总产值的33.7%，浙江为28.8%，均明显低于上海的41.7%。这与浙江市场化程度较高、行业利润趋于平均、投资趋于分散有关，而上海同生产要素价格和技术能级较高等因素有关。在经济发展模式上，江苏外资、民营和国有三足鼎立，浙江以民营经济为主，而上海以外资和国有为主。

（三）一体化的产业发展基础逐步形成

据上海市政协2003年的一项调查结果，近年来，上海周边地区接受国际辐射的力度在增强，而接受上海辐射的力度在削弱。因此，上海同周边城市之间昔日的梯度效应正在递减，产业梯度形成的基础正在弱化，从而使产业梯度转移的现实性在短时期内难以显现。基于长三角各城市先发效应和后发效应的双重作用，以往形成的发展水平的落差已明显缩小，而各城市以自我为中心任务发展态势有所显现。可以说，均质化制造业投资环境逐步形成。

在江、浙、沪三省市政府的推动下，近年来长三角区域重大基础设施建设取得了突破性进展，使长三角各地区的区位条件均质化程度越来越高，如宁波在长三角中原来处于边缘，一个跨海大桥使之一步跨入了核心区域。目前，上海国际航运中心、杭州湾跨海大桥已开工建设，苏通大桥和沪崇苏越江大通道建设已提上议事日程。2003年，长三角明确提出要在5年内打造一个3小时都市经济圈。一个纵横交错、通江达海的现代化快速交通网，将把"长三角"15座中心城市、55座中等城市、1 446个小城镇全部纳入"3小时都市圈"。浙江省提出在今后5年投入600多亿元，建成1 000多公里高速公路。长三角先从交通上实现一体化，为长三角地区一体化发展奠定了技术和物质基础，也为今后长三角地区的一体化发展加大了动力。

因此从外国投资者角度分析，苏州、无锡、杭州、宁波等地，与上海

第三章　长三角都市圈产业一体化与产业集群发展分析

并无多大区别，最多差两三个小时的车程，就世界范围来讲，它们和上海的区位是相同的。

长三角地区合作共建其他基础设施项目也在加快实施。上海市与浙江省积极探索合作建设港口的新模式，共同建设上海国际航运中心。2001年，上海同盛投资集团和舟山嵊泗县投资公司合作承担洋山深水港工程项目建设，洋山港将于2005年11月开港营运。随着京沪、沪杭高速铁路以及沿海和沿江铁路的修建，区域铁路运输体系也将网络化。多运输方式，多层次交通运输网络结构，再加上全球一体化和超高速通信技术的发展，正在使长三角地区的交通网络新功能日益强化。

长三角各城市积极与上海建立多层次联系和信息沟通渠道，重点推进了上海公交IC卡的异地互通、CA证书的异地互认，以及信用信息的互通共享等。苏州、无锡、上海三地从2002年开始启动交通卡互通工程。上海、宁波、杭州、南京等市协作部门相继建立了专业协作网站。由南京信息中心主办创建、长江三角洲部分城市参与共建的"中国长江"网站也在2002年10月开通，为长江三角洲乃至长江流域的经济协作提供了信息平台。由无锡市统计局倡议建立的15个城市统计交换网络，在2000年3月开始运作，向实现信息资源共享迈出了可喜的步伐。

（四）长三角新的一体化分工格局正在形成

从大上海都市圈目前各类企业的情况看，正在发生着三类不同情况的流动或者迁移。外资企业，特别是跨国公司、其区域性的总部或者研究开发中心布局在城市能级高或者研究开发人员集聚的上海，标准化的生产布局在劳动力成本较低的地区；国有企业多集中在资本密集型产业和中心城市，相对于民营企业的生产，其技术水平较高，现在受市场竞争的压力，也把比较低端的生产线或生产环节迁移到低工资的劳动力密集地区，即从高成本的中心城市（城区）迁移到低成本的外围地区；这两类企业在进行着自上而下的区位选择过程。民营企业大多数集中在劳动密集型的产业领域和低工资的劳动力密集地区，从这里起家，但一些已经比较强大的企业，已经把企业的总部、营销中心迁移到上海、杭州等在资本、人才、技术、信息、交通等方面具有比较优势的地区，有的在这些地区还设立了研究开发中心。这类企业进行着自下而上的区位选择过程。这些不同类型企业的流动行为与竞争行为，使不同的生产要素趋向于不同的地区，从而形成集聚和极化。

（五）实现长三角产业一体化是区域内生发展和国家发展战略的需要

长三角产业一体化是区域经济社会内生发展的一种必然。长三角区域以上海为核心，以江浙为两翼，经济社会水平整体较高，城市体系完备，正处在向工业化中后期发展的阶段，成了中国经济巨轮的一个领航者。之所以长三角一体化能成为一种可能，其根本的原因就在于社会是一个活的有机体，市民在社会经济活动中有着一种追求财富、追求发展的原始冲动，有着一种永不满足的现状和不受制于任何区域行政及人为藩篱阻断的原动力，同时也在于利益的一体化促进了经济社会文化的一体化。地区间因某种相互依赖、共同发展的利益关系而推进市场制度的融合，并因这种融合所产生的实际经济效果，进一步加强市场制度的一体化。

另外，长三角一体化也是国家发展战略的必然需求。区域经济社会的一体化发展已是我国国民经济和社会发展的一项重大战略，长三角区域经济社会发展的效应不断提升、扩展，也已成为宏观经济社会发展和参与全球化进程战略的重要组成部分。这一区域一体化的形成和发展，对于促进我国经济社会的发展，进一步加快我国的经济现代化和国际化的进程，有着举足轻重的地位和作用。

二、外资的投资布局加速了长三角产业一体化

1992年以来，外资流入中国的特点之一是技术密集度相对较高的生产项目大量落户在上海及其周边的苏州、无锡、杭州等城市。1992年，上海的外商直接投资额为4.94亿美元，占全国的4.37%，江苏的外商直接投资额为14.63亿美元，占全国的12.99%，浙江的外商直接投资额为

2.4亿美元，占全国的2.12%。三省市合计占全国外商直接投资额的19.48%。到2003年，上海、江苏、浙江的外商直接投资额分别为54.69亿美元、105.64亿美元和49.81亿美元，占全国535.05亿美元的10.22%、19.74%和9.31%。三省市合计占全国外商直接投资的39.27%，比1992年要增加近20个百分点。从江苏、浙江外商直接投资的城市来说，主要集中在长江三角洲都市圈内，如苏州、无锡、南京、杭州、宁波、嘉兴等地。2004年长三角对国际资本的流入的速度依然较快，15个城市吸收外商直接投资实际到位金额269.39亿美元，实际吸收外资金额占据全国44.5%。大量外资的流入，对长江三角洲区域的生产力布局和区域内产业分工与合作体系产生了新的作用。

（一）外资分布的梯度性

外资企业是进入国际分工体系的，似乎表明上海周边地区的企业技术与上海企业并没有很大的差异性，意味着上海制造业定位和空间布局必须考虑长江三角洲都市圈内已经聚集了大量外资企业的现状。例如，苏州地区的电子及通讯设备产业占制造业的比重达到32.26%，比上海高出20个百分点；无锡和常州的机械工业占制造业比重分别为11.70%和12.26%，比上海分别高4.64个和5.2个百分点。这些均显示出长江三角洲都市圈的技术产业占制造业的较高比重以及产业技术结构升级趋势。其基本原因是外商投资的技术产业所需的并不仅仅局限于廉价劳动力的供应，而是着重技术劳动力的供应和技术产业发展所需的区域性技术供应链，更重要的是上海技术产业和科技资源对长江三角洲都市圈内外商技术产业的支持，这就是**越靠近上海的城市，其吸收的外商投资量越多的原因**。外商投资的技术产业迅速在长江三角洲的扩大凸显出上海对外资企业发展的支持作用，强化了上海在长江三角洲产业分工中的核心地位。外资在进入长江三角洲时是根据其战略目标、产业技术优势、当地生产要素供应、市场规模、生产地区的交通条件等多种因素而做出区位的选择。无论外资落户到长江三角洲的任何一个城市，都会增加区域内部的产业分工与合作机会。

表3-4列出了长江三角洲都市圈内16个城市外资企业和港澳台企业占工业产值的比重，可以提出下述的看法：一是上海外资企业占工业产值

的47.94%，成为长江三角洲都市圈内外资比重最高的城市；其次是苏州，外资企业占40.50%；南通紧邻上海，外资企业的工业产值比重占25.34%。二是外资企业占工业产值比重在15%~20%之间的城市是无锡、常州、镇江、南京、嘉兴、杭州，这些城市对外资的吸引力随着长江三角洲都市圈交通网络的改善正在不断提高。三是港澳台投资企业的区域分布分散在长江三角洲都市圈，其中苏州港澳台投资企业占工业产值比重达到20.03%；其次是宁波和上海分别占13.55%和13.34%；除舟山之外，其他城市的港澳台投资企业占工业产值比重为5%~12%之间。

就外资和港澳台投资企业在长江三角洲都市圈的投资特点来看，这类企业的空间布局存在着产业间和产业内部的分工，这可以通过区域间劳动生产率的差异直接反映出来。

外资和港澳台投资企业的产值占2003年上海工业产值61.28%的比率，表明它们已经成为上海制造业的主角，从而使上海制造业在长江三角洲都市圈的定位在很大程度是上述两类企业的战略实施结果。

表3-4　　2003年长江三角洲16个城市的三资企业占工业产值比重

单位：亿元、%

	工业总产值	其中：港澳台企业	外资企业
上海	10 700.91	13.34	47.94
江苏：	18 034.60	10.84	22.46
苏州	4 976.51	20.03	40.50
无锡	3 284.73	8.42	16.36
常州	1 527.28	6.90	14.20
镇江	855.36	9.87	20.21
南京	2 509.38	8.05	19.81
南通	1 123.91	10.08	25.34
扬州	837.24	5.83	8.69
泰州	736.65	5.39	8.97
浙江：	12 864.23	两类企业合计	20.10
嘉兴	1 113.53	9.25	15.57
湖州	588.62	7.70	4.32
杭州	3 202.52	10.36	16.03
绍兴	1 895.40	11.73	5.51
宁波	2 630.29	13.55	12.48
舟山	153.03	1.88	14.58
台州	955.82	5.46	10.54

第三章　长三角都市圈产业一体化与产业集群发展分析

（二）台资对长三角制造业基地的崛起起到了不可忽视的作用

进入21世纪后，国际经济形势与格局出现了新动向，国际资本与国际制造业向中国转移的迹象明显。在这个过程中，长三角经济发展势头迅猛，吸引外资高潮迭起，从而使长三角不仅有望成为全球的第六大都市圈，而且也有可能塑造成为中国乃至全球重要的现代制造业基地之一。在这个过程中，台资对长三角现代制造业基地的形成起到了相应的推动作用。

外向型经济是长三角经济发展的重要推动力量，而台资对长三角现代制造业基地的加速形成又起到了重要的推动作用。近年来，在台商投资逐渐北上的过程中，长三角开始成为台资最为集聚的一个重要区域。据有关部门统计，江苏省累计吸引台资项目11 926项，吸引合同台资205.19亿美元；浙江省累计吸引台资项目5 601项，吸引合同台资148.29亿美元；上海市累计吸引台资项目5 440项，吸引合同台资120.4亿美元。整个长三角累计吸引台资项目22 967项，占全国总量比重的35.5%；吸引合同台资473.88亿美元，占全国总量比重的59.3%。可见，台资在长三角的集聚，助推了长三角现代制造业基地的加速形成。其主要表现在以下几个方面：

1. 台资以制造业形态为主，生产加工逐渐形成网络。就当前和未来发展的态势来看，尽管台资在长三角的投资领域有向纵深拓展的迹象，现代服务业的项目开始增多，但仍然有70%左右的项目属于工业性，制造业继续是台商投资的重点领域，并且正在向着网络化的格局推进。如此态势的形成，不仅使台资成为长三角现代制造业基地中的一个重要组成部分，而且也成为长三角塑造现代制造业基地的一支重要推动力量。

2. 台资的集聚程度高，生产布局逐渐开始清晰。台商在进入长三角过程中，逐渐开始出现向一定区域和重点开发区集中的趋势。例如，苏州利用台资的总额已居全国首位，并逐渐成为了全国台商高度集聚的一个重要区域。又如，长三角相关城市中的台商工业园区，都成为台资和台商高度集聚的重要载体。

3. 台资的高新技术项目逐渐增多，生产结构逐渐向高级化转变。与国际制造业向中国转移的趋势相适应,台资进入长三角的高新技术项目开始增多,其中电子信息类项目已经成为台商投资的新热点,并在区域内形成了一批具有产业集聚特征的高新技术产业基地。这一趋势的逐渐形成,对于调整与完善长三角制造业的现实结构有着重要的推动作用。

三、长三角从产业同构向产业分工深化的转变

当代国际经济的竞争是产业集群的竞争。美国著名战略管理专家迈克尔·波特指出,各国竞争优势形态,都是以产业集群的面貌出现的,产业集群的普遍存在是产业发达国家的核心特征。研究产业集群竞争力的始作俑者是美国哈佛商学院战略管理学家迈克尔·波特①。他在《国家竞争优势》一书中将产业集群嵌入到一个广泛的动态竞争理论中去,这一竞争理论包含了成本战略、差异战略、静态的效率以及动态的升级和创新。从本质上看,波特将集群看作是一个自我增强的系统,这一系统刺激集群内企业的竞争战略,同时也刺激产业集群本身的竞争力。长三角地区正在逐步强化区域产业结构特色,形成一种全新的差别化竞争格局,产业集群竞争力逐步提升。

(一)"产业集群"而非"产业同构"

由于长三角地区资源禀赋的同质性,大多数城市都把电子、汽车、机械、化工、医药等产业作为未来发展的主导产业。在长三角15个城市中,选择汽车为主导产业的有11个城市,选择石化的有8个城市,选择通信产业的有12个城市。从工业行业完成产值情况看,排在前10位的主要工业大类,上海与江苏的同构率达90%,上海在石油加工及炼焦业方面具有一定的优势;上海与浙江也有7个是相同的,同构率为70%。这些行业完成工业总产值占各地全部工业总产值的比重均在60%~75%之间。

---

① 迈克尔·波特著:《竞争战略》、《竞争优势》和《国家竞争优势》。

第三章 长三角都市圈产业一体化与产业集群发展分析

许多学者据此判定长三角地区产业同构的结论。

长江三角洲都市圈内部是否存在产业同构现象是一个尚未解决的问题。多年来，无论是城市经济管理机构的直观判断，还是经济学家的研究活动，基本上认定这一区域存在着严重的产业同构问题，造成了长江三角洲区域内部城市之间争夺外资和争夺市场，尤其是提出都市圈内互相以更加优惠的政策来吸引外资，形成了事实上的长江三角洲都市间的"恶性"竞争关系。然而，从实证研究的结果来看，这一说法缺乏系统的数据支持，并且同实际状况不相吻合。最近，邱风（2004）、殷醒民（2004）、卓勇良（2004）等人根据统计分析也都得出了**长三角不存在产业同构的观点**。

（二）正常的产业结构和竞争

几乎所有研究都指出，大上海都市圈内各个地区之间的产业同构或者趋同，并视为恶性竞争的原因和制约都市圈经济发展的主要障碍之一。其中的逻辑是："重复建设"—"结构趋同"—"恶性竞争"—"政府干预"。

本研究认为，都市圈产业结构同构或者重复的说法本身不正确，也就是说，地区间的产业结构相同、进而产生竞争是正常的，是市场经济的必然要求。这涉及方法论问题及研究方向的转变。上述研究存在方法论上的问题，用的产业统计口径比较宽，不能确切地反映出各个城市产业结构的实际情况，因为以现有统计年鉴中的产业划分，不要说都市圈内各个城市，就是全国各个省市的产业结构也是重复的，甚至全世界各个国家的产业结构也都是重复的。产业是以社会分工为基础，在产品和服务的生产经营上会产生某些相同特征的企业及其活动的集合。不同的研究对象、研究目的，决定着不同的产业划分。不同的研究者有着不同的产业划分方法，如按2位数、3位数或者4位数划分。不同的划分口径反映出产业不同的重复程度。产业划分越细，产业差异越明显。但是本研究认为，重复本身并不是问题，因此用什么口径划分产业并不重要。在研究像都市圈这样相对较小的区域内各个地区的产业结构，应当用更具体的产业划分比较合适。

当前产业经济发展的趋势越来越重视产业集聚及由此而产生的产业竞争优势。波特把产业集聚看做是迈向优势国家之路，这也是发达国家的核心特征。没有大量的相同产业、相关产业以及产业之间的竞争，也就不会出现产业集聚。大上海都市圈是我国第一圈，工业数量多、基础雄厚，市场经济的发育程度和国际化程度都比较高，又是国际产业转移的首选之地，并且竞争非常激烈，已经为产业集聚提供了好的条件。所以应当搁置产业同构或者雷同的问题，把研究的重点转向如何培育产业的集聚和国际竞争优势，以提升国家的竞争力。

形成"产业同构"还是"产业集群"认识上的差异，关键是对两个概念在地理尺度上没有明确的范围界限。习惯上，产业同构更偏重于宏观区域范围和中观区域范围内产业结构差异性的描述；产业集群则偏重于在一个较小的范围内，主要是对以城市、开发区或相近区域内，在产业充分竞争的基础上，出现的产业链分工并在同一区域内集聚的描述。

（三）长三角产业的差异性分析

对长三角地区产业进一步分析，可以看出长三角地区的产业存在明显的差异性。

1. 领先行业差异。上海排前3位的行业，是电子、交通运输设备和黑色冶金行业，只有电子行业与江苏重合，但份额大大高于江苏，与浙江则没有重合。列上海制造业第2位的交通运输设备，产值比重大大高于江苏和浙江列第1位的行业。江苏和浙江的前3位行业，列第1位的都是纺织业，但两地纺织业存在着一定差异，浙江化纤织物比重较高，江苏则棉纺比重较高。沪苏浙列第2、3位的行业均无类同。

2. 行业集中度差异。行业集中度最高的是上海，列前位的3个行业占制造业产值的41.7%；江苏居中间，占33.7%；浙江最低，仅占28.8%。

3. 产业层次差异。上海制造业产业层次最高，江苏其次，浙江较低。上海的电子和交通设备行业具有很强的竞争优势，是上海产业层次较高的标志性特征。浙江电子行业产值比重未进入前6位，以及纺织服装业和食品生产值份额高于江苏，是产业层次较低的标志性特征。

第三章 长三角都市圈产业一体化与产业集群发展分析

进一步从产品结构考察，也存在着明显的结构差异和互补关系。如轿车产量上海最高，江苏只有上海的14.7%，浙江仅为上海的3.5%；纱产量江苏最高，浙江只有江苏的30.3%，上海仅为江苏的6.2%。

从各地形成的优势产业也反映出这种差异性。绍兴县与海宁市的轻纺产业都是本地的支柱产业，但绍兴县偏重服装面料的织造，海宁市则侧重于工业用布的织造。萧山区与昆山市都致力于机电产业的发展；但是，前者着力于汽车零部件的规模化生产，后者偏重于中档机电一体化产品的开发与生产。上海与浙江都把汽车工业定位于各自的支柱产业。二者不但资本的主体的属性不同，产品的结构也各异。上海生产轿车，走中高档发展之路越来越明显，而浙江李书福的吉利，其车型则走"百姓车"之路；浙江发展汽车产业的重点是发展中档客车与特种行业用车，与上海及其他发展汽车工业的城市存在明显差异。

可以说，正是长三角地区资源禀赋的同质性，构成了长三角地区统计分类大类行业的同质性，或者说，是更大范围内的产业集群化发展态势的形成。由于认识上的偏差，大多数学者都把长三角制造业大类的同构性认为是长三角地区实现产业一体化发展的最大难点和障碍。因为从统计分类的第3位数或第4位数的行业划分来看，认为长三角地区产业同构的结论是不能成立的。

长三角的企业组织结构在外资和民资的共同作用下，已彻底打破了国有资本垄断产业发展的局面，竞争较为充分。企业在组织管理和产业布局方面的主动性较大，虽然在企业异地发展中也受到部分行政干扰，但这种干扰的作用有限。因此长三角企业内部的分工和市场化条件下的产业分工体系是以专业化分工能带来效率提高的利润原则为基础的。因此，外资企业在长江三角洲所实施的生产力布局反映了城市间的比较优势，不仅产生企业内部重复建设和恶性竞争的可能性极低，而且会增强城市的专业化分工体系。

产业同构的背后必然是重复建设带来的过度竞争，由于长三角地区的国有企业改革步伐较快，现代企业制度完善，不同企业的同质产品在激烈竞争中形成了差异化特色，促进了产品质量的提升和市场的繁荣，这一点正是产业集群的一个特性。**长三角地区的产业同构现象背后隐藏的是产业集群发展的规律，在同业竞争中，不断创新，从而促进了整个区域的发展**

与繁荣。

（四）长三角产业分工趋于加深

从长江三角洲的情况看，上海、江苏和浙江彼此之间的竞争关系在 20 世纪 80 年代体现得十分清楚，但到 21 世纪初已经呈现出较强的分工态势。

长江三角洲城市的发展及其所提供的增长机会和质量，不仅取决于城市的位置，还要取决于城市的产业结构。一个区域保持具有竞争力的产业比重或吸引新产业的能力是产业结构变动方向的一个重要问题。

表3-5　　　　　　　　长三角制造业专业化系数的比较

省（市）	该区域与上海相比的差异（增加值）	该区域与上海相比的差异（劳动力）
江苏	20.41	—
浙江	24.94	—
苏州	34.73	25.32
无锡	24.85	25.88
常州	29.58	18.36
南京	17.92	20.75
杭州	24.46	20.65

注：制造业系数是反映两个区域之间制造业的差异程度：增加值栏目是指江苏、浙江、苏州等区域制造业增加值百分比与上海制造业增加值百分比之差，劳动力栏目是指江苏、浙江、苏州等区域制造业劳动力百分比与上海制造业劳动力百分比之差。
资料来源：殷醒民（2004）。

究竟长江三角洲都市圈内存在什么样的产业分工模式呢？从产业定位的角度出发，必须揭示整个长江三角洲都市圈内的产业分工特点。为此，引入制造业专业化系数[①]对江苏、浙江和若干主要城市制造业与上海制造业之间的差异性以及差异程度进行界定。

---

① 制造业专业化系数可以通过产值和劳动力两个指标反映出来，如以产值衡量的专业化系数是指某一区域制造业各行业的增加值百分比与另一区域制造业增加值百分比之差，差额越大，两区域制造业的专业化程度越高。系数为零说明根本没有专业化，即区域之间工业结构完全类同。

第三章 长三角都市圈产业一体化与产业集群发展分析

表3-5总结了地区之间制造业产值和劳动力之差异程度，结合表3-6和表3-7中所统计的29个制造业的地区差异性。对长江三角洲都市圈的制造业专业化程度提炼出下述的看法：

1. 浙江与上海制造业专业化系数的差异更大，达到24.94。具体说来，浙江的纺织业、服装业、皮革制品业、黑色金属冶炼、运输设备、电气机械、电子及通信设备业与上海有很大的差异性。

2. 江苏与上海制造业专业化系数为20.41，制造业专业化的差异程度较大的产业有纺织业、化学工业、黑色金属冶炼、运输设备、电子及通信设备业。

3. 苏州与无锡离上海比较近，制造业专业化系数最大，分别为34.73和24.85。表明城市之间的距离是产业分工的直接体现，就是都市圈内城市越接近，城市制造业专业化程度越高；距离越远，产业同构性越强。例如，南京制造业与上海相比的专业化系数仅为17.92，几乎只是苏州专业化系数的1/2。如果比较区域的产业劳动力，苏州和无锡与上海相比的专业化系数分别为25.32和25.88，比常州、南京、杭州高得多。因此，两种专业化系数均表明长江三角洲都市圈内存在制造业的分工体系。

进一步说，苏州和无锡制造业与上海相比的专业分工正在强化，如以产值计算的苏州与上海专业化差异系数较大的产业是纺织业（6.4）、电子及通信设备（20.92）、黑色金属冶炼（-5.98）、运输设备业（-10.22）；同样，以产值计算的无锡与上海专业化差异系数较大的产业是纺织业（9.94）、化学纤维（3.46）、运输设备业（-7.1）。正号表明区域产业的产值比重大于另一区域，负号则表明产值比重小于另一区域。

表3-6　　　　2003年长三角六城市制造业专业系数
（增加值百分比）比较　　　　单位：%

行　业	上海	苏州	无锡	常州	南京	杭州
食品加工业	0.99	1.74	0.31	0.64	1.46	0.49
食品制造业	1.90	1.10	0.36	0.92	1.67	1.87
饮料业	1.29	0.24	0.20	0.42	1.10	5.28
烟草制品	5.08	—	—	0.02	6.06	7.39
纺织业	3.72	10.12	13.66	14.03	1.41	11.42
服装业	3.58	3.03	2.60	4.98	3.03	3.11

续表

行 业	上海	苏州	无锡	常州	南京	杭州
皮革制品	0.71	2.06	0.34	0.56	1.32	2.83
木材加工	0.92	0.59	0.12	0.31	0.25	0.37
家具制造	0.57	0.43	0.02	0.55	0.30	0.53
造纸及纸制品	1.02	2.46	0.82	0.44	0.75	3.62
印刷业	1.52	0.37	1.03	0.53	0.59	1.02
文体用品	1.25	0.72	0.16	0.17	0.69	0.59
石油加工	3.63	0.66	0.74	0.42	6.12	0.35
化学工业	6.46	6.29	7.82	10.57	16.62	5.21
医药制造	2.21	1.45	1.88	1.81	1.94	3.37
化学纤维	0.90	1.84	4.36	0.94	0.52	1.46
橡胶制品	1.08	1.06	1.02	0.68	0.84	1.87
塑料制品	2.71	1.90	3.47	2.63	1.75	2.23
建筑材料	2.58	2.37	2.65	3.83	4.32	3.59
黑色金属冶炼	10.06	4.08	12.25	7.68	9.30	4.61
有色金属冶炼	0.85	2.23	3.12	1.84	1.10	0.36
金属制品	4.30	3.11	6.30	4.40	3.13	3.53
通用设备	6.02	4.47	7.76	11.20	4.11	6.65
专用设备	3.04	2.51	3.94	7.28	1.53	1.58
运输设备	13.68	3.46	6.58	4.98	9.72	5.73
电气机械	6.55	6.00	6.71	8.41	6.13	7.42
电子及通信	11.34	32.26	11.15	8.06	12.02	10.76
仪器仪表	1.49	3.04	0.45	1.10	1.13	2.13
其他	0.55	0.41	0.18	0.60	1.09	0.63
总计	100	100	100	100	100	100
制造业产值（亿元）	1 903.8	1 253.87	749.03	352.11	582.86	747.64

资料来源：《上海统计年鉴（2002）》第 170～171 页。

4. 产值比重显示，南京与上海制造业分工特色突出地表现在南京石油加工和化学工业系数比上海高 12.65，除此之外的两地制造业显示出明显的同构性，尤其是黑色金属冶炼（9.30∶10.06）、运输设备（9.72∶13.68）、电气机械（6.13∶6.55）、电子及通信设备（12.02∶11.34）的增加值比重非常接近。然而，根据南京和上海劳动力来计算的制造业专业化系数，南京的黑色金属冶炼业（5.05）和运输设备业（11.35），比上海分别多 2.65 和 3.84。这就隐含着南京的黑色金属冶炼业和运输设备业的产品技术比

第三章　长三角都市圈产业一体化与产业集群发展分析

上海低，表明两地这两大产业内部的产品结构是有差异的。①

5. 杭州和上海制造业的分工差异主要体现在三大制造业，即杭州纺织业专业化系数为11.42，上海仅为3.72；而上海黑色金属冶炼业和运输设备业的专业化系数分别为10.06和13.68，比杭州的4.61和5.73高很多。这是上海制造业中以钢铁业和汽车制造业为发展重点的产业战略体现。

表3－6和表3－7反映出上海制造业的明显特色。2003年，有四个制造业的产值比重在10%以上：石油加工和化学工业（10.09）、钢铁工业（10.06）、运输设备（13.68）和电子及通信设备业（11.34）。如果以劳动力比重计算，这四大制造业的比重分别是7.32%、2.40%、7.51%和8.49%，均低于产值比重，尤其是钢铁工业的2.4%劳动力创造了10.06%产值，这与上海钢铁工业压延加工的钢板生产具有较高技术含量是有联系的。

表3－7　　　　2003年长三角六城市制造业专业系数
（劳动力百分比）比较　　　　　　单位：%

行　　业	上海	苏州	无锡	常州	南京	杭州
食品加工业	0.98	0.52	0.24	0.47	2.01	0.83
食品制造业	2.21	0.90	0.53	0.74	1.87	2.10
饮料业	0.56	0.30	0.29	0.26	0.43	1.62
烟草制品	0.23	0.01	—	0.03	0.31	0.15
纺织业	7.39	19.38	21.72	15.02	3.58	18.19
服装业	9.63	7.59	5.04	11.07	7.54	7.14
皮革制品	2.42	4.35	0.68	0.87	2.03	4.47
木材加工	1.06	0.89	0.13	0.32	0.47	0.76
家具制造	1.15	1.03	0.02	0.55	0.66	1.07
造纸及纸制品	1.39	1.49	1.02	0.48	1.37	5.59
印刷业	1.87	0.55	1.12	0.68	0.81	1.28
文体用品	2.97	2.22	0.49	0.18	2.47	1.30
石油加工	1.21	0.06	0.31	0.21	1.76	0.24
化学工业	4.99	5.10	5.87	7.18	12.52	4.80
医药制造	2.24	1.16	1.17	2.00	1.95	2.07

---

①　前一数据为南京，后一数据为上海。

续表

行　　业	上海	苏州	无锡	常州	南京	杭州
化学纤维	0.50	1.69	3.33	0.75	0.50	1.22
橡胶制品	1.79	1.61	1.43	0.90	0.82	2.13
塑料制品	4.17	2.81	3.01	3.45	2.66	2.42
建筑材料	3.51	3.21	4.99	3.67	6.82	4.51
黑色金属冶炼	2.40	2.95	6.09	3.20	5.05	2.51
有色金属冶炼	1.03	0.96	1.75	1.04	0.90	0.32
金属制品	6.31	3.99	4.58	4.59	4.47	5.29
通用设备	9.03	4.47	10.24	13.06	7.52	7.53
专用设备	4.45	3.71	5.27	5.18	2.50	2.17
运输设备	7.51	2.97	5.82	6.68	11.35	5.52
电气机械	7.37	5.18	6.42	8.49	4.54	6.65
电子及通信	8.49	17.94	7.13	7.29	9.53	4.72
仪器仪表	2.09	2.03	0.94	1.01	2.19	1.98
其他	1.05	0.93	0.45	0.63	1.37	1.42
总计	100	100	100	100	100	100
制造业劳动力（万人）	243.89	126.95	81.99	54.13	56.03	83.61

资料来源：《上海统计年鉴（2004）》第 254 页、《苏州统计年鉴（2004）》第 154~160 页、《无锡统计年鉴（2004）》第 201~211 页、《常州统计年鉴（2004）》第 210~219 页、《南京统计年鉴（2004）》第 68~70 页、《杭州统计年鉴（2004）》第 166~171 页。转引自殷醒民（2004）。

因此，长三角都市圈内的六大城市专业化系数的研究结果不仅显示出区域内部并不存在所谓的"产业同构"现象，而是产业分工趋于加深。如果以制造业的产品领域来比较都市圈内的产业结构，城市间产业的差异性会更大。

（五）发展产业集群为长三角一体化提供合理社会化分工基础

相比过去产业集群多出于自发形成，近 10 多年来，很多国家的地方政府已经认识到产业集群对于提升地区经济和制造业竞争力具有强大推动作用，已经把产业集群的培育和创新作为重要的公共政策。联合国发布的《世界投资报告（2001）》中指出：产业集聚优势已经超越低成本优势，成为吸引外资投向的主导力量。

第三章　长三角都市圈产业一体化与产业集群发展分析

要提高长三角的区域竞争力，长三角各个地区与城市之间就必须形成一个合理的社会分工体系。强化区域产业联动发展，是实现长三角区域共赢的物质基础。随着长三角区域内经济差距的缩小，长三角的发展正在从产业梯度转移模式向产业分工协作模式转变。这就要求长三角区域内各地区、各城市要依托自己的优势，以强势产业或强势园区的联动为纽带，成立专业联合体，构建区域产业互动发展机制。由于产业集群具有区域的集中性，产业的主导性，产品的关联性和专业的配套性等优点，因此，大力发展产业集群，可以形成外部规模优势，降低交易成本，提高创新能力，产生区域环境文化氛围。随着外商投资的进入，长三角区域已形成了汽车及零部件、电子信息等技术和资金密集型产业集群，这类产业的集群化发展，有别于浙江出现的小商品为主的产业集群模式，其产业配套和集聚的范围扩展到长三角整个区域，这一点亦被部分学者误解为"产业同构"现象。

（六）浙江的产业集群与意大利产业集群惊人相似

意大利是世界上著名的产业集群密集地。根据意大利统计局的评判标准，全意大利产业集群地有199个，分布在15个洲，其中，东北部和中部地区（也就是第三意大利地区）126个，占63.4%；西北部58个，占29.2%。集群地的产品主要是劳动密集型的日用品。其中，纺织品集群地69个，占34.7%；皮鞋和皮革制品占27个，占27.3%；家具39个，占19.6%；食品17个，占8.6%；机械32个，占16.5%。意大利出口绝大部分是由产业集群地生产的，纺织业的90%、鞋和皮革制品的90%、木工及家具的95%的出口额是产业集群地创造的（见表3-8）。意大利劳动密集型产业从20世纪70年代依靠低成本的劳动力，发展到今天具有强大的竞争力，表现在意大利产业的优势在于细致的劳动分工、频繁的产品变化以适应市场需求。意大利素有"中小企业王国"之称，企业规模之小都是其他工业化国家不能比拟的，平均工业企业人数仅为4.3人，是日本的1/4、德国的1/3，不到美国的1/3，平均每个企业创造的产值也是位居工业化国家之末。但正是由中小企业组成的产业集群促进了意大利发达经济的形成。

表3-8　　　　　　　意大利主要地域产业集群概况

集群地名称	行业	产值（亿里拉）	企业数	职工人数	集中数
皮埃拉	毛纺织品	7 000	1 850	29 000	7
菩阿莱之阿	贵金属加工	2 000	1 400	8 000	18
欧鲁佳特哲	纺织印染	4 572	2 614	29 339	不明
卡苟滩乌里瑙	木材家具	1 590	2 956	13 719	不明
蒙特贝若纳	运动服	2 367	556	7 909	75
阿鲁依纳瑙	皮革	4 800	600	6 500	40
卡驼莱	眼镜	2 240	930	11 200	66
普拉托	纺织品	8 040	8 500	46 000	10
桑克朗挈丝鲁阿纳	皮革	3 200	800	10 000	11
培沙罗	木材、家具	1 900	750	9 900	20
蒙丝马诺	鞋	595	660	4 100	20

资料来源：王忠红（2004）。

表3-9　　意大利国际竞争优势产业集群和浙江的特色产业集群的分布

意大利	浙江
比耶拉：毛纺织	温州：鞋、服装、眼镜、打火机
普拉托：毛纺织	义乌：小商品
都灵：自动化设备	绍兴：轻纺、化纤
皮亚琴察：自动化设备	永康：五金
蒙特别鲁那：滑雪靴	海宁：皮革、服装
卡斯泰尔戈弗列多：照明设备	余姚：轻工模具
卡尔皮：木工机械、针织品	奉化：服饰
摩德那：针织品	慈溪：鱼钩、长毛绒
萨斯索罗：瓷砖	永嘉：纽扣、泵阀、
卡拉拉：石制品	路桥：日用小商品
阿雷佐：珠宝	嵊州：领带
瓦伦扎：珠宝	金乡：标牌、包装
博罗尼亚：包装机械	大唐：袜业
布赖恩扎：家具	瑞安：汽车和摩托车配件、理发用品
	瓯海：阀门
	柳市：低压电器
	台州：精细化工、摩托车

资料来源：王忠红（2004）。

第三章　长三角都市圈产业一体化与产业集群发展分析

综观意大利产业集群的发展，我们可以发现与浙江产业集群以及其他地区乡镇的产业集聚区域有许多相似之处，见表3-8和表3-9。

（七）"小商品"为主体的产业集群是浙江经济发展的突出特点

支撑长三角地区园区发展的是这片区域内一大批已成规模的产业集群。从上海到沿杭州湾往南，从嘉善直到宁波，车程不过4小时，从嘉善木业、海宁皮革经编、萧绍平原的化纤纺织，直到慈溪家电、嵊州领带、余姚塑料和宁波服装，沿路的每个产业都在全国乃至全球市场上占据了强势地位。

产业集群的作用在于不仅增强了竞争，促进了社会分工深化，而且极大地降低了产品成本，节约了社会资源，提高了劳动生产率。比如，浙江的劳动密集型产业就是这样以世人不可思议的低成本优势占领了世界市场。由此引来的反倾销贸易摩擦，更加引起了经济学家对浙江产业集群带来的低成本的广泛关注。表3-10是温州市主要产业集群的情况。

更可贵的是，杭州湾畔的产业群已经在发挥集聚效应。以化纤产业群为例，在全国同行业销售收入前30名企业中，集聚于杭州湾区域的就有8家，使这里成为中国最重要的化纤产业带之一。发达的化纤产业群又为杭州湾沿岸的纺织业提供了强大的上游产业链，仅绍兴一个县，纺织面料就占了全国总产量的15%以上。

但是，在新的背景下，环杭州湾产业集群还需要进一步整合与提升，目前承载这些产业集群的各类园区基本上是以行政区划为界限，是传统的行政区经济的产物。今后应突破行政区划，以产业集群的主要聚集地为核心来组织专业化分工。比如，软件产业集群应以杭州软件园区为核心，纺织产业集群以绍兴滨海工业区为核心等。要通过整合和提升，在环杭州湾区域内构造几大国际性产业集群，不断提升产业集群的国际竞争力。

表 3-10　　　　　　　温州市主要产业群情况汇总

产业群所在地	所属县市区	主要产品	企业数	雇员数（万元）	产值（亿元）	出口交货值（亿元）	占县市区工业产值比重（%）	市场份额（%）	备注
鹿城	鹿城区	打火机	500		17		17	全球70	
柳市	乐清市	低压电器	1 000	10	100	15	49.6	全国35	
温州	市区、永嘉等	皮鞋	6 000	38	200	52		20	
温州	市区、永嘉等	服装			203			10	利税20亿元
桥头	永嘉县	纽扣、拉链	1 208	2	22.6	2.1			
蒲州	龙湾区	笔	151		10.18	3.94		33	年产各类笔65亿支
金乡	苍南县	商标徽章	120		9.3			40	
塘下	瑞安市	汽摩配	700		35	3.5	11		
鹿城	市区	眼镜			18.5	15		80	
瓯北	永嘉县	阀门	480		12.8			30	利税2.5亿元，产销率95%
瓯北	永嘉县	泵	227		5.05				利税1.12亿元，产销率96%
萧江	平阳县	塑编制品	450		40			33	
龙湾	龙湾区	合成革等	40		16.5			18	
藤桥	瓯海区	服装（出口）	150		5.6				
龙港	苍南县	印刷包装设备及材料	1 000		30			20	

资料来源：各区及相关行业协会的统计及调查（1999年数据）。转引自王步芳（2004）。

（八）上海资本密集型产业集群现象

与浙江的小商品产业集群模式不同，上海的产业集群主要是以资本和技术密集型产业为主。随着上海大项目大基地产业布局思路的实施，上海以郊区为布局重点的制造业集群态势明显。上海宝钢所在地宝山区的黑色金属冶炼及压延加工业总产值占上海市工业总产值比重为77.27%；上海国际汽车城和大众所在地嘉定区交通运输设备制造业在上海同行业工业总产值中占32.48%的比重；上海化工区所在地金山区石油加工、炼焦及核燃料加工业在上海同行业工业总产值中占52.63%的比重，浦东、松江的电子信息设备制造业占全市比重达到64.93%。

（九）依靠产业集群化加快外资企业"落地生根"，提高企业集群竞争力

长江三角洲地区等已经出现了产业集群化的趋势，但总体上看，这种产业集群化水平还很低，"低、小、散"现象突出。从国外的经验看，在一个产业集群内，大量的相关企业在空间上集聚，企业间高度专业化分工，市场网络组织发达，以及以互动互助和集体行动为特征的合作竞争机制，将有利于形成一种良好的创新氛围。这种产业集群将通过多种途径，如降低成本、刺激创新、提高效率、加剧竞争等，提升整个区域的竞争能力，并形成一种集群竞争力。这种竞争力是非集群和集群外企业所无法拥有的。因此，借鉴国外产业集群的经验，在现有各类工业园区的基础上，采取积极有效的政策措施，大力推进产业集群化进程，逐步形成完整的产业链经济和产业配套体系，将是加快外来企业尤其是外资企业"落地生根"的重要途径。因为在产业集群化的环境下，即使生产成本发生了变化，但由于集群内已经形成了完整的产业链和产业配套关系，大部分企业也不会向外迁移，除非整个产业链条都向外迁移。

（十）提升集群竞争力——发挥政府促进作用

产业集群也包括诞生、发展和衰亡三个阶段。产业集群的缘起，与专业化技能、大学的研究特长、高效率的生产特点、适当的基础设施等生产要素有着密切的关系。发展中的产业集群大多倾向于发展全球战略，厂商在越来越多的国家销售产品，并把低附加值的活动转移到成本低的地方，增加进军国外市场的机会，这个过程会让产业集群竞争力更强。产业集群衰亡的原因，造成衰亡的内部因素，起源于内部创新机制的僵化，如缺乏弹性的法规、企业过度合并形成卡特尔或其他机构妨碍竞争的做法，以及学校、大学等机构僵化等。

当各类资源向生产率高的产业转移时，某些产业集群的竞争力难免相对减弱。各国要维持它在某些产业集群上的竞争力，必须回归到各国在技

术创新、精致生产、产品特色等关键要素上的获得，生产率低、技术层次差、产品特色少的产业或产业环节，往往是第一个失去竞争优势的产业。

我国产业集群在形成之初，基本上都是企业的自发行为，但一旦产业集群的雏形出现后，地方政府往往都会积极参与热情扶持，对本地产业集群的发展做出了重要的贡献。政府促进产业集群优势的主要政策导向主要有：

1. 构造良好的产业合作关系。产业集群要提高区域对潜在的特定生产活动投资者的吸引力，尤其关注外商直接投资的作用。《世界投资报告(2001)》针对推进地方产业集群内本地企业与跨国公司之间的联系纽带，提出了一个内容广泛的政策框架，且具体政策建议包括：提供产品供需的市场信息；帮助外国机构与本地企业建立生产供应联系；鼓励外国机构参与提升本地供应商技术水平的技术推广项目；与外国合作兴办教育培训机构；通过各种途径帮助本地企业获得金融支持。

2. 实施技术创新战略。一是建立技术平台，如政府通过发展研究机构、大学等为企业提供咨询服务；对企业的研究发展与技术改造活动，直接提供财政补贴或税收方面的优惠措施，鼓励企业不断追求技术进步。

3. 实施人才战略。加大国际优秀人才的引进力度，加快职业教育和继续教育发展，培养高层次的专业人才与企业家，努力在集群内形成优秀人才的高地，为产业结构优化和经济增长提供优秀的组织者与实施者。

4. 引导产业集群进入全球产业链体系和全球营销体系。积极融入经济全球化，参与国际生产体系，获得更先进的技术和更大的发展空间。当前最重要的是进入以跨国公司为主导的国际生产体系。要依靠我国产业集群在一些产业的专业化优势，鼓励企业积极主动地与以跨国公司建立各种形式的协作，通过为跨国公司提供零部件、加工生产等，与跨国公司建立稳定的协作关系和战略性联盟，学习跨国公司先进的管理与先进技术水平，进而进一步提升专业化优势。

5. 强化政府在市场规则制定、行业指导、信息服务等功能。一是强化质量管理；二是促进产业集群形成多元化产品结构和市场结构；三是重视并加强政府对企业的信息服务；四是鼓励行业协会发展，充分发挥行业组织的自我服务、协调和管理作用。

第四章

长三角都市圈主要产业发展与技术创新

长三角三省市2003年工业总产值占全国比重为28.99%（2004年中国工业经济统计年鉴计算而得）。本章选择三个具有代表性的产业，研究长三角产业发展的概况，电子信息产业代表高技术产业发展水平和方向，装备制造业代表信息化带动下的传统制造业发展竞争力水平，用纺织服装产业说明劳动密集型产业和设计创意的结合。

一、长三角电子信息产品制造业

目前，我国电子信息产业[①]已形成珠江三角洲、长江三角洲、环渤海三个规模大且配套全的电子信息产品制造加工基地，其中珠江三角洲与长江三角洲之间有福州—厦门电子制造带相连。此外，内陆的武汉、西安、成都所构成的三角地块也是中国电子信息产业发展较好的地区。这些电子信息产业集聚区之间已呈现出空间分工的雏形，主要体现在产业空间分工

---

① 信息产业主要包括信息产品制造业、信息传输业、信息服务业三种类型：信息产品制造业主要指电子信息产品制造业，包括集成电路和元器件、计算机、通信设备、广播电视设备及电子出版设备制造业等。信息传输业包括广播、电视、电话、电报、数据通信、计算机网络业等；非电子信息传输业等。信息服务业是指以计算机为主要平台的信息服务业，它又包括信息资源开发业、数据库和信息库开发业、计算机信息处理业、互联网络业、信息应用增值业以及信息咨询业等。本章主要以信息产品制造业为研究重点。

和价值链空间分工两大方面。

珠江三角洲电子信息产业集群和福州—厦门电子带，包括深圳、东莞、中山、惠州、福州、厦门等地，是消费类电子产品、电脑零配件以及部分电脑整机的主要生产、组装基地，目前主要承担制造职能；长江三角洲电子信息产业集群，包括南京、无锡、苏州、上海、杭州、宁波等地，主要是笔记本电脑、半导体、消费电子、手机及零部件的生产、组装基地，目前除主要承担制造职能外还承担部分的研发职能，其中上海还是国内外知名IT公司总部的汇集地；集成电路产业占全国50%以上市场份额；环渤海电子信息产业集群，包括北京、天津、青岛、大连、济南等地，主要从事通信、软件、元器件、家电的生产，目前除承担制造职能外还承担研发职能，尤其北京，是全国电子信息产品的研发、集散中心，国内外知名IT公司总部的汇集地；而成都、西安、武汉等地，则主要是家电、元器件和军工电子的生产基地，目前主要承担制造职能。

表4-1　　　　2003年长三角与全国通信设备、计算机
及其他电子设备制造业工业企业主要经济指标

	企业数 （个）	工业销售产值 （亿元）	工业增加值 （亿元）	从业人员 （万人）
上海	453	1 914.87	290.2	18.22
江苏	954	2 556.7	612.16	42.78
浙江	645	608.96	141.81	15.72
长三角二省一市合计	2 052	5 080.53	1 044.17	76.72
全国	5 856	15 522.13	3 482.5	273.46
长三角占全国比重	35.04%	32.73%	29.98%	28.06%

资料来源：2004年中国工业经济统计年鉴。

长三角地区抓住了"九五"末期和"十五"时期以台资为引领的世界电子信息产业向中国转移的有利契机，电子信息产业从传统的家用电器迅速跃升为以芯片制造为主体的微电子产业发展，目前仍处于高速增长时期。从表4-1中可以看出，长三角电子信息产品制造业在全国的比重稳步上升。从长三角内部看，电子信息产品制造业主要集中在上海、苏州和杭州三个城市，具有很大的技术经济关联性，形成了清晰的电子信息产业

第四章 长三角都市圈主要产业发展与技术创新

链。上海以集成电路芯片、电路印刷板著称；苏州、无锡、昆山、杭州等地则分别形成笔记本电脑、PC 零部件、电脑外设、移动通讯为主的制造中心。在 IC 产业上形成技术相互关联和依存的局面：一方面，苏浙 IC 企业需依托上海的技术条件为其提供产前、产中和产后全方位服务，另一方面，上海开发型企业也依赖江苏 IC 企业的技术需求。

（一）上海的电子信息产品制造业

截至 2004 年底，上海电子信息产品制造业已形成了 3 164.79 亿元的工业产值规模，同比增长 48%，已成为全国最为集中、最具产能规模、晶圆尺寸最为齐全的地区，2004 年上海集成电路产业销售额占全国份额为 42.2%。形成了以漕河泾技术开发区、张江高科技园区、松江工业区和科技京城等为主体的集聚发展区。2003 年，漕河泾园区集聚微电子生产及其相关企业 55 家，计算机软硬件及其相关公司 58 家，光纤通讯产业 42 家。张江高科技园区随着中芯、宏力和贝岭等晶圆制造项目落户园区，已有 44 家芯片设计公司、3 家硅片制造公司、10 家光掩膜和封装测试企业、10 家研发教育机构，以及 25 家配套及设备供应公司集聚张江，集成电路产业链在张江初步构成。松江信息产业基地以广达电脑为主的电子信息制造产业的主要产品为笔记本电脑。2003 年，仅广达公司的出口额就高达 40 亿美元。另一代表企业是台湾国碁电子公司，它的主要产品是宽带及无线上网设备。位于黄浦区的科技京城成为国内著名的集成电路设计中心，据统计，中国集成电路设计 50% 集中在上海，上海芯片设计企业 2/3 在科技京城。这里是科技部在国内设立的第一个国家集成电路设计产业化基地；是国内惟一具有投资 1 亿元建立的 EDA 工具服务平台、芯片测试、开放实验室等一整套完善的专业技术平台的科技园；也是上海第一个"宽带楼宇"。目前，已有众多国内外知名高科技企业入驻科技京城，包括上海移动通信、佳能、怡和科技、威盛电子、清华微电子、海尔集成电路、海信电子、赛格电子等。截至 2003 年年底，入驻企业 1 300 多家，注册资金达到 20 多亿元。目前，科技京城的芯片设计能力已达 0.13 微米，与世界先进水平同步。130 多个具有自主知识产权的项目在这里诞生。

（二）苏州的电子信息产品制造业

近几年，苏州成为我国对外资最有吸引力的地区，成为国际IT产业大转移的聚焦点。在2001年到2003年，苏州引进外资的数量和规模增长引起了全世界的惊叹。2003年，苏州利用外资在全国各城市中居第一。全年新增合同外资124.96亿美元，实际利用外资68.05亿美元，分别比上年增长24.1%和41.4%。至2003年末，全市累计实际利用外资347亿美元。世界500强跨国公司中已有91家先后落户苏州。全市有38家外资企业进入全国外商投资企业500强行列。全年涉外税收129.79亿元，占全市税收的比重达40.5%。以苏州高新区为代表已形成了电子基础材料、计算机及周边产品、新型家用电器和通讯系统产品等4大产业群，电脑显示器、小屏幕液晶显示屏、鼠标器等产品已成为同类产品的世界级生产和出口基地。苏州爱普生有限公司生产的手机等便携设备的液晶显示屏约占世界20%的份额。2003年7月，总投资高达10亿美元，和中国台湾地区第二大半导体制造商联华电子有着密切关联的苏州和舰科技8吋晶圆厂投片量产，年底月产能预估1万片代工DRAM、DVD及LCD驱动IC，跃居中国大陆第二大晶圆代工厂。与其配套的旺宏电子、硅品等10多家封装、测试企业也来到苏州，上下游集群效应明显。此外韩国三星电子、美国超微半导体等都在苏州设有半导体芯片的封装、测试企业。到2003年底，苏州聚集了近1 500家电子信息企业，涵盖了电子零部件、光电、集成电路、手机无线通讯、PCB、3C硬件等IT上下游的所有企业，苏州已经成为世界最大的电脑生产基地。统计显示，苏州生产的电脑鼠标器已占世界总量65%、小屏幕液晶显示器占60%、压力传感器占60%、电脑摄像头占30%、电脑主机板占10%。

从产业规模和对人才的吸引力来讲，大批国际资本、人才和技术涌入苏州。苏州已具备了提高电子信息产业科技竞争力的基础。2003年新增注册外资120亿美元，实际利用外资68亿美元，均列中国大中城市首位。在苏州投资的世界500强跨国公司累计达91家。苏州IT产业产值占全中国的份额由2002年的8%提高到了2003年的10%。苏州已成为中国重要的电子信息制造业基地和具有全球影响力的IT重镇。

第四章　长三角都市圈主要产业发展与技术创新

（三）杭州的电子信息产品制造业

浙江作为国内重要的微电子产业聚集地区，已在集成电路设计、芯片制造、封装测试、大直径单晶硅生产、微电子类元器件和配套材料生产加工等领域形成比较完整的产业链。在国内，杭州的经济规模、技术水平，以及相关企业的综合竞争力都具有明显的比较优势。相关企业数量列江苏、上海之后居全国第三位，集成电路生产线数量居全国第4位。以杭州为中心，沿钱塘江两岸向绍兴、宁波、嘉兴、湖州辐射，集聚了全省70%以上的微电子企业，形成了鲜明的分工协作体系，使杭州湾地区的信息产品制造业规模占全省80%以上，软件产业规模占全省90%以上。2002年，这一区域的信息产品制造业产值已超过1 000亿元，成为国内继北京、上海等地之后的新兴IT产业基地。

杭州的信息产业已经出现了一定程度的集聚效应并形成了一些优势行业：通信设备制造行业主要集中在下沙经济开发区和滨江高新园区。龙头企业有东方通信、UT斯达康、杭州斯达康、摩托罗拉、三菱数源、华立通信等。2003年完成销售收入298亿元，占全行业销售收入56%。代表产品有手机、小灵通、直放站等。电子机电及专用材料制造行业主要集中在富阳和萧山，龙头企业有富通、富春江、华伦、东冠、华达等。2003年实现销售收入90亿元，占全行业销售收入17%。代表产品有光纤、光缆、光纤预制棒等，其中富通集团有限公司的光纤预制棒全合成制造技术还被评为全国信息产业2003年6项重大发明之首。纯软件企业主要分布在高新区，集中在高新软件园和文三路电子一条街内。龙头企业有恒生电子、信雅达、新利、网新、中程科技、南望图像、建达科技等。2003年实现销售收入58亿元，占全行业销售收入11.3%。代表产品有证券交易软件、本地电话网分布式电信计费管理网络系统、产品数据管理系统（PDM）、多媒体辅助教育软件、医用图像处理系统、医院综合信息管理系统、金融POS机商用系列软件、CAD/CAM软件、电厂实时检测系统应用软件等。杭州信息产业的发展，民营企业起了很大作用。据统计，电子信息产品制造业中民营企业数占制造业的90%以上，实现的销售收入占制造业65%以上；民营软件企业数占软件行业的近92%，实现的销售收入占软件业的86%。

(四) 长三角电子信息产业仍处于国际产业链的低端

长三角信息产业虽得到了长足发展,但仍处于全球信息产业分工链的低端,表现为资本投入和劳动密集型相结合的产业特征,主要依靠低成本劳动力资源占领国际市场。虽然产业规模庞大,附加价值较低。通过对上海主要产业增加值的分析比较,在上海工业29个大类行业中,目前产出总量、增加值总量、增加值率都分别排在前3位的是黑色金属冶炼及压延制造业和交通运输设备制造业。电子信息产业排在较后的位次。表4-2是根据目前的状况,粗略勾画的一张上海主要信息产业在全球分工体系中所处位置分析表,可以看出,上海信息产业基本都处于全球信息产业分工的低端。

表4-2 上海信息产业参与全球分工体系情况分析表

产业	资本主要来源	进入全球分工体系情况 OEM	ODM	OBM	自主开发能力	自主品牌数量	代表知名企业
计算机	台资外资内资本地	√			基本没有	基本没有	达丰/联想/长江计算机
IC IDM	股份	部分能力做晶圆加工			部分	部分	贝岭微电子股份
IC Foundry	台资合资美资	√	√		基本没有	基本没有	中芯国际/宏力/华虹NEC
IC 设计业	台资外资内资本地股份	自成体系/外企设计企业的加工点/			部分	部分	南华虹/复旦微电子
通信产品	外资合资	√	部分	部分	基本没有	基本没有	上海贝尔阿尔卡特/上海光纤公司/西门子移动
软件	内资外资本地	√		部分	部分,但均为低端产品	不多	上海华腾/上海启明/上海宝信/长江计算机公司
电子元件	台资外资内资本地	√	√	√	部分	较多,但均为低端产品	上海飞乐(全国电子元件百强第一名)
数字家电	台资外资内资本地	√	部分	部分	部分	金星	上海广电(2003年全国电子百强第5名)

资料来源:上海理工大学,钱省三课题组,2004。

第四章　长三角都市圈主要产业发展与技术创新

（五）明确信息产业重点战略，走自主创新之路

长三角电子信息产业应围绕提高产业自主发展能力和抗风险能力，坚持走体制、科技、管理等并举的创新之路，发挥企业在资源配置和市场中的主体作用，营造更好的产业发展环境；围绕推进产业结构的优化升级，做强芯片制造业，做实IC设计业，做大封装测试和设备、材料配套业，大力提升产业国际竞争力；围绕资源整合、优势互补的产业发展的总体要求，坚持优化产业布局，不断完善各类集成电路相关的公共服务平台，包括人才培训、知识产权保护及其交易、集成电路设计和工艺研发、风险投资等，体现示范和放大效应。

确立3G产业在发展战略中的核心地位，实现全球3G领域的技术领先，形成3G移动通信产业基地的龙头地位。坚持科教兴市战略，大力提升3G产业国际竞争力。坚持体制机制创新，发挥市场资源配置在3G产业发展中的主体作用。加快3G产业的自身发展，树立全球战略。以3G核心企业为主体，自主创新为根本。调整产业结构，坚持有限目标，实现重点突破，有所为有所不为，重点突破和解决制约3G产业发展的瓶颈。以标准合作为基础，以人才培养为先导，以运营先行为契机，以制造拓展为重心，以应用开发为动力。

以平板显示产业主流技术的面板、模组及相关技术为突破口，带动上游配套的关键材料的发展，推动下游整机产品的快速更新，构造平板显示产业链，形成产业集群，使之在技术上、规模上成为又一支柱产业，并成为国内最重要的平板显示基地。

针对数字电视产业发展的新趋势和新要求，重点突出，增加在数字电视领域的技术积累与创新，确保数字电视产业的持续、稳步发展，打造数字电视的自主品牌，扩大出口、并拉动数字电视相关产业的发展。从而增加电子、信息等产业在全国乃至世界的竞争优势。"十一五"期间，要努力攻克数字电视产业发展瓶颈，推进自主知识产权关键技术产业化，创造新的经济增长点，完成数字电视产业升级，丰富数字电视方面的产品，形成完整产业链。引进、消化、培育前端设备技术及产品，扶持、发展、完善终端设备及产品，数字电视产品将大力开拓海外市场，并带动国内市场

的发展。

适度加快加大信息化建设步伐,抓重点产业、重点企业和重点区域,以点带面,以面覆点,全面深化信息化与电子商务应用。加快和加大企业利用信息技术改造传统工业的步子,进一步深化信息化应用,加大高层次应用与战略性应用的比例,特别是加快电子商务在企业整体信息化过程中的作用,提高企业通过信息技术创新和发展的能力,最终实现国民经济跨越式发展。提高企业利用信息技术创新发展的能力,有效推动企业信息化与管理创新有机结合;从单个企业上升到"产业和园区"层面,扩大信息化与电子商务的覆盖范围;通过政策引导,加速企业利用信息化与电子商务进程。

二、长三角装备制造业

长三角三省市的制造业发展水平,近几年来获得了长足发展,在经历了20世纪90年代末和21世纪初的装配型加工业大发展后,积累了一定的经济基础,开始重视基础装备制造业的"脊梁"支撑作用。

(一)装备制造业的概念界定

关于装备制造业的概念国际上没有统一的标准。一般是指为国民经济各部门进行简单再生产和扩大再生产提供生产工具的生产制造部门的总称。装备工业是以机械工业为基础,融电子、冶金、化工等相关产业为一体的国民经济的重要产业,是在多学科技术成果集成下,以单件、单机或成套装备为产品,服务于基础工业和相关工业的综合性产业。

从产业横向来看,其产品范围包括机械工业(含航空、航天、船舶和兵器等制造行业)和电子工业中的投资类产品。装备制造业是机械电子制造业中去除消费类产品(约占机械电子制造业增加值的20%)而生产的投资类产品(约占机械电子工业增加值的80%),也就是说装备制造业主要指资本品制造业。日本把装备工业定位为生产现场机械的产业,包

第四章　长三角都市圈主要产业发展与技术创新

括工厂自动化设备和工业机械制造业。

从纵向产业来看，装备制造业是包括机械工业、材料、电子和零配件等相关行业组成的产业群体。重大技术装备是综合应用机械技术、电子信息技术、控制与传感技术、计算机辅助技术、先进制造技术、材料技术、基础元器件技术等各类制造装备，主要有以下十五大类：（1）电力机械：发电机、锅炉、输变电设备。重点为火电、水电、核电等主要设备；（2）建筑机械：工程建造机械等；（3）交通运输机械：轻轨交通车、地铁车辆、磁悬浮列车、船用机械、交通管制及监控系统等；（4）港口成套技术装备：起重机运输设备、集装箱等；（5）环保成套设备：污水处理设备、垃圾处理设备、烟起脱硫设备、环境监测设备等；（6）微电子芯片制造成套设备；（7）冶金机械成套设备；（8）轻工机械：造纸机械、食品机械、印刷机械等；（9）纺织机械；（10）医疗设备；（11）包装机械；（12）办公机械；（13）石化和精细化工设备；（14）工业生产自动控制系统：新一代智能化NC机械，工业控制机械CAD/CAM、EDA、CIMS，新型分散控制设备（DCS）等；（15）重大技术装备用各类智能化仪器仪表。

从统计分类的角度来看，根据按SIC两位代码，装备制造业（也称装备工业）主要包括：金属制品业（34）、通用设备制造业（35）、专用设备制造业（36）、交通运输设备制造业（37）、电气机械及器材制造业（39）、通信设备计算机及其他电子设备制造业（40）和仪器仪表及文化办公用机械制造业（41），共7个行业的投资类产品。装备制造业三级细分行业（SIC三位代码）有54个。

考虑到重点研究对象，本章内容所分析的装备制造业主要包括：通用设备制造业、专用设备制造业和电气机械及器材制造业、仪器仪表及文化办公用机械制造业四大行业，也就是一般意义上讲的机械制造行业，不包括交通运输设备制造业和通信设备计算机及其他电子设备制造业。

（二）装备制造业的特征

装备制造业肩负着为国民经济各部门和国家重点工程和国防建设提供技术装备的产业，是国家经济和技术实力的体现。装备制造业是国民经济的脊梁，是国家的战略产业，是实现工业化的必要条件，发达国家始终把装备制造业视为立国强国之本,它已成为衡量一个国家综合竞争力的重要标志,也是一个国家经济和国防实力的保证。装备制造业的产业特征表现为以下五个方面:

1. 装备制造业产品范围广、门类多。不仅涉及到机械加工业,还涉及到材料、电子和机械零配件加工等配套行业;既包括主机,也包括辅机与配套件;既有劳动密集型的低廉产品,也有资本与技术密集型的高附加值产品;既涉足传统产业,也体现高新技术产业特征。

2. 装备制造业产业关联度大,带动性强。可以为各行业提供现代化设备,从农业生产的机械化到国防使用的武器装备,各行各业都离不开装备制造业;它是制造业的核心部分,是整个工业的基础,被称为"工作母机"。通过产业链的延伸和加工度的深化,可以分化出众多的机器设备、零部件制造业和相关服务业,带动一大批相关产业的发展。既要为传统的加工需要提供大型装备、精密机床,又要为制作微机器人、微芯片提供超精密加工和测试装备。

3. 以资本和技术密集型产品为主。先进的技术装备是科学技术物化形式的集中体现,是各种技术进步的融合体。随着不断吸纳高新技术,以及信息技术、软件技术和先进制造技术的普及应用,技术装备日趋软件化,将有更多的装备制造行业进入高技术产业范畴。高技术的开发与应用需要有足够投入的支撑。因此,装备制造业在整体上越来越属于资本和技术密集型产业。

4. 装备制造业吸纳就业能力强、资源能耗低。装备制造业虽为技术密集和资本密集工业,但不同于流程工业,它是组装式工业,同时具有劳动密集性质,有较大的就业容量,可以提供大量就业机会。装备制造业不仅直接吸纳大量劳动力,还可增加相关工业的就业人数。在资源日趋紧张、环保要求日趋严格的情况下,各国都致力于优化产业结构,发展省能源和省资源的高技术密集型和高附加价值型产业。装备制造业作为技术密集工业,万元产值消耗的能源和资源在重工业中是最低的。

5. 装备制造业与国家产业安全密切相关。装备制造业反映了国家在科学技术、工艺设计、材料、加工制造等方面的综合配套能力。特别是一些技术难度大、成套性强,而且还需要跨行业配套的重大技术装备制造能力,它反映了国家的经济和技术实力,所以许多工业化国家在工业化成熟阶段都曾把装备制造业作为主导产业。

（三）长三角装备制造业的总体分析

中国装备制造业已初步形成了长三角、珠三角和东北三省鼎立的发展格局。从统计分类角度分析，2003年，东北三省、长三角和广东省装备制造业工业的总产值各占全国装备制造业工业总产值的36.6%、35.24%和22.5%。长三角的通用设备制造业（见表4-3），在全国的比重为47.73%，专用设备制造业占32.37%，电气机械及器材制造业占35.73%，仪器仪表及文化办公用机械制造业占34.36%。

表4-3 2003年长三角装备制造业中四大行业的工业总产值比例（%）

四大行业名称及代码	在全国相应行业中的比重
通用设备制造业35	47.73
专用设备制造业36	32.37
电气机械及器材制造业39	35.73
仪器仪表及文化办公用机械制造业41	34.60

资料来源：根据华通数据库数据计算，转引自王玉。

从三省市（表4-4）在四大装备行业所占的比重来看，依次排序为江苏、浙江、上海，江苏装备制造业优势明显。江苏在锅炉及原动机制造，金属加工机械制造，起重运输设备制造，烘炉、熔炉及电炉制造，风机、衡器、包装设备等通用设备制造，金属铸、锻加工，矿山、冶金、建筑专用设备制造，食品、饮料、烟草及饲料生产专用设备，电子和电工机械专用设备制造，农、林、牧、渔专用机械制造，医疗仪器设备及器械制造，环保、社会公共安全及其他专用设备，电机制造，电线、电缆、光缆及电工器材制造，文化、办公用机械制造，其他仪器仪表的制造及修理等16个中类行业中占有绝对优势；浙江在泵、阀门、压缩机及类似机械的制造，轴承、齿轮、传动和驱动部件的制造，通用零部件制造及机械修理，化工、木材、非金属加工专用设备制造，纺织、服装和皮革工业专用设备制造，家用电力器具制造，非电力家用器具制造，照明器具制造等8个行业占有绝对优势；上海只有印刷、制药、日化生产专用设备制造、其他电气机械及器材制造，文化、办公用机械制造，其他仪器仪表的制造及修理等4个中类行业占优势，可见上海在装备制造业方面的优势并不明显。

表4-4　长三角两省一市四个装备制造业中类行业和32个子行业工业总产值占长三角装备制造业相应子行业工业总产值的比重　　单位：%

子行业代码	上海	江苏	浙江
35 通用设备制造业	25.38	43.31	31.31
(351) 锅炉及原动机制造	27.86	60.49	11.65
(352) 金属加工机械制造	21.36	53.15	25.49
(353) 起重运输设备制造	35.78	46.71	17.51
(354) 泵、阀门、压缩机及类似机械的制造	22.46	33.47	44.07
(355) 轴承、齿轮、传动和驱动部件的制造	17.16	36.63	46.21
(356) 烘炉、熔炉及电炉制造	14.56	78.66	6.78
(357) 风机、衡器、包装设备等通用设备制造	29.14	38.08	32.78
(358) 通用零部件制造及机械修理	23.97	30.39	45.64
(359) 金属铸、锻加工	15.33	46.71	37.95
36 专用设备制造业	22.09	46.07	31.83
(361) 矿山、冶金、建筑专用设备制造	26.18	63.39	10.43
(362) 化工、木材、非金属加工专用设备制造	20.96	34.99	44.05
(363) 食品、饮料、烟草及饲料生产专用设备	23.19	60.26	16.56
(364) 印刷、制药、日化生产专用设备制造	41.90	39.17	18.92
(365) 纺织、服装和皮革工业专用设备制造	17.41	38.90	43.69
(366) 电子和电工机械专用设备制造	38.30	39.30	22.40
(367) 农、林、牧、渔专用机械制造	9.03	51.32	39.65
(368) 医疗仪器设备及器械制造	33.13	50.67	16.19
(369) 环保、社会公共安全及其他专用设备	15.78	40.86	43.36
39 电气机械及器材制造业	21.27	39.46	39.27
(391) 电机制造	25.61	43.71	30.69
(392) 输配电及控制设备制造	21.87	38.97	39.17
(393) 电线、电缆、光缆及电工器材制造	15.16	48.90	35.94
(394) 电池制造	26.26	37.86	35.89
(395) 家用电力器具制造	22.33	34.00	43.66
(396) 非电力家用器具制造	12.45	40.99	46.56
(397) 照明器具制造	24.82	22.36	52.82
(399) 其他电气机械及器材制造	56.51	38.14	5.35

第四章　长三角都市圈主要产业发展与技术创新

续表

子行业代码	上海	江苏	浙江
41 仪器仪表及文化、办公用机械制造业	30.96	37.63	31.41
（411）通用仪器仪表制造	27.74	22.07	50.19
（412）专用仪器仪表制造	29.59	38.11	32.30
（413）钟表与计时仪器制造	18.36	10.27	71.37
（414）光学仪器及眼镜制造	10.28	39.38	50.34
（415）文化、办公用机械制造	43.86	49.87	6.28
（419）其他仪器仪表的制造及修理	17.22	73.01	9.77

（四）江苏装备制造业在全国具有较强竞争优势

在7大类装备制造业中除了交通运输设备在全国的比重为8.1%之外，其余6大类装备制造业在全国同行业的比重都高达13%～20%，在各省中的排名都在前三名，江苏省装备制造业的竞争力相当强。从江苏在长三角装备制造业中的比重可以看出，江苏在装备制造业中类行业中几乎80%以上行业都具有绝对和相对优势，充分说明江苏装备制造业已形成了集群化、配套化、专业化发展优势，并同时促进了相关装备业的快速发展。被称为"中场产业"的基础零部件、标准化产品发挥了重要作用。

20世纪80年代后期以来，随着浦东的开发开放，上海功能定位向四个中心转移，再加上上海装备制造业主要以国有企业为主，向现代企业制度改革的步伐较慢，上海装备制造业在全国的地位逐渐下降，曾经让国人引以为豪的"上海造"的名牌产品逐步销声匿迹。机械装备制造业所需的低成本劳动力资源优势，随着上海商务成本的提高，"上海师傅"也不再是令人羡慕的称谓。可以说上海城市功能转换给江苏装备制造业带来了巨大发展空间。江苏省正是抓住了国际产业向长三角转移和上海产业向外转移的历史机遇，迅速发展起了以小企业（占95%）为主体的装备制造业，取得了优势地位。

目前江苏装备制造业存在的主要问题：一是制造工艺落后。企业技术改造滞后，自动化程度较低，先进的工艺装备少，很难完成重大技术装备的加工，高端装备业产品较少。二是创新能力不强。企业科技支撑较弱，行业内以企业为主体的技术创新体系尚未建立，技术创新手段弱，拥有自主知识产权的高附加值产品偏少。由于缺少大型企业集团，企业创新的动力不足。

"十一五"期间，江苏应重点发展机床和工程机械产业，发挥输配电设备、环保设备和农业装备。致力于建设国际机械零部件采购基地，充分发挥小企业优势，鼓励制造企业为国内外大型装备制造企业提供标准化、模块化产品。加强产品的标准化和质量控制管理。鼓励企业与上海应用研究所和科研院所联合开发产品、培养人才。

（五）上海装备制造业在技术资金密集行业占有竞争优势

与江浙两省相比在规模上已不占优势，但是在大型高端产品领域继续保持着竞争优势，特别是在港口集装箱装卸机械行业、火力发电设备、核电设备等技术资金密集领域保持着国内领先优势。如上海振华港机以其拥有自主知识产权的高新技术产品赢得了国际市场的高度认可，他们研制的起重机创造了每小时吊104标准箱的世界纪录，而通常的集装箱岸桥一般每小时只能起吊50标准箱左右，振华港机的国际集装箱码头产品占世界市场66%的份额。

上海市政府2002年提出，在国际洋山港所在地南汇区规划建设临港装备产业基地，提出发展先进装备制造业的战略，并支持上海电气——中国最大的装备制造企业的改革重组和境外上市，进行了相应的资源配置。

上海装备制造业在"十五"期间突破了主要由生产要素驱动的产业发展阶段，迈进投资驱动阶段。从资本密集转向技术密集，从低成本型劳动力使用转向高知识型劳动力使用，从制造为主转向服务为主的创新型产业特征已经初露端倪，产品结构也正在从一般加工向高端装备产品转移。

制约上海装备制造业进一步发展的瓶颈主要有三个方面：一是自主技术开发与创新能力薄弱。目前关键技术过分依赖国外，是导致上海装备制造产品结构不合理和产品档次不高的根本原因。上海在技术合作特别是技术引进方面处于全国前列。"十五"期间，上海投入了大量资源用于引进国外技术，形成了一批以国外技术为主的优势产品，而技术消化吸收形成自主创新的能力则相对较弱，造成自主品牌建设相对滞后。二是企业自主设计成套能力不足。上海制造企业普遍缺乏自主设计制造能力。上海装备

第四章　长三角都市圈主要产业发展与技术创新

制造业成套能力不足，包括品牌影响力不足、关键技术缺乏、成套化设计能力难以达到多产品的综合设计能力，造成电站设备、轨道交通等产品大多必须由国外提供总承包。三是缺乏高端人才。上海装备制造业从业人员中，具有综合复杂管理能力的人员、高学历技术人员，特别是高级技术人才相对匮乏，难以适应装备制造业高端化、融合化、国际化发展大趋势。

上海装备制造业应进一步解决投资驱动阶段的一些约束因素，提升进入创新驱动阶段。并在创新驱动阶段的基础上，构建起先进装备制造业，实现高端引领和装备全国的战略作用。重点发展具有技术密集和资本密集特征的发电设备、输配电设备、轨道交通设备、重型机械、微电子装备、环保机械、数控机床及机电一体化设备、仪表控制设备、核电、煤液化及先进采煤设备等十大产业。加强区域合作，充分利用江苏一般机械产品标准化零部件制造优势，改进生产工艺，引进先进的模块化生产管理模式，加强与江浙两省的合作，实施标准产品外包化策略，加强系统集成和营销管理，共同将长三角打造成世界装备制造业基地。

重视极端制造技术的培育与发展。极端制造是制造技术发展的重要领域，制造技术正在从常规制造、传统制造向非常规制造及极端制造发展。极端制造是指在极端条件下，制造极端尺度或极高功能的器件和功能系统。当前，极端制造集中表现在微细制造、超精密制造、巨系统制造和强场（如强能量场）制造。例如制造天空飞行器、超常规动力装备、超大型冶金和石油化工装备等极大尺寸和极强功能的重大装备，制造微纳电子器件、微纳光机电系统等极小尺度和极高精度的产品。以大型金属构件塑性成形制造能力为例，美、俄、法等国建造了一批 4.5 万吨到 7.5 万吨的巨型水压机，从而迅速提高了大型飞机制造能力及洲际运载能力。再以微制造为例，纳米技术和微纳系统是 21 世纪高技术的制高点，而微制造则是其基础。因此，制造科技的一个重要前沿领域是在物质结构与运动的多层次、多尺度条件下探索极端制造规律与技术创新。

上海应在以下两大极端领域实现突破：一是将重点发展重型机械行业，提高对超大型、超重型器件的加工制造能力，重点服务于上海重工业的发展，满足国家战略的需要。通过全面的技术改造，关键制造能力达到国内领先，世界先进的水平。提高大型铸锻件等核心制造能力，突破制约装备制造业发展的瓶颈，确立装备制造业的高端优势，发挥引领作用。以热加工制造能力技术改造和临港极端制造能力基地建设为重点,解决重工发展的加工能力瓶颈,满足国内电力、石化、冶金、船舶制造业对大型铸锻件的需求。二是发展半导体装备制造业。半导体装备业是电子专用设备行业中技术和资金最密集的一个领域,融合了基础理论、基础材料、器件物理、光学、化学、真空技术、精密机械、环境超洁净控制等50多个科技领域的最新成就,是基础研究和应用研究共同发展的产物,许多技术已经在挑战机械、光学加工等方面的物理极限。正因如此,作为重要的战略性资源,发达国家始终没有放弃在此领域对我国的技术封锁。积极发展我国自己的半导体设备,对于打破国外的技术封锁,保持我国半导体产业的可持续发展能力,具有极其重要的战略意义。半导体设备是现代高科技产业的结晶,融合了50多种学科知识,除了对半导体产业有关键性的影响之外,亦会扩散发展至其他产业,衍生性需求十分庞大。如真空技术、等离子技术、气体导入技术、抗腐蚀技术等不仅在半导体设备中应用,而且在化工、医药、航天、自动控制等工业中被广泛运用。因此,大力发展半导体设备业,有利于带动其他产业发展,提升我国整体工业化水平。

(六)浙江在劳动密集型装备制造业方面特色明显

浙江的装备制造业与江苏和上海的装备制造业相比,表现出轻型化的特征。如在长三角占绝对优势的服装和皮革工业专用设备制造、家用电器具制造、照明器具制造等都是与浙江自身的服装加工业、小型家用电器等浙江消费类产品生产相关装备制造业。"十一五"期间浙江作为我国经济增长最快、民营资本最聚集的省份,民营资本正在进入重化工业领域。

三、长三角纺织服装业

从表4-5可以看出,长三角纺织业的销售产值占据着全国半壁江山的地位,但其就业仅占35.84%,说明劳动生产率较高。浙江和江苏已经取代上海20世纪90年代初在国内的地位,纺织业成为支柱产业,并促进了产业集群化发展和产业技术进步。纺织服装出口占全国比重达35%以上。

第四章 长三角都市圈主要产业发展与技术创新

表 4-5　　　　　2003 年长三角与全国纺织业主要经济指标

	企业数（个）	工业销售产值（亿元）	工业增加值（亿元）	从业人员（万人）
上海	775	276.19	68.61	16.37
江苏	3 132	1 791.28	449.19	91.94
浙江	3 325	1 660.85	339.39	70.6
长三角二省一市合计	7 232	3 728.32	857.19	178.91
全国	14 863	7 560.09	1 906.7	499.16
长三角占全国比重	48.65%	49.32%	44.96%	35.84%

资料来源：2004 年中国工业经济统计年鉴。

浙江形成了一批在全球有影响力的专业化市场（见表 4-6）。浙江纺织产业在快速发展的同时，产品结构和地区结构调整步伐也在加快，主要纺织品市场占有率不断提高。印染布、纯化纤布、帘子布、锦纶纤维、涤纶长丝、丝和丝织品、呢绒、针棉织品、针织服装、衬衫、西服、领带、袜子的市场占有率居全国第一、二位；服装行业有 26 家企业入围全国服装行业"百强"企业，服装出口占纺织业出口总额的比重上升到 62%。江苏省 2002 年纺织销售超 50 亿元的有江阴、常熟、张家港、吴江、仪征、通州、太仓、锡山和武进共 9 个市（县），销售合计 964.82 亿元，占江苏纺织销售总额 2 412.05 亿元的 40%，这些地区已经成为著名纺织企业和著名品牌的密集区（窦珏，2003）。

表 4-6　　　　　浙江纺织服装主要交易市场分布及成交额

	市场分布及成交额地区
绍兴	中国轻纺城（207 亿元）、钱清化纤原料市场（100 亿元）、大唐袜业市场（60 亿元）、嵊州领带城（10 亿元）、上虞伞布市场（10 亿元）
湖州	湖州丝绸城（32 亿元）、中国织里童装城（59 亿元）、中国织里商城（58 亿元）、中国棉布城（16.7 亿元）
嘉兴	中国茧丝绸市场（150 亿元）、濮园羊毛衫市场（58 亿元）、许村装饰布市场（25 亿元）、海宁皮革服装城（43 亿元）
杭州	余杭装饰布市场（25 亿元）、四季青服装市场（15 亿元）
温州	精纺面料市场（20 亿元）
成交额总计 888.7 亿元	

资料来源：郑亚莉等"浙江纺织业信息化改造的优势和障碍分析"，载于《中国软科学》2003 年第 11 期。

此外还形成了如金坛的出口服装制造、邗江的衬衣，楚州的毛巾，海安的手工编织工艺品，吴江横扇、张家港妙桥和常熟碧溪的羊毛衫，丹阳皇塘的家用纺织品，武进湖塘的织造，吴江盛泽的丝绸，海门三星的绣品，常熟海虞的休闲服，无锡前州的高温高压染整机械，常熟迎阳的无纺机械等产业特色明显、产品市场占有率高的纺织特色城（镇）。通过国际合作，打入了国际高端市场，如无锡一棉开发的精密纺纱线、米通纱、丝光纱线和弹力布，已成为互伦蒂诺、皮尔卡丹、马狮龙、安诺宠玛、鳄鱼恤等国际著名品牌服装的用纱和面料坯布的供应基地。无锡庆丰股份公司大胆采用先进的织造工艺，成功开发出国际上顶级的 600TC 单线系列床上用品，成为国际上唯一的最高密度单线产品。上海通过纺织产业结构调整逐步形成了附加值较高的杨浦家用纺织品和长宁服装服饰产业群。

（一）长三角纺织业发展趋势和面临的问题

改革开放以来，长三角纺织产业快速增长，出口也大幅度增加，行业利润总额逐年稳步提高，是我国纺织品生产和出口基地。

1. 长三角纺织业的发展趋势。从国际市场来看，我国纺织品出口将会持续增长。根据世界贸易组织的规定，从 2005 年 1 月 1 日起，美国、加拿大、欧盟等将最终取消实行了长达数十年的纺织品进口数量限制，扭曲全球纺织品贸易的配额制度被取消，纺织服装产品的出口可能会有一个迅速增长的阶段。配额取消对我国纺织企业来说是一次拓展海外市场的大好机会，但对国际纺织品市场也不能盲目乐观。种种迹象表明，纺织品服装配额取消后，反倾销、纺织品特别保障措施、技术标准和社会条款将可能成为欧、美等发达国家设置的新的主要贸易壁垒。随着人民群众的收入水平进一步提高，必将对产业用纺织品、装饰用纺织品和家用纺织品三大领域产生强烈的市场需求拉动。随着土地、劳动力等成本的上升，纺织生产的一些环节将会失去优势，逐渐向国内欠发达地区转移。

同时，发展中国家纺织工业的比较优势相似、产品结构雷同、主销市场一样，纺织品和服装出口竞争更加激烈。一批新兴的纺织工业国，如越南、缅甸、孟加拉国、土耳其等国加盟，它们依据自身的原料和更低的劳动力价格优势，积极参与国际纺织品市场的竞争。欧美发达国家的纺织品

第四章　长三角都市圈主要产业发展与技术创新

市场仍然由其跨国公司主宰，一大批世界知名品牌集团控制了市场。它们有自己的品牌、设计、面料来源、技术优势、生产公司和销售渠道，委托发展中国家贴牌加工，然后再由它们经销。今后 5~10 年内，中国纺织产业虽然会占有一定的竞争优势，但是亚洲国家和地区之间、亚洲同拉美特别是加勒比地区之间的竞争和矛盾将会加剧。

2. 面临的问题。长三角纺织业存在的制约因素：一是劳动力成本趋高。劳动力低成本的优势逐渐失去，使得产品生产成本逐步提高，竞争优势有所减弱。二是土地、原料和能源对纺织产业发展产生一定制约。电力供应紧张也将在一定程度上影响纺织产业的规模扩大。三是研发能力薄弱。主要表现在化纤产品差别化率一直低水平徘徊，高性能、功能化纤维开发滞后；印染后整理技术障碍难以突破；面料开发难有建树，基本停留在模仿阶段；丝绸及其相关产品开发难以深化，相应技术难题多年得不到解决；服装设计水平与世界水平差距甚大，品牌设计与建设任重道远；纺织机械产品开发缺乏自主知识产权；纺织品服装出口以中低档产品为主，出口服装大多没有自创品牌，款式也主要根据来样加工；功能化、差别化化纤织物不能满足国际市场要求等；在纤维、纱线、织造、染整和设计等方面，和国际先进水平相比都存在明显的差距。四是技术装备与国际先进水平有一定差距。技术装备总体水平偏低，劳动生产率与国外相比差距甚大。以浙江省为例，国际上棉纺织行业精梳联合机、自动络筒机等先进工艺设备的占有率已分别达到 50% 和 90%，浙江仅占 20% 和 33%；织机无梭比率国际上已达到 80% 以上，浙江仅为 38.5%，高附加值的差别化纤维产品国际上已超过 40%，浙江仅为 20%，发达国家化纤行业的涤纶直接纺技术已普遍采用，浙江直接纺比重只达 60%；印染后整理的技术水平则更加落后，导致面料的色差、色牢度较低，手感不好。五是专业人才欠缺，管理水平不高。接受过系统的纺织生产理论和实践的训练、熟悉 WTO 规则、具备处理国际事务能力的人才短缺，管理水平较为低下。同时，职工队伍素质差且不稳定，不仅影响劳动生产率，而且造成浪费，增加了产品成本，削弱了应有的竞争优势。

（二）长三角纺织业发展建议

1. 提高集群竞争力，推进技术进步。培育和建设若干个以产业园区、核心企业为主体的核心区块和重点区块，这些区块在国内市场和国际市场上具有一定的占有率和较强的竞争力。在核心区块和重点区块内建设若干个特色纺织服装工业园区。赢得市场的关键要着眼于产品高性能、高档次、高质量、高附加值、高文化品位和环保约束，在科技创新、开发新品，提升品质上下功夫。由以量取胜向以质取胜转变，生产高端纺织品、个性化产品、差别化产品和"绿色、环保、健康"的生态纺织品。

2. 打造上海世界第六时装之都。长三角都市圈是我国最大的服装业制造和出口基地，整个区域苏浙沪15城市，云集了10万余家服装生产企业，集中了1/3服装生产加工能力。但是，至今没有联动拓展的综合产能展示平台和国际交易的物流基地。借助上海世博机遇和长三角效应，可打造国际著名的长三角经济圈国际服装服饰接单中心和服装展示交易中心。上海应以服装设计为龙头，发挥销售和会展优势，造就一流时装设计师，成为引领中国潮流的时尚之都。将上海打造成继纽约、伦敦、巴黎、米兰、东京之后的世界第六时装之都。

3. 打造品牌引领市场。纺织服装企业以品牌划分市场，谁掌握品牌优势，市场份额就向谁集中，谁就掌握市场优势，引领市场。那种定牌生产、中性包装的做法只是初级水平，随着劳动力成本的提高，比较优势将逐步丧失。因此，只有打造自己的强势品牌，才能在国际市场上立于不败之地。打造品牌是提高初级服装企业竞争力的核心，它是一个系统工程，企业必须在每一个环节注入企业文化理念，使消费者从产品的设计制造、宣传推广、售后服务、使用过程中感受到品牌的核心价值。打造品牌要依托自身优势，与国际顶级的品牌公司开展多种形式的合作，实现全球范围内的资源共享和核心能力的互补。在创立自主品牌的同时，还应强化商标意识，保护知识产权，通过国际惯例寻求全球贸易保护，并且对成熟新品的外观设计、面料等方面进行注册，对市场上发生的仿制品进行起诉等。

3. 鼓励企业海外投资扩大市场份额。鼓励有条件的企业到纺织服装发展潜力较大的国家和地区投资兴业，开办境外企业或收购国外企业，将它作为出口贸易的一个支点，绕开非技术与技术壁垒。无锡纺织服装企业已在柬埔寨、蒙古国、巴基斯坦、墨西哥、菲律宾等国家开办生产型企业，利用国外资源，开拓国际市场。

4. 执行SA8000标准，关注人权重视责任。当今世界，关注人权已成潮流。SA8000标准是全球第一个"社会责任认证标准",要求企业在赚钱的同时,必须承担对环境和利益相关者的责任,在工作环境、员工健康与安全、员工培训、薪酬、工会权利等具体问题上,规定了企业的最低要求。这种认证将要和国际贸易越来越紧密挂钩。据美国商会组织的一次调查显示,目前已有超过50%的跨国公司和外资企业表示,如果SA8000标准实施将重新与企业签订新的采购合同。而受SA8000标准约束的主要是劳动密集型企业,影响最大的是人工成本相对较低的纺织服装企业。无锡已有9家服装、棉毛针织企业遭遇这种调查。2003年以来无锡新联纺织有限公司接受了4次调查,2003年8月接受英国耐克斯内衣公司的首次调查,内容涉及是否使用童工、是否及时支付工资、加班有没有补偿等,并提出整改意见。2007年,英方公司派员又对该公司进行复查,翻看职工登记薄、劳动合同、考勤卡,找职工谈话,还查看食堂、厕所,须在英方公司确认符合要求后,才能继续接到订单。

SA8000标准的核心在于保护劳工利益,规范企业行为。应顺应SA8000标准全球化的趋势,重视社会责任认证标准,抓紧学习、宣传、培训,做好基础工作,做到早动手、早主动。已达到一定标准并具有一定实力,同时又是进军海外的企业应按新的标准积极改进,主动实施社会责任标准,把贯标与人性化管理结合起来,提升企业社会责任实现水平,争取获得跨国公司的信任,赢得更多的订单。其他企业应尽量调整经营管理模式、经营理念和方式,善待环境,支持环保。特别要关注劳动者的工作条件和生活条件,给劳动者更多的人性化的关怀,让劳动者充分享受各种权益,适应SA8000标准,树立良好的国际形象。

四、长三角产业技术创新中存在的问题和对策研究

长三角地区是我国技术创新能力和水平最高的地区,特别是长三角都市圈是我国重要的文教科研中心,其教育经费投入约占全国的1/6,科研经费的投入已超过全国的1/6,接近1/5;而文教科研经费的投入占到全国的28.5%;大中型企业的科研经费已超过全国的1/4;技术市场成交额

约占全国的 1/5；高新技术出口额约占全国的 1/5（中国社科院工业经济研究所，2004）。可见长三角地区已成为我国重要的技术创新基地，在我国自主创新战略实施过程中发挥应有作用，提升产业国际竞争力。

（一）科技创新体系初步形成投入持续增加

长三角地区形成了国家级、市级、区县（企业集团）级三个层次的技术开发体系。形成了以国家级开发区和产业集群为依托的技术创新体系环境。技术创新投入持续增加，从表1和图2中上海 R&D 投入量和占国内生产总值的比重均呈稳定上升之势。两省一市在企业层次、技术水平等方面出现明显的梯次特征。一是上海在 R&D 资源、技术基础和创新能力等方面具有相对优势。二是上海在产业技术上基础雄厚，具有以大企业为主体的工业结构，而江浙很多企业主要为上海企业提供配套服务。三是上海在技术引进上占有优势，跨国公司总部和研发机构大多落户上海、生产制造企业到苏浙，商务服务到上海，大企业到上海，中小企业到苏浙。四是上海科技力量和科技成果方面处于优势地位，2004 年上海 R&D 占 GDP 的比重 2.29%，而江苏仅为 1.30%，浙江为 0.84%。

通过对上海科技创新体系的分析主要有以下几个特征：

1. 对科技的投入逐年递增。上海的科技投入，呈逐年递增的趋势，见表 4–7。

表 4–7　　　　　　　　上海科技投入情况　　　　　　单位：亿元

年　份	2000 年	2001 年	2002 年	2003 年	2004 年*
科技投入	208.6	222.47	253.32	288.44	364.94
R&D 投入	76.73	88.08	102.36	128.92	170.28
R&D/GDP（%）	1.69	1.78	1.89	2.06	2.29
地方财政科技经费支出	10.08	12.39	15.25	19.84	40.03*
地方财政科技经费支出/地方财政支出（%）	1.62	1.71	1.74	1.8	2.87
科委管理部分	7.27	9.11	10.1	13.29	14.16

*注：表 4–7 中"地方财政科技经费支出"的指标口径范围从 2004 年起扩大至其他系统财政安排的事业费中对科技的支出。

第四章 长三角都市圈主要产业发展与技术创新

从图4-1可以看出，上海市的科技投入在2000~2004年的5年时间内年均递增22.67%；R&D的投入，年均增幅达到了21.88%。2004年，地方财政科技经费支出已超过40.03亿元，比2000年的10.08亿元增加2.97倍，增量创历史最高；地方财政科技经费支出占地方财政支出比重2004年达到2.87%，比2000年的1.62%，提高了77%。其中市级财政科技拨款为25.5亿元，占63.8%；区县级财政科技经费支出为14.5亿元，占36.2%；其中科委管理的为14.2亿元，同比增长6.52%。

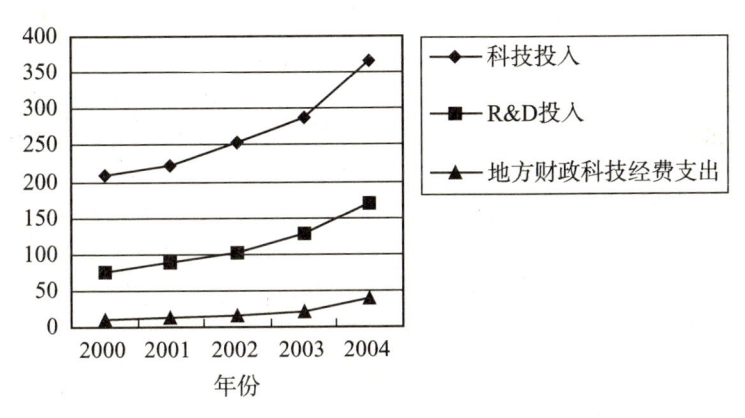

图4-1 上海市2000~2004年科技投入情况图

资料来源：《上海统计年鉴（2005）》。

2. 科技创新机制初步形成。与科技部建立了部市合作机制，累计建成国家级企业技术中心26家，市级企业技术中心131家；80%以上的大中型企业中建立了由高校、研究机构参与的技术研发中心，宝钢、上海电气集团等成立了研究院，拥有了自己的核心技术；全市570项高新技术成果转化项目获得认定，5个支撑创新创业的公共服务平台业已建立，科技创新对经济增长方式的转变起到了不可忽视的作用。

3. 大中型企业技术开发的投入资金量增加。2004年，上海国有大中型企业投入技术开发的资金达到200.21亿元，同比增长38.88%，占全市规模以上企业技术开发投入资金总额的86.38%，其中：六大重点发展的工业产业占81.17%，见表4-8。

表 4-8　　　　　　　大中型企业技术投入情况

	2003 年	2004 年
技术开发机构（个）	219	234
开发项目（项）	3 812	3 935
技术开发经费支出	144.16	200.21
各项技术专款（亿元）	148.53	210.68
用于技术改造	80.54	145.31
用于技术引进	58.71	54.02
用于消化吸收	6.62	7.98
购买国内技术	2.66	3.37
新产品主营收入	2 242.04	2 656.56
新产品产值	2 189.06	2 611.36
大中型国有企业工业产品销售率	99.28	99.4
工业总产值能耗	0.38	0.33
工业总产值节能量	448.34	666.18

资料来源：上海市统计局《上海统计年鉴（2005）》。

4. 科技人才云集。

上海的科技创新人力资本，从全国看，列第二位，仅次于北京；从近年增长情况看，始终处于一个较平稳的状态，见表 4-9。

表 4-9　　　　　　　上海科技人才状况

年份	1999	2000	2001	2002	2003	2004
专业技术人员（万人）	79.16	82.94	81.13	79.97	79.01	74.9
科技活动人员（万人）	16.04	20.17	17.57	17.89	17.59	18.25
科学家工程师（万人）	11.05	13.36	12.25	12.56	12.33	12.23
R&D 人员（万人年）	4.88	6.31	5.2	5.47	5.62	5.73

5. 专利权的拥有量有所增加。自主创新能力提升的一个有力表现就是专利权的拥有量。历年来的上海市专利受理项和授权量都有所增加。见表 4-10。

第四章 长三角都市圈主要产业发展与技术创新

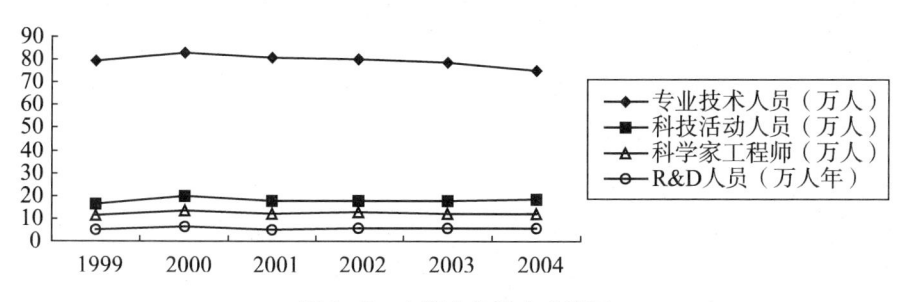

图 4-2 上海市各类人才状况

资料来源:《上海统计年鉴(2005)》。

表 4-10 　　　　　　上海市专利拥有情况

	2000 年	2001 年	2002 年	2003 年	2004 年
专利受理量（申请）项	11 318	12 777	19 963	22 374	20 471（其中发明专利 6 737）
专利授权量项	4 048	5 371	6 693	16 671	10 625

资料来源:《上海统计年鉴(2003)》、《上海统计年鉴(2005)》。

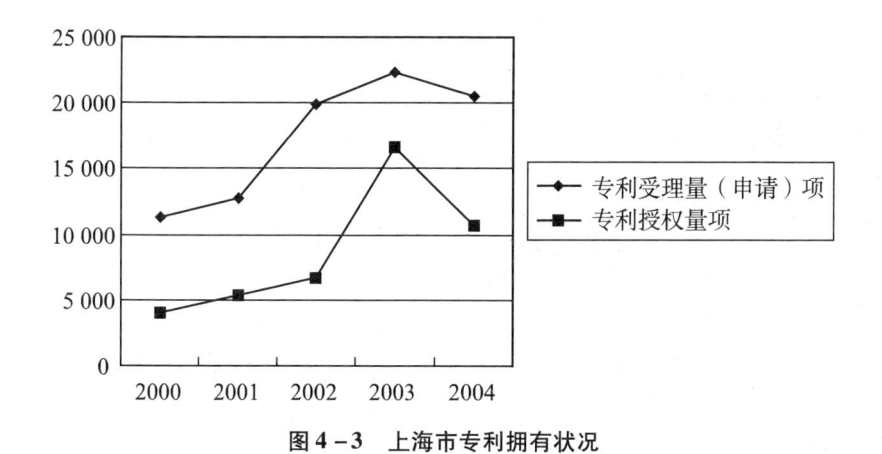

图 4-3 上海市专利拥有状况

（二）长三角产业技术创新存在的制约因素

长三角在产业发展过程中高度重视创新能力的培育，但从一些重点行业来看，国际差距较为明显：成套设备制造业缺乏跨国性的大公司；产品可靠性差、信息技术和成套能力薄弱，先进制造技术普及率较低。电子信息产品制造业规模大效益低，缺乏对新产品研发和设计能力，行业增加值率偏低，基本上处于加工业阶段，电子信息产业处于全球价值链的低端位置，2003年上海电子信息产业工业总产值达2 204.96亿元，但利润仅为69.29亿元，远远低于工业的平均水平。石油化工及精细化工制造业处于传统化工与现代化工的转型之中，规模还未形成，产业链较短。汽车制造业规模优势在减弱，缺乏自主知识产权，设计和品牌营销能力薄弱，基本上是为跨国公司进行合同制造。生物医药制造业新药研发和筛选技术薄弱，化学药品中90％以上都是仿制品。

1. 上海作为长三角技术创新的高端存在着以下问题：自主创新能力还不强，可以概括为以下几点：引进消化再创新尚可，集成创新还不够，原始创新能力最差，自主创新对经济发展的影响力甚微，真正从事R&D的创新人力资本还不够雄厚，与国外发达国家相比，差距还十分明显。

第一，用于技术引进与消化吸收的专款之间比例太低。国有大中型企业技术引进与消化吸收的比例，2003年为1∶0.1128，2004年为1∶0.1477，如此之低的比例难以从消化吸收提升到再次创新和集成创新，更不用谈自主创新。

第二，发明专利授权量只占到总量的51.9％。统计显示，2004年，标志原始创新指标的知识产权——专利申请受理量达到了20 471项（其中发明专利6 737项），但是专利授权量只有10 625项，占专利申请量的51.9％，比2003年下降了36.27％。根据对上海市知识产权保护局的调查，上海市的全社会R&D投入中有60％是"重复昨天的故事"，真正属于创新的不多，剩余的40％中有90％是用于成果评审，没有进入产业化的程序。

第三，从专业化服务工作到行业、组织结构到中介组织缺乏或弱化，导致自主创新的前期准备条件不充分，直接影响了整体自主创新能力的提升。原先在企业内部设立的科技情报部门目前大都已撤销或者改变职能，直接影响了企业掌握国内外科技情报的能力，对自身所属行业的科技水平不了解，就无法创新出领先国际的新技术新产品。

第四，企业为主体，产学研为支持的创新体系还未发挥更大的作用。

第四章 长三角都市圈主要产业发展与技术创新

高校、科研院所和企业之间对产学研一体化的利益驱动不对接，因此无法将各种创新人才、创新成果汇集到企业中去，特别是国有大中型企业，由于机制不活，因而对科技创新人才的吸引力缺乏，外部性比较明显，使得创新体系的作用还未真正显现出来。

第五，人力、资金等资源还未实现最佳配置。上海的科技人员总数在国内处于领先地位，仅次于北京，但主要集中在大学和科研机构，企业中技术人员数量不足、高水平人才不多，而先进制造业所需高级"灰领"更是短缺；更突出的是人才的效益没有充分发挥，其中包含着上海人才的知识老化问题。同时，公共财力的投入存在着部门和条块分割、使用方向不明确、使用效率低的现象，使资金与资源没有形成最佳配置，与政府预期效果也有一定差距。

第六，创新评价考核指标体系至今没有建立。虽然制定了对国有企业领导的业绩考核指标和一系列标准，也确已发挥一定的作用。但是在评价指标体系中，利润、产量、引进外资数量、与外资合作生产产品数量、国有资产的保值增值等短期性的评价指标多，但在激励和保障企业领导关注企业长远发展，尤其是鼓励提升自主创新能力方面的长期性指标缺乏，使得企业领导较关注眼前的利益，讲究一时乃至瞬时的效益，忽视甚至漠视企业的长远未来，缺乏创新激情，不愿冒风险去创新开发在短期内得不到"好处"的新技术，更不敢到国际市场上与跨国企业最前沿的尖端科技比拼。

2. 深层次原因，主要有以下几点：

第一，体制改革不彻底，创新机制未理顺。改革开放以来，得益于广泛的技术引进，上海的各大产业发展在近几年突飞猛进，但是与之相匹配的科技研发水平还处在较低的水平。原有的研究开发体系，还没有完成体制和机制的转变，仍然是根据计划安排科研活动。虽然上海在加强产学研的合作和联系上也做了许多尝试，但是相互脱节的格局并没有根本改变。发达国家一般由高校、研究所、企业研发中心形成的科技创新转移链在国内很少出现，导致技术转移和扩散效应很弱。

第二，引进多，消化弱，吸收少。据调查，在以合资方式引进的技术中，属于硬件技术的成套设备的进口占了绝大部分，技术许可和技术咨询服务等软件技术引进所占比例不超过20%，反映出企业普遍存在技术依赖心理。同时，国内用于消化吸收引进技术的资金只占技术引进资金的1/3，而日本、韩国的情况正好相反，用于消化吸收的资金3倍于技术引进资金。此外，由于技术是最重要的无形资产，跨国公司为保持竞争力，往往将技术通过内部市场转让给其占有控股地位的子公司，对转让的技术、尤其是核心技术采取严格的保密措施。

国外先进设备并不等同于外国先进技术、会操作和使用这些机器设备并不等于掌握了先进技术。这样，以引进为主的产业技术发展战略，在实施过程中可能对自主创新和开发产生"挤出效应"。同时，由于缺乏自主研发的动力，上海的许多制造行业陷入引进、引进、再引进的怪圈，企业不掌握产业的核心技术，逐渐成为发达国家企业的组装厂和装备车间。

第三，角色定位不清晰，创新决策不明确。随着外资依存度提高，企业对引进的依赖性增强，逐渐忽视乃至放弃自主创新，即使少数国企有自主创新的强烈愿望和冲动，但发现不了市场，因而产生了大量的重复、无效或无用的知识产权，对自主品牌的维权与创新抱无所谓的态度；上海对国有大中型企业的改制改组和行业拆并都是在政府的直接指导下进行的，好处是令行禁止，弊端是政府角色定位不清晰，市场导向不清晰，政府在规划中也不清晰，使得整个社会没有培育出一个对自主创新有着强烈冲动的企业家群体和科学家群体。

第四，现行的科技财税政策效果未充分体现。

一是以区域性优惠为主，产业性优惠为辅的现行企业所得税政策不利于高科技产业公平竞争，主要是所得税前的工资费用不能据实列支；固定资产加速折旧的政策没有涵盖所有有自主创新能力的企业；创新类企业提取的科技开发风险准备金不允许从应纳税所得额中扣除；鼓励投资高科技的风险投资税收优惠政策至今仍处在空白状态。

二是现行的个人所得税计税基数低，税前扣除少。而创新类企业的特点是人员、工资待遇高，个人所得税的扣除不足形成了事实上的对科技人员收入的削减。对从事自主创新的科技和管理人员在期股、期权的个人所得税的征免政策上还未取得新的突破。

提升自主创新能力的障碍分析。一是理念上的障碍。主要存在政府战略思想的超前性、跳跃性与企业技术开发与生产决策之间的严密性、周期性与逻辑性的差异。政府定期提出针对企业科技开发、生产经营或者管理

第四章 长三角都市圈主要产业发展与技术创新

的新思路，希望企业能够领会、明白政府的意图，作出迅速反应，随时调整生产和科技开发的计划和步骤。但是，由于受企业文化的影响，决定了企业对超越式增长存在自身难以逾越的障碍，而企业领导的创新理念不足，并没有考虑企业的长远发展，因而对如何提升自主创新能力的关注不够，主观上也没有创新的冲动。二是市场的障碍。主要是科技类中介机构发展不快，无法促进企业与市场的对接。随着政府职能的转变，对于企业自主创新的大量事务性管理工作，政府应该通过间接的方式，或政府购买劳务的形式，让科技类中介机构来处理或服务，科技类中介机构也应该通过与市场中各种要素的结合来引导企业自主创新。目前，虽然政府在中介机构的发展中，也投入了一定的人力和物力，但是，科技类中介机构总体发展较慢，而且科技类行业协会都带有一定的半官方色彩，不是以市场对接为目标，科技类中介机构所需的优秀人才更是短缺。中介机构还不能为技术创新真正起到作用。

总体上讲，企业的技术创新能力还不强，研究开发与生产脱节的矛盾没有得到根本解决，多数企业尚未成为技术创新主体，竞争力不强；创新投入不足，2003年长三角地区研发投入为354.61亿元人民币，研发强度为1.26%，同比，中国台湾、韩国总研发强度分别为2.30%与2.96%，约为长三角地区的1倍；高校、研发机构、大中企业研发强度分别低于我国平均水平。产业化关键环节的投入少，科技成果产业化程度低；产学研各主体之间缺乏深层次合作，紧密联系的动力与制度不健全；一些产业发展所需的核心技术、关键零部件和工艺装备严重依赖进口，缺乏必要的技术开发和配套能力支持；有利于高技术产业发展的机制和环境尚未形成，市场竞争机制没有得到充分发挥；高技术产品的生产以组装工序为主，高技术产业应有的产业链长、带动作用大的效果不能充分发挥；廉价劳动力相对充裕，企业创新动力不足，在制造业中，依赖廉价劳工，牺牲员工利益，以较低的技术投入带来更大的盈利，创造了一个"低技术陷阱"，使中国企业缺乏技术创新的动力。目前，长三角地区的经济发展势头仍然迅猛，企业还有相当的利润空间，这将削弱企业的创新压力，进而影响长三角地区的技术创新。

（三）加大技术创新投入是发达国家和新兴工业化国家的共同选择

从发达国家和新兴工业化国家重化工业发展的历史轨迹来看，科技重点与支柱产业相辅相成，当前主要是集中于化工和机器制造方面，包括电机工程、航空与航天和汽车工业等。进入后工业化阶段的美、英、日等发达国家，竞相提出高起点发展先进制造业计划，进一步提升国际竞争力。虽然这些国家服务业高度发展，但制造业依然是经济增长和促进就业的重要引擎之一，服务业正是从在制造业高度发达的基础上高度分工基础上发展而成。国际产业发展总是由发达地区转向发展中国家等低成本的地区。随着区域国际成本竞争力的逐步转移，发达国家在制造业方面优势正在失去，于是纷纷在更高的起点上提出制造业振兴计划。

发达国家和新兴工业化国家或地区推进先进制造业规划，多是成立相关机构负责制造业全面升级的战略任务。主要集中在三个方面：一是制定战略计划并大力投资先进制造技术。二是扩大高附加值技术密集和资金密集型的制造业产业领域。三是在相关领域如高新技术、研发、生物医药、环保产业、基础教育、网络框架等方面加大投入力度。美国20世纪80年代中期制定了一系列先进制造技术的发展战略，并投资14亿美元优先发展先进制造技术。英国伦敦发展局2002年提出，把伦敦建成世界上最具吸引力的制造业地区之一，开展高附加值、知识密集型、具有创新性和设计主导的制造业活动。新加坡在工业局下专设新加坡制造业分委会，提出新加坡未来制造业发展战略目标：在未来20年内，继续保持制造业产值占GDP的20%以上，到2010年争取制造业产值达到2 000亿~2 500亿新元，力争成为世界领先的高附加值制造业国家。具体确定电子产业、化工产业、生物医药产业和运输产业为四大重点发展领域，把这四大产业分别建设成为各领域内的世界级产业中心。并为此制定了国家产业行动计划。日本制定《新产业创造战略》，包括开拓有前途、有市场的产业；实施产业重组，加大产业结构改革力度；培育新兴产业等方面。其中，燃料电池、机器人、信息家电、生物产业、环境机械设备以及电子动画等将被列入重点项目加快发展。日本经济产业省已决定设立局长级的工作小组负责制定这项新战略。

（四）美国、德国、日本和韩国的创新战略比较分析

1. 美国。美国实行的是有国家干预的市场经济体制，在这种体制下，政府的作用不是去计划和协调主要的技术开发，而是有选择性的，如与军事高度相关，或已被证明存在市场失灵的领域。

美国政府对 R&D 方面提供了大量的资助，但是直到 20 世纪 90 年代初，才公布了第一个国家技术政策，这与美国信奉自由的市场经济有关。实际上，美国政府的科技政策始终存在，并对国家创新系统的发展产生极大的影响，这主要体现在美国政府注重对基础研究的投入、对大学的教学和研究的投入、国防方面 R&D 活动、建立反垄断法和知识产权保护制度等。

20 世纪 70 年代后，美国之所以在科技政策方面出现新的发展，主要原因是美国产业界在国际市场竞争能力的下降。随着日本、西欧的崛起，高技术企业的国际化趋势和冷战结束后美国政府目标的变化，技术创新和知识创新本身出现了许多新现象。克林顿上台后，对科技政策给予了高度重视，主要目标是加强科技和经济的联系，用新技术来促进政府能力的提高，在基础研究中保持美国的领先地位。同时也提出了一系列的计划。这些新的举措促进了科研成果的商品化，促进了政府、产业界和大学之间的合作，使这些机构组成了紧密联系的创新系统。

美国政府对 R&D 的资助可以分为三种类型：第一类是基础研究方面的资助；第二类是资助与政府自身需要有关的 R&D 活动；第三类资助旨在提高某个特定产业或厂商的竞争力。美国政府对大学的资助可以分为两个阶段：第一个阶段是第二次世界大战以前，这一阶段的资助是零零碎碎的，产业界曾经试图共同承担资助大学的研究活动责任，但是因为基础研究的成果有公共产品的特性，这种资助极为有限。第二次世界大战以后，产业界和大学的科学家呼吁政府加强大学的基础研究活动的资助，这才使政府认识到对大学基础研究的资助对整个国家的利益的重要性，从而承担起资助基础研究的责任。相对于政府对学术研究的资助，政府为了达到自己的目标而对军事方面 R&D 的资助数额更多。近年来，在军事方面的资

助开始有所下降，用于民用技术的 R&D 资助开始提高。一个主要的原因是通过对日本经济发展的研究，很多人已经认识到政府应该在促进民用技术发展方面有所作为；另外一个原因是克林顿政府对科学技术发展的重视。

2. 日本。日本与法国、瑞典、荷兰等国家一样，实行的是有国家计划的市场经济。在这种经济体制下，政府对创新活动的作用比较大。日本政府通过各种政策鼓励引进先进的技术、聘用国外的技术人员，重视全民教育。但是技术引进、消化和创新都是以企业为主体的，政府的政策主要是为企业创造一个有利的宏观环境，并通过有利的政策手段引导企业的行为。

第二次世界大战以后，日本政府主要从两个方面采取措施：一方面鼓励引进先进的技术；另一方面注重通过诸如加强教育来提高国内的技术基础。为了促进技术引进和技术转移，政府把其有限的外汇分配给那些有能力采纳和吸收国外先进技术的企业。这样，有技术基础、能够引进和消化吸收先进技术的企业就得到了大部分的外汇和充分的发展；反过来，这些企业又加大 R&D 投入，使日本的技术不断发展和进步。日本的另外一个重要的政策是限制进口国外商品和外国直接投资，外国公司进入日本市场的唯一途径就是进行技术转让。

20 世纪 60 年代以后，日本政府不仅仅促进企业技术创新，也开始重视基础研究。一方面政府增加了对基础研究的投入，同时在政策上通过税收减免、低息贷款等鼓励企业开展 R&D 活动。但是，与西方其他国家相比，日本政策在 R&D 上的直接投入比较低。1960 年，政府的投入仅为产业界投入的 8% 左右，到 1983 年这个比例下降到了 3%。

从能源产业的发展就可以看出日本政府在创新中的作用。1973 年开始的石油危机，对依赖进口能源的日本经济和技术发展产生了很大的影响，日本经济的年增长率从 10% 下降到 5% 左右。能源成为经济发展的新"瓶颈"，对技术发展产生了两方面的影响：一方面，节能技术成为许多企业 R&D 活动的主要目的，政府也加大了对能源方面 R&D 活动的投入，从 1975 年的 7.5% 增加到 1985 年的 16.3%；另一方面，日本政府鼓励整体的产业结构转向节约能源、技术密集和高附加值型产业。制铝等能源密集型的产业逐步衰退，半导体、计算机等高科技产业发展迅速。

第四章 长三角都市圈主要产业发展与技术创新

3. 德国。20世纪60年代以后，德国才出现联邦层次上的支持技术变革和进步的政策，各个州则是20世纪80年代之后才出现。同日本一样，德国在军事方面的R&D投入很低。德国政府的R&D投入主要是通过联邦研究和技术部。该部1972年分成两个部门——负责教育的联邦教育科学部和负责高等教育之外的技术、R&D活动的联邦研究技术部。联邦研究技术部加强了对产业界R&D活动的支持，认为这样有利于产业结构的现代化。但是，实际情况表明，这些投入并没有产生很好的商业效益，政府实验室的贡献并不大。

从20世纪80年代开始，政府的政策开始加强促进企业之间、企业与政府研究机构之间的合作。从1980年开始，联邦政府和一些城市还建立了科学园，以吸引新成立的高科技公司，或促进新企业从研究机构中衍生出来。1995年，在科尔总理的倡导下，成立了由科学界、经济界和政府界组成的研究、技术和创新委员会，以便对重要技术创新领域进行协商并提出行动建议。第一个重点题目就是"信息—社会—机遇，创新和挑战"，建议已被纳入政府有关计划。1996年，德国政府通过了德国科技全面改革的方案，其核心是优胜劣汰、择优资助。主要措施包括强化竞争机制，简化科研财政管理，以年度项目预算取代事业费预算，科研队伍年轻化等。同时还出台了"主导项目研究计划"，力图引入最优思想竞争体制，促进基础性创新活动，建设科技经济创新网络，取得跨学科、跨行业项目创新成果，更好地创造、传播、应用新知识，保证和加强德国相应的领先地位。

4. 韩国。韩国政府支持研究和开发活动的机制有直接投入和一整套促进措施。20世纪80年代之前，韩国政府是主要的R&D经费的投入者，政府通过直接投入和间接引导促进韩国技术能力的提高。随着企业逐渐开展研究和开发活动并成为R&D的主要投入者，韩国政府主要是间接地影响产业界创新活动，同时加大对发展科学技术基础设施和支持大学与研究机构的活动的投入。

20世纪60年代是韩国经济的基础建设阶段，其科技政策主要是促进技术引进，重点放在化肥、水泥等进口替代的基础工业和出口型工业上。同时，韩国政府还注重开展职业教育，培养熟练的技术工人。20世纪70年代，韩国经济开始迅速发展，这时的科技政策主要是促进对引进的技术的模仿、吸收,同时制定了《技术开发促进法》,通过税收、金融等手段促进技术开发。进入20世纪80年代,韩国经济迅速膨胀。根据国内经济发展的新特点,并面对国际竞争环境的变化,韩国1988年成立了科技委员会,负责做出对科技发展的重大决策。同时还通过优惠贷款、税收激励和直接的R&D支持来鼓励企业进行研究和开发活动。20世纪80年代开始,政府直接参与了两个大型的技术开发项目:一个是由科技部支持,集中研究未来新技术领域的"国家研究计划(NRP)";另外一个是由工商部主持,集中研究当前面临的技术难题"工业基础技术开发计划(IBT-DP)"。这两个计划不仅促进了韩国技术水平的提高,而且加强了创新系统各个部分之间的联系。

总的来看,各个国家在实施创新战略时各有侧重,考虑到各个国家的经济发展历史、文化背景、产业结构存在一定的差异,因此,我们将着重从政府、产业和大学三个重要部门在创新系统中的地位、作用和相互关系进行分析。

第一,政府在科学知识的生产方面承担主要的资助责任。科学知识是技术知识发展的基础,是具有较高"外部性"的公共品。也正是因此,企业(尤其是私营企业)对科学知识的生产兴趣不高。为此,美国、德国、日本和韩国政府承担着大部分的科学知识研究与发展的投入。一个显著的特征是,在这些国家政府主要是通过财政手段将大量的资金倾斜于科学知识研究与发展,与此同时,政府也非常重视科研成果的产业化,许多研究项目的产业化在早期往往都是政府买单。正是通过这样的方式,使得这些国家科技创新能力不仅迅速提高,而且产学研很少出现脱节现象。

第二,大学和政府研究机构在创新系统中的作用。在这些国家,政府研究机构和大学的作用不仅是生产知识,而且是新方法、新手段和有价值的技能的源泉,是重要的知识库和人才库。同时,从实际情况来看,在不同国家的创新系统中,大学和政府科研机构所起的作用不尽相同。就R&D而言,美国的大学比政府机构居于更重要的地位,而德国大学的作用相对较弱。由于基础薄弱,韩国政府首先加强政府研究机构,而大学则有教育导向的传统,其研究与发展活动开展得不多。日本的大学在基础研究方面居于重要地位,政府研究机构则更多从事研究和实验发展工作。

第三,企业是技术创新的主体。日本和韩国的经验表明,企业要成为技术知识的主要生产者，还需要一定的知识基础和外部条件。在韩国，当国内企业技术能力比较薄弱时，并且很容易得到外部的先进技术时，企业不愿意进行技术知识开发，而且能力也不足。这时，政府承担了大量的研究和开发投入。但企业积累了一定的技术和经济基础，并且很难得到外部的先进技术时，就不得不进行自己的研究和实验。在韩国经济开始起飞时的 1965 年，私有部门占全国 R&D 投入的 39%，政府则占 61%；到 1994 年，这个比例变成了私有部门占 84%，政府仅占 16%。与此同时，近年来的发展趋势表明，企业为实现创新，正在越来越多地采取与政府研究机构和大学合作的形式。

第四，政府政策对创新系统的影响。政府的政策对创新系统的制度安排和结构有很大的影响，尤其是日本和韩国。日本和韩国有强有力的、高度集中的政府，政府在此过程中影响巨大。但是，随着企业技术能力的积累，政府对研究和实验发展的直接参与作用逐渐降低。以产业政策、科技政策产生的间接影响则成为主要的手段。相比之下，美国、德国政府的政策影响力要小得多。从发展的趋势来看，有效的政府政策日益着重于促进某些机构之间建立良好的关系，例如在那些需要技术支持的小企业和主要的技术研究所、大学等能够满足这种需要的机构之间建立联系。

（五）激励自主创新提升产业核心竞争力

建立自主创新和引进技术再创新机制。把发展思路转到以自主创新为战略基点、努力提高产业核心竞争力上来，把加强自主创新和引进技术消化吸收再创新作为重大举措，加强统筹管理。实行重大创新产品政府收购、采购等扶持政策，通过财政税收优惠政策鼓励科研院所和企业拓展多元化的引进渠道。对于成功引进并消化吸收再创新的企业实行奖励。

实施自主知识产权和技术标准战略。根据国家战略和产业发展需求，以形成重大发明专利为目标，编制必须优先掌握自主知识产权的重要产品和装备目录。对列入目录的给予优先支持，组织联合攻关，并在专利申请、标准制定、贸易、税收等方面予以政策支持。在战略和技术方面，加快核心技术的自主研发，抢占产业技术的制高点。建立知识产权联盟，研究部署专利战略，加强对知识产权的服务和指导。将形成具有自主知识产权的技术标准作为重要目标，大力支持相关企业参与国际标准的制定。

建立政府为主体的公益性高技术扩散机制。在政府相关职能部门的统筹规划和指导下，以科研院所、高等院校为依托，建立和完善技术推广网络，大力发展各种高技术推广组织。同时建立高技术试验示范基地和综合开发基地，多层次、多渠道、大范围地开展技术示范、技术培训，以点带面地推广高技术成果。

（六）促进企业成为技术创新主体

扩大对高技术产业的研发投入，调整和优化财政科技投入结构，加大对高技术产业研发活动、研发机构和人才队伍的支持，形成项目、基地和人才相互协调的合理格局。对高技术产业的投入应集中在竞争前技术、产业共性技术以及成果的转化等方面，推动产业的启动和形成。对航天航空、环保等战略性和公益性强的高技术，应加大财政投入，掌握自主知识产权，保证产业体系的稳定、自主运行和可持续发展。

加大对高技术企业研究开发的支持。加强企业技术中心建设，鼓励企业设立海外研发中心，鼓励重点产业中具有代表性、有发展潜力的大型企业和企业集团建立研发机构和技术平台。完善和加强对中小型高技术企业的税收优惠政策，建立完善符合中小型高技术企业特点的知识产权信用担保制度。

激励企业加大研发投入。对高技术企业实行税收优惠，加大对企业研发投入的税收抵扣激励力度。准许企业提取技术开发准备金，对企业高技术项目和技术改造项目购置的固定资产给予增值税优惠，给予进口自用科研仪器设备税收优惠。对企业设立海外研发机构给予外汇管理和对外投资管理政策优惠。

（七）完善产学研联盟创新体系建设

推动产学研战略合作联盟。支持高技术企业与高等院校、科研院所建立战略性技术联盟。鼓励企业进行竞争前的合作和产学研合作。扩大国家科研机构高技术研究成果的辐射面，鼓励大学和国家科研机构开放技术，对成功转让技术成果并取得经济效益的机构和科研人员加大奖励力度，支持研究机构和外国企业独立或联合设立高技术研究与开发中心。

构建产业链，完善产业体系。高技术产业要"抓应用、促发展"，以应用需求为核心和导向，通过在原材料供应、技术研发、生产流通、消费意识形态、用户服务等方面的协调发展和互动，高效率地提供高技术产品、系统和服务。鼓励建立产业联盟，在充分利用产业价值链提升产业整体实力的同时，形成合力，在国际谈判中和竞争中争取有利地位。对于具有复杂性的高技术，即系统设计、系统集成、工程总承包和全程服务为一体的集成型工程公司，在推广高技术应用中实现上下游的联动，促进行业整体水平的提高。加快综合物流、电子商务平台、宽带信息通信网络等基础设施建设，建立发达、迅捷的物流网络，健全高技术产业发展的配套服务体系。

加强高技术产业基地的建设。积极培育高技术产业的集群化发展。建立较完整的、垂直分工、合理布局的集群化产业基地，通过专业化、特色化基地建设，有效整合资本、人才、技术等要素，发挥基地的集聚、孵化和辐射作用。提高基地产业的配套能力，逐步实现高技术产业关键原材料、设备和配套产品的国产化。积极推进公共基础设施、公共技术服务平台建设，推进不同高技术产业专业创业孵化体系的推广。

（八）改革和完善用人机制

支持高技术企业培养、稳定和吸引科技人才。依托现有大学、重点实验室等，加强高技术人才、管理人才和科研人才的培养，造就一批熟悉国际国内高技术市场、掌握专业技术的优秀职业经理人。鼓励企业实行领导人和科技骨干实行年薪制和股份、期权等办法，稳定人才队伍。结合实施重大国家任务和工程项目，加快培养高层次工程技术和管理人才，并加大高技术企业在职培训力度。

加大全球招募高级创新人才的力度。鼓励大型高技术企业、重点研发机构的高级研发和管理岗位，逐步实行全球公开招聘。支持高技术企业吸引和招聘外籍优秀技术人员、工程师和科学家，并为长期居留提供方便，鼓励收购和吸引海外高层次优秀科技人才和团队来中国工作。通过团队引进、核心人才带动引进、项目开发引进等方式，促进海外留学生、华人华侨回国创办高技术企业，做好引导和服务工作。对归国人员创业所需要的资金，安排部分启动性经费予以支持。

改革和完善用人机制。逐步消除明显阻碍人才流动和合理配置的体制性障碍，形成多层次、多形式、开放式，以公平竞争为前提的用人机制。根据行业实际和发展趋势，重点引进既懂技术，又懂经营管理和市场营销的复合型人才，建立人才竞争机制，改进人才评价标准。完善对工程技术人员的考评体系等，特别对创新人才和高级技能人才，要全面衡量品德、知识、技能和业绩，而非片面追求论文数量。创造适合技术研究和管理人才成长的社会环境，形成宽松和谐、健康向上的创新文化氛围。

（九）构建多元化投融资体系

扩大政府采购，保障高技术产业的国内市场份额。政府采购政策的制定和运作，要有利于推动国内高技术产业的发展。建立政府采购高技术产品协调机制。政府采购以及公益事业、重大建设项目、国有企业采购的重大装备和产品，应在政策上鼓励并要求订购或采购具有自主知识产权的高技术产品，或具有部分自主知识产权的中外合资合作本地高技术产品和设备。对中小企业开发的具有自主知识产权的高技术产品，政府实施采购政策。对企业采购国产高技术设备，实行加速折旧等优惠政策。

加快科技中介机构发展，加强国际合作。组织和引导专业技术力量发展科技中介结构。建设基于高技术产业化的公共信息服务平台，培育专业化、规范化、规模化的高科技中介机构和具有专业素质的高科技中介人才队伍。加强高技术市场建设，完善高技术市场经纪人制度，促进高技术信息交流。支持鼓励有条件的企业和研发机构，积极参与国际合作项目，加快我国高技术跨越式发展的步伐。

促进创业投资发展，引导资金投向高技术产业。建议政策性银行对初创的高技术企业发放低息小额贷款。允许专利技术或可评价的技术等无形资产在银行进行抵押贷款。鼓励对高技术企业按照创业板规则在深圳中小企业板进行试点，建立创业投资退出机制。优先支持高技术龙头企业在国内上市，并支持经审核符合境外上市资格的企业申请境外上市。鼓励社会力量出资建立研究开发基金。建立高技术发展基金，促进和引导高技术创业投资、产业担保基金和产业化基金的发展。

（十）健全发展高技术产业的法规体系

知识产权保护和市场监管法规。加强保护知识产权方面的相关法律服务和指导。在涉及国家安全和人民生命安全等领域，严格审批制度和市场准入，强化管制措施。对于有规模要求的产业，实行最小规模准入制，提高产业效率。对于用高新技术改造传统产业的项目，实行技术达标准入制。在高技术相关的服务流通领域，适度开放垄断性服务，建立产品和服务相配套的市场运行法规，推动高技术产业协调发展。

财税政策和贸易政策。对高技术企业增加资本金投入，实行优惠利率。减免出让具有自主知识产权的高新技术产品的所得税。提高高技术企业出口所得税优惠政策的实施效率。缩短高技术企业固定资产折旧的法定期限。推行高技术企业对高技术的投资和税收抵免、再投资退税政策。鼓励对高技术企业出口退税提供财政支持。采取预警、标准和法规措施应对技术壁垒，运用反倾销、反补贴保护高技术企业，向高技术产品出口企业提供全面、及时、透明的贸易信息服务。构建以政策性银行为主体、商业金融机构共同参与的出口信息体系，扩大对出口高技术企业的金融支持。

加强高技术产业的管理和协调。建立跨部门、跨地区、跨行业的高技术产业发展协调机构，突出综合协调和调控功能，形成政策和投入合力，统筹规划和指导高技术产业发展。深化投融资体制改革，加快向服务、监管型政府转变，提高服务意识和效率。政府有关职能部门要加强协调，共同为高技术产业发展做好引导和服务工作。开展常规性、跟踪性高技术产业发展战略研究，发挥政府在产业导向、信息交流、咨询评估、知识产权保护、资质认定等方面的作用，促进高技术产业快速均衡发展。

第五章

长三角都市圈演进为世界制造业中心的趋势分析

一、世界制造业中心转移轨迹及趋势

据预测通过高新技术对传统支柱产业的改造,一个世界性的新型制造业中心有望在长三角崛起。同时,这一区域城市化进程也将明显加快,在未来十年内,这一区域的一体化发展极有可能成为我国区域经济发展的重要增长极和亚太地区经济发达地带,成为具有较强国际竞争能力的外向型经济示范区。

(一)制造业的内涵

要发展为世界制造业中心,首先要回答什么是制造业。制造业是指对采掘的自然物质资源和农业生产的原材料进行加工或再加工、为国民经济其他部门提供生产资料、为全社会提供日用消费品的社会生产制造部门,是工业的主体部分。制造业①是一个国家、一个地区综合实力的重要体

---

① 按我国现行统计的划分,制造业包含工业中除采掘业、电力蒸汽热水生产和供应业、煤气生产和供应业、自来水生产和供应业的所有行业,共计29个。

第五章　长三角都市圈演进为世界制造业中心的趋势分析

现，是国民经济主要的装备部门，在国民经济与社会发展中具有无可替代的重要作用。

先进制造业是指能够不断吸收国内外高新技术成果，并将先进制造技术、制造模式及管理方式综合应用于研发、设计、制造、检测和服务等全过程的制造业，具有技术含量高、经济效益好、创新能力强、资源消耗低、环境污染少、服务功能全、就业比较多等特点。它不仅包括高新技术产业，也涵盖运用高新技术和先进适用技术改造的传统产业。

（二）国际分工格局演变与产业梯度转移

从18世纪至20世纪50年代，国际分工格局分为工业国和农业国，20世纪60年代开始的很长一段时间内，发达国家主要出口资本密集型产品和技术（知识）密集型产品，而发展中国家主要出口劳动密集型工业制成品。到20世纪80年代逐步形成了这样一种国际分工格局：发达国家主要生产高精尖技术产品、中高档资本密集型产品和某些档次较高的劳动密集型产品；新兴工业化国家和地区则除了继续发展一些资本密集型产业外，也逐步开始生产一些技术密集型产品；而大部分发展中国家主要发展劳动密集型产品和某些资本密集型产品以及初级产品，形成大体上"三重结构"的分工格局。最近二三十年来，随着信息化、模块化、标准化和全球化发展，国际产业分工逐步发展到产业链内部的分工，发达国家控制产业基础性研究和产业技术标准制定，通过掌控核心技术在全球范围布局制造环节，将技术成熟的劳动密集型加工环节转移到发展中国家。

自从有了国际分工，就有了国际产业级差，20世纪50年代之前的产业级差表现为工业和农业之间的技术水平差距，伴随着分工格局的演变，则表现为劳动密集型产业、资本密集型产业、技术密集型产业内部及其之间的技术水平上的差距。从产业级差的发展趋势来看：新兴工业国和地区与发达国家间呈减小趋势，非工业化的国家地区与发达国家间呈扩大趋势，新兴工业国和地区充当着发达国家与非工业化国家及地区之间级差扩大的中介过渡阶梯，形成了一个国际产业转移的完整系列。在产业级差的作用下，产业转移是梯度推进的，也就是指发达国家或地区在产业转移过程中，从产业层次上，先行移出轻纺等劳动密集型产业，尔后逐渐移出钢铁、石化、冶金等资本密集型产业；从地区层次上来说，先以具备一定工业发展基础的国家和地区为发展重点，然后逐渐扩大到其他国家和地区。产业层次的推进和地区层次的推进是紧密相连的。当向其他国家和地区转移劳动密集型产业之时，也是向原先那些被确定为重点国家和地区转移资本密集型产业之际。当向重点国家或地区转移资本密集型产业之时，也是向其他国家和地区转移技术密集型产业之际。当然这一递进次序并不是绝对的。

第二次世界大战后，从东亚经济发展的历史进程来看，作为形成区域结构整体性成长中发挥重要作用的产业转移和传递，既与国际性的产业结构调整与传递浪潮相衔接，又在域内的产业转移中形成相互依存、互相追赶的态势。东亚各国（地区）逐步卷入战后四次国际性产业结构调整与传递过程，相应地进行了产业结构调整。

美国所提供的资本、技术转让与人才培养，对东亚区域的经济发展起了极为重要的作用，特别是庞大而又相对开放的市场，使东亚区域在工业化和城市化过程中，包括日本在内的各国（地区）在战后相当长的时期内依赖于美国市场。因而在国际性产业调整、传递浪潮中，早在20世纪50年代就首先带动和促进了日本经济的发展和产业调整，使日本以后成为和美国一起在东亚区域发挥产业调整与传递浪潮源头的作用。直到20世纪80年代中期，美国从供求两方面促进东亚区域经济发展和结构调整的作用才有所减弱，在一定程度上被日本所替代，但作为结构调整的源头作用始终存在。作为调整、传递源头的美、日在不断进行产业升级过程中，必须存在能及时承接和吸纳美、日历次调整中转移出来的产业的国家（地区），否则难以顺利实现产业结构升级；美、日转移出来的产业所造成的该产业国际市场空缺等是亚洲"四小"产业结构走向高级化的重要决定性因素；同样，亚洲"四小"（韩国、中国台湾、中国香港、新加坡）要实现产业升级，其转移出来的产业也必须存在能及时吸纳的国家。反之，亚洲"四小"如不让出轻纺工业产品的国际市场，东盟四国（马来西亚、泰国、菲律宾、印度尼西亚）等发展中国家的工业化和产业调整就会遇到困难。正是这种相互作用的机制，使东亚区域在域内产业转移与传递中，处在不同发展水平的不同国家（地区）的产业结构得以形成相互依存的整体性成长。

第五章　长三角都市圈演进为世界制造业中心的趋势分析

（三）世界四大制造中心的演进

与上述世界产业转移过程相适应的是四大世界制造中心的相继出现：

第一个世界制造中心——英国的兴起。1776年，第一台商业性的蒸汽机的出现，引发了世界第一次技术革命，即产业革命。这场以机械化为特征，以蒸汽机的发明和广泛应用为标志的工具机、动力机革命，带来了纺织、冶金和机械制造业、煤炭、交通等整个工业生产的历史性进步，使人类的生产活动开始从手工作坊发展成为以工厂为单位的工业体系。到19世纪50年代，英国成为世界上第一个实现工业化的国家，从而也成为第一个世界制造中心。

第二个世界制造中心——德国的超越。1851年至1900年，德国的哲学革命为科学革命开辟了道路，出现了科学革命的高潮。德国利用煤化学的科学成就，迅速开创并发展合成化学技术，带动了合成纤维、制药、油漆、合成橡胶、造纸、酸碱工业的快速发展，人类进入合成化学时代和人工制品时代。到1895年，德国的各个产业全面超过了英国，成为世界上新的制造中心。

第三个世界制造中心——美国的崛起。1879年至1930年，发生在美国的第二次科技革命——电力技术革命，使美国通过电力工业技术体系的完成，建立和完善了钢铁、化工、电力三大产业。美国利用和发挥石油开采技术优势，发展了石油化工；利用和发挥电力和石油工业的优势，发展了汽车工业和制造业。到1930年，美国就取代德国，率先在世界上实现了大规模的工业化，成为世界科技和制造中心。第二次世界大战以后，在第三次技术革命中，美国出现了以信息技术为先导的高科技群—利用核能的新能源技术、航天航空技术、新材料技术、生命科学和生物工程等。美国一直占据着世界科技中心和制造中心的地位。

第四个世界制造中心——日本的成长。第二次世界大战以后，在第三次技术革命中，日本提出"技术立国"的口号，利用各国技术之长，组成世界上独一无二的日本产品系列，迅速成为世界第二经济强国，成为世界上又一个制造中心。

（四）新兴工业化国家的产业升级轨迹

在新兴工业化国家或地区，科技、经济发展总体表现为"引进—消化—吸收—二次创新—原始创新"的策略，其间政府依靠大量的信息收集和前瞻性研究，通过产业政策和相关的配套措施，在制造业产业升级和发展中发挥了较大作用，在一定时期抓住了机遇，实现跨越式发展，也确立了在国际产业分工体系中的地位。

表5-1　韩国、新加坡、台湾地区的产业发展演变*

时间跨度	国家/地区	科技发展重点	产业发展重点
20世纪60年代	韩国	加强科技教育，深化科技基础设施建设，促进外国技术的引进	发展进口替代工业，发展以进口为导向的轻工业，支持生产型行业
	台湾地区	充实科技发展基础，资助自然科学、基础医学、工程基本科学及人文科学	轻工业快速发展
	新加坡	改善基础设施	传统手工业，重视招商引资，鼓励本地投资创业
20世纪70年代	韩国	促进技术训练，改进制度机制以配合进口技术，促进研究应用与产业需要	扩充重工业和化学工业，强调从资本进口转移到技术进口，加强以出口为导向的产业竞争
	台湾地区	扩大研究基础，改进科学教育，加强应用科学研究，确定能源、信息、材料等8大重点科技	发展资金技术密集型工业，如机械、钢铁、石化等，重化工业初步建立与发展
	新加坡	重视引进技术投资，吸引外来人才	资本密集型制造业，提倡工业现代化，大量吸引外资
20世纪80年代	韩国	培养高级科学家和工程师，开始国家R&D计划，促进产业技术发展和产业研究室	转变产业结构为基于比较优势的产业，扩充高技术产业，鼓励人力发展，改进生产力
	台湾地区	加大科技经费和人员的投入，确定12项科技重点	发展电子、数据处理、机械、汽车等高科技产业，建立工业园区
	新加坡	通过建立联合培训中心以及建立由当地机构和国外公司组成的专业研究与技术应用中心来开展科技合作；开始重视通过教育和培训开发人力资源	重组经济结构，将制造业朝着高附加价值、更加资本密集型和技术密集型方向转化，研发与工程、信息科技等行业兴起；发展高附加价值服务业

第五章　长三角都市圈演进为世界制造业中心的趋势分析

续表

时间跨度	国家/地区	科技发展重点	产业发展重点
20世纪90年代	韩国	加强国家R&D计划，巩固以需求为导向的技术发展系统，使R&D系统和信息网络全球化	促进产业结构调整和技术创新，促进人力资源及其他资源的有效利用，改进信息网络
	台湾地区	确立科技发展法制化基础，加强推动"国家型科技计划"及尖端基础科学研究	发展高科技产业，发展通讯、半导体、航空航天等十大新兴工业
	新加坡	制定国家科技发展计划，发展高科技基地；提倡研究生命科学，投下巨资支持本地科研单位勇于创新	确定将制造业和服务业作为经济发展的双引擎，重点发展信息通信、电子制造和生命科学三大重点产业

*注：(1) 八大科技重点为：能源、材料、信息、自动化、生物技术、光电科技、食品科技及肝炎防治；(2) 12项科技重点为：以上八大重点科技外，增设灾害防治、同步辐射、海洋科技及环保科技四项，合称12项科技重点。
资料来源：上海科技情报所，2004。

如表5-1所示，韩国、新加坡、中国台湾20世纪60年代通过引进国外技术发展进口导向性的轻工业；20世纪70年代跨入重化工阶段，如台湾地区工业从纺织、食品等轻工业转向了钢铁、造船、石化等重工业；20世纪80年代，通过R&D经费的不断投入，转向有重点的技术自主开发，产业转向汽车、机械、电子等产业；20世纪90年代，三个地区都抓住了国际产业转移和信息化浪潮的机遇，基本建立了以电子信息制造业为主的产业结构体系，在全球产业分工体系中占据了相当的地位。

（五）新一轮产业国际产业转移高潮

国际国内的研究报告和我国引进外资的实践表明，新一轮产业国际产业转移高潮已经出现。1992年以后国际产业向亚洲尤其是中国转移的高潮大约持续了四年。亚洲金融危机之后，特别是2002年我国引进外资首次超过了美国[1]。抢抓国际产业机遇是发展中国家融入全球产业发展，走

---

[1] 2002年美国受到911事件的影响。

向工业化和城市化的一条重要途径。从近两年国际产业转移的趋势来看，主要有以下几个特征：

1. 国际产业转移方向加速向中国转移。据科尔尼公司预测，中国正成为全球投资最具吸引力的国家。美国商会调查表明，87%的美国在华企业欲扩大投资；据对1 000家全球最大的跨国公司调查表明，33%的跨国公司把中国作为下一个投资目标。在日本东京交易所上市的1 143家企业中，有一半企业表示将在3年内把生产基地外迁，其中70%的企业把中国作为主要投资目的地。

2. 国际产业转移的结构层次不断向高端演进。国际产业转移从一般加工业逐渐过渡到先进制造业和高新技术产业，从劳动密集型产业向资本技术知识密集型产业转移，而且高端装备制造业的转移已初露端倪。从低成本地区向高素质人才集聚的大城市周围转移，20世纪80年代，国际产业转移以轻纺工业为主，20世纪90年代初以家用电器制造为主，20世纪90年代末至今，微电子产业和汽车制造业成为产业转移的主流，这种变迁过程是与我国经济发展水平和消费水平相适应的。在未来一段时期，随着我国制造业规模的扩大，基础装备制造业将会成为国际产业转移的重点，如工业设备与装备制造业、零部件产业、原材料产业、环保装置产业、高科技通讯产业、电子元件、医疗器械与设备、飞机制造及零部件制造等。

3. 国际产业转移呈现制造、研发和服务一体化联动转移态势。随着中国经济发展水平的提高和市场规模的扩大，跨国公司之间展开了激烈的市场竞争，为了掌控市场，提高竞争力，跨国公司纷纷实施人才"本土化"战略，利用中国高素质低成本人才资源设立研究开发中心，并纳入其全球技术研究的网络之中，不但为中国市场服务而且为其全球技术战略服务，目前跨国公司在上海设立的研发机构已有100多家。与此同时，跨国公司的地区总部和采购中心设在生产性服务业发达的北京、上海等大城市，并在全国范围内建立销售网络系统。

4. 国际产业转移呈现组团式、产业链整体转移趋势。一个核心大企业的转移将伴随着几十家甚至上百家小企业的集聚，构成一条条完整的产业链，这种产业集群优势明显的地区又成为吸引投资的主要因素。有产业特色和配套产业基础的大型开发区成为承接国际产业转移的主要载体。大量的相关企业的空间集聚形成产业集群优势，有利于形成一种良好的创新氛围，如降

第五章 长三角都市圈演进为世界制造业中心的趋势分析

低成本、刺激竞争、提高效率、加剧竞争等,形成一种集群竞争力。

同时应该清醒地看到,我国在承接国际产业转移的过程中,面临着新加坡、香港、台湾、吉隆坡、汉城、曼谷等亚洲国家和地区的激烈竞争,所以必须抢抓国际产业转移的机遇,加快引进大项目落户。

另外,跨国公司的股权安排发生变化,我国加入 WTO 以后,外商独资企业占新增外商投资的 80% 以上,技术封锁更为严格,不利于我国在引进外资中提高消化吸收国外先进技术。

(六) 国际性制造业中心的基本特征

关于世界制造业中心并没有明确的概念,吕正 (2001) 提出了世界工厂的概念①。国际性制造业中心是指该区域的制造业发展成为世界制造业产品的重要生产、供应基地,在市场份额中占有重要地位,部分产品成为全球市场的主要生产、供应基地,在市场结构中具有明显优势或具相对垄断地位。从世界工业化进程看,国际性制造业中心的演变与产业革命的发生紧密相连。以机械化为主要特征,以蒸汽机的发明和广泛应用为标志的工具机、动力机的第一次产业革命,推动了英国成为世界上最大的国际性制造业中心,到 1860 年,其制造业占世界总量的份额达到 19.9%。以电力化为主要特征的第二次产业革命,促使美国最早建成了电力工业技术体系,直接促进了美国制造业的发展,由此推动了世界制造业中心从英国迁移到美国。以计算机技术为先导的信息技术快速发展为主要特征的第三次革命,推动了美国、日本、西欧三大国际性制造业中心的形成。从国际性制造业中心的演变历史以及国际制造业的发展趋势来看,国际性制造业

---

① 吕正认为,根据英国和日本工业发展的历史经验,我们可以这样来界定世界工厂的含义,即一个国家的制造业,已成为世界市场重要的工业品的生产供应基地。具体地说,成为世界的工厂,应当达到下述要求:在制造业领域,不只是少数产品和少数企业在世界市场上占有重要地位,而是有一批企业和一系列产品在世界市场上占有重要地位。这些企业和产业的生产能力、新产品开发能力、技术创新能力、经营管理水平、市场份额已成为世界同类企业和同类产业的排头兵,并在世界市场结构中,处于相对垄断的地位。由于它们的存在和发展,直接影响甚至决定着世界市场的供求关系、价格走向以及未来的发展趋势,以工业制成品为主体的出口贸易已进入世界前列,并成为贸易大国之一。他认为,中国的制造业领域,在劳动密集型产业具有明显的比较优势,但在技术密集型产业与工业发达国家比较,存在着显著的差距。因此,目前中国还不是世界的工厂。中国要成为世界的工厂,必须保持比较优势,继续发展劳动密集型产业,同时要在资本密集型与技术密集型产业领域,缩小与工业发达国家之间的差距,增强竞争优势。

中心具有三大特征：

1. 现代化。现代先进制造技术是发展制造业的关键，制造业中心的形成与科学技术的发展应用是分不开的，国际性制造业中心必须与先进的制造技术相适应，现代先进制造技术和生产模式是决定一个国家或地区能否确立国际性制造业中心地位的关键因素。

2. 国际化。国际性制造业中心在国际制造业分工体系中占有重要位置，必须是全球生产网络的重要节点和商品供应链的重要环节，特别是在经济全球化的大背景下，应建立面向全球开发和配置资源的高效生产体制，形成全球性的生产体系。

3. 规模化。国际性制造业中心的发展表明，拥有相当大的制造业产业规模和巨大的市场需求，拥有一批具有核心竞争力的跨国经营的大企业和具有竞争优势的产业集群，这是实现国际性制造业中心的基本条件。

世界制造业中心同时是一个具有较高科技含量的生产中心。世界制造业中心一般都具有较强的产品研发设计能力，以及高端材料的生产能力、关键零部件的配套能力和生产装备的供应能力，在产业中具有较高的科技含量，因此它需要以强大的科研能力、完备的科研体系为支撑。

世界制造业中心是一个具有较高创新能力的创新基地。这种创新不仅仅表现为技术的创新、品牌的创新、产业组织的创新，而且包括商务服务的创新以及市场的创新，在技术、生产和商务活动中都具有较强的创新能力，因此它需要一个有利于创新的良好环境，建立有利于创新的体制、机制和政策。

世界制造业中心是一个具有高度对外辐射力的能量体。正因为世界制造业中心具有较强的技术创新能力，具有国际性的品牌，具备了自身形成产业链的基本条件，并能发挥产业链的关联作用，由于区域内还具有强大的商务服务能力，这更有助于产业链的不断延伸，因此世界制造业中心通过产业链的延伸和商务活动的推动，将会形成较强的对外辐射力。

世界制造业中心一旦形成，对其他区域还产生了产业的难以替代性。世界制造业中心的形成，依靠的不仅仅是基础性的制造能力，以及较低的生产成本优势，它更要以强大的科技能力、创新能力和商务服务能力为支撑，具有产业的整体根植性，因此在接受国际产业转移中，产生了其他地区难以替代的综合能力。

第五章　长三角都市圈演进为世界制造业中心的趋势分析

二、长三角成为世界制造业中心的趋势及瓶颈

以上海为龙头的长三角是我国最重要的制造业基地之一。目前，长三角集中了全国22%的制造业总量（按工业增加值计），30%的工业制成品出口总量，31%的外资企业产出总量，工业化水平在全国领先，上海更是代表了我国制造业发展的最高水准。相对于珠江三角洲和环渤海地区，长三角更具有综合实力、经济活力和发展潜力。现在，国际资本和跨国公司大量涌入，长三角日益成为承接国际制造业转移的重要区域，正向国际性的制造中心发展。

（一）共同的工业文明基础

长三角地区历来就是中国的制造业中心。南宋以来，江南地区是中国的丝绸纺织中心，明清时代，中央政府把这一带作为宫廷采购基地。鸦片战争以后，上海崛起强化了长三角地区制造业中心的地位，据民国政府1947年统计，沪苏浙工厂资本合计占当时全国资本的63.3%。中华人民共和国成立以后，由于工业布局向东北三省和中西部倾斜，江浙经济发展缓慢，沪苏浙地区工业占全国比重起伏波动较大，1952年占23.5%，1962年占14.8%，1975年占20.6%，1991年占20.8%。促使长三角走出困境的是改革开放，上海制造业由于受各地发展较快影响，其占全国比重持续下降，1978年占全国12.9%，1995年下降到4.9%。随着上海经济转型，江浙经济持续走强，从1997年开始，沪苏浙制造业结束了占全国比重下降的趋势。

（二）长三角正在成为"世界工厂"

在全球化浪潮愈演愈烈的今天，区域经济一体化已成为一种必然选择。从世界范围来看，欧盟、北美自由贸易区在不断拓展范围，东盟和拉

美自由贸易区等新的区域一体组织正在孕育。从一个国家内部来看，以大都市带、城市群为中心的区域经济一体化也非常迅猛。通过推进区域化而增强区域集团和区域组织的成员在全球化进程中的地位和作用，可以得到更多的全球化利益。面对这样一种国际经济环境，环顾整个东北亚和东南亚地区，最有条件成为整个地区的经济中心的还是以上海为龙头的长三角区域。

随着全球化进程的加快，全球产业正向中国大转移。这种大转移的趋势给区域化的进一步发展带来了新的刺激和驱动力，它要求区域经济首先实现一体化，长三角的一体化正是"入世"后中国经济全球化的一个缩影。这是一股市场推动的不可阻挡的力量。目前，整个长三角区域正在成为"世界工厂"。据统计，截至2003年底，上海、江苏、浙江已累计批准三资企业7万多个，合同利用外资金额累计1 500亿美元，世界500强公司中已有400多家进入。这些三资企业的客户、协作生产厂家和新设立的分支机构遍布长江三角洲地区。有关机构估计，10年后，江、浙、沪地区将会有十几万个外商投资项目和累计1 500亿美元～2 000亿美元的实际使用外资数额。大量的外向型企业的存在，使得长三角区域的经济国际化程度大幅提升。截至2003年，日本企业对华投资的1/6在无锡，台湾企业在内地的投资苏州占了1/5，与上海形成了前店后厂的经济联系。

与此同时，"中国制造"的商品也正源源不断地从这里走向世界。上海港国际集装箱吞吐量的快速上升就是一个佐证。**20世纪80年代初期，上海港的吞吐量仅为3万多标准箱，到了2004年则飙升至1 450万标准箱，到2005年前10个月已上升至1 700万标准箱**。如此巨大的国际资本集结量和如此庞大的国际货物吞吐量，正是与长三角地区的"世界工厂"地位互为因果。

全球企业向中国转移给长三角地区带来了前所未有的机遇。长三角城市群经济实力强大，产业基础坚实，拥有门类齐全、实力雄厚的区域性工业体系，拥有我国最大的沿海沿江港口群，堪称承接全球产业大转移的最佳平台。现在长三角各个城市都在行动，尤其是制造业，不遗余力地搭建产业对接平台。这给整个长三角区域产业升级、资源整合、形成优势龙头产业带来契机，同时也有力地推动了长三角一体化的进程。

第五章 长三角都市圈演进为世界制造业中心的趋势分析

（三）二、三产业比重的悖论

在政府促进产业发展的过程中，过多地以二、三产业比重来衡量经济发展水平，在某些政府部门出现了以产业比重作为政府规划目标的现象。第三产业占经济比重的相对上升，是发达国家工业化向后工业化转变过程中，并且在经济全球化的条件下，实现制造业在全球资源配置的结果。也就是说，发达国家发达的第三产业背后是发达的制造业研发能力和营销管理能力对全球经济活动支配力的提高，这一点从我国近20年来的引进外资过程中以制造业类项目为主也可说明。从日本、韩国、新加坡和台湾地区的发展过程来看，二、三产业共同推动经济发展是一个长期的过程。

1. 日本——后发性发达国家。

表 5-1　　　　日本二、三产业比重和人均 GDP 变化　　　单位：%，美元

年份	第二产业比重	第三产业比重	人均 GDP
1970	49.6	43.8	1 940
1971	49.1	45.2	2 140
1972	48.4	45.7	2 540
1973	49.3	44.4	3 470
1974	47.2	46.9	4 250
1975	44.7	49.5	4 940
1976	44.8	49.6	5 190
1977	43.9	50.8	5 710
1978	44.1	51.0	7 130
1979	44.2	51.2	5 050
1980	44.5	51.6	10 440
1981	44.6	51.6	10 630
1982	44.1	52.2	10 070
1983	43.3	53.1	9 760
1984	44.0	52.5	10 010
1985	43.9	52.7	10 950
1986	43.3	53.5	13 200

续表

年份	第二产业比重	第三产业比重	人均GDP
1987	43.8	53.2	17 270
1988	44.5	52.7	23 570
1989	44.9	52.4	25 460
1990	45.3	52.1	26 100
1991	45.2	52.3	26 960
1992	44.4	53.3	28 750

数据来源：1995年《国际统计年鉴》，上海科技情报所整理。

日本在20世纪五六十年代，工业是国民经济的主体，其比重超过服务业。作为后发性的发达国家，从1975年开始，日本全国人均GDP达到4 940美元时，这一人均GDP在当时已处于世界前列（这跟目前上海人均GDP达到5 000美元在世界上所处的地位是不同的），第三产业比重开始超过第二产业，并一直保持比较稳定、略有上升的趋势。从日本第二产业和第三产业的发展变化看，第三产业并没有表现出随着人均GDP的增加而比重大幅度提高，而是与第二产业比重基本稳定。

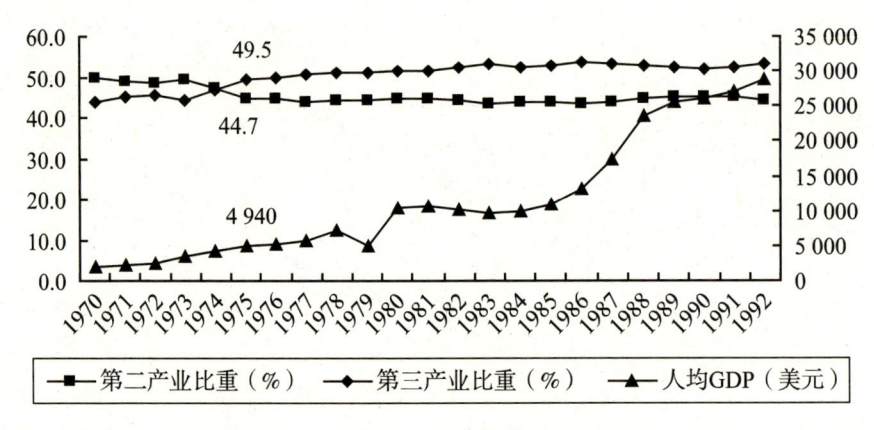

图5-1 日本二、三产业比重变化情况

2. 韩国——新兴工业化国家。

第五章 长三角都市圈演进为世界制造业中心的趋势分析

表5-2　　　　韩国二、三产业比重和人均GDP变化　　单位：%，美元

年份	第二产业比重	第三产业比重	人均GDP
1970	32.1	39.2	270
1971	31.3	39.5	310
1972	31.8	39.8	330
1973	34.3	39.8	430
1974	35.4	38.5	530
1975	36.9	36.4	640
1976	38.8	35.6	780
1977	40.3	35.3	920
1978	42.8	35.0	1 210
1979	44.9	34.1	1 580
1980	45.7	37.8	2 330
1981	45.0	37.8	2 160
1982	44.7	39.0	1 890
1983	46.4	38.4	2 020
1984	48.3	37.0	2 160
1985	46.3	39.6	2 260
1986	47.5	39.9	2 620
1987	48.0	40.6	3 230
1988	48.6	39.9	4 110
1989	48.4	40.8	4 850
1990	49.0	41.2	5 770
1991	50.5	40.9	6 670
1992	44.2	48.6	7 210
1993	43.4	49.5	7 660

数据来源：1995年《国际统计年鉴》，上海科技情报所整理。

韩国作为新兴工业化国家，发展产业情况与日本有所不同。在1975年之前，韩国工业处于初期发展阶段，曾出现第三产业比重大于第二产业比重的情况，此时人均GDP一直处于较低程度。20世纪70年代中期开始，韩国工业化速度加快，从1975年起，第二产业比重（36.9%）超过第三产业（36.4%），并一直呈上升趋势；这一转变时期经历了15年左右。直到20世纪90年代初，进入工业化中后期阶段（这跟上海目前工业化阶段大致相同，但所处的地位要高），1992年人均GDP达到7 210美元的时候（这比目前上海人均GDP达到5 000美元在世界上所处的地位还

要高），产业结构又发生重大转变，第三产业比重上升，第二产业比重（44.2%）才回落小于第三产业比重（48.6%）。

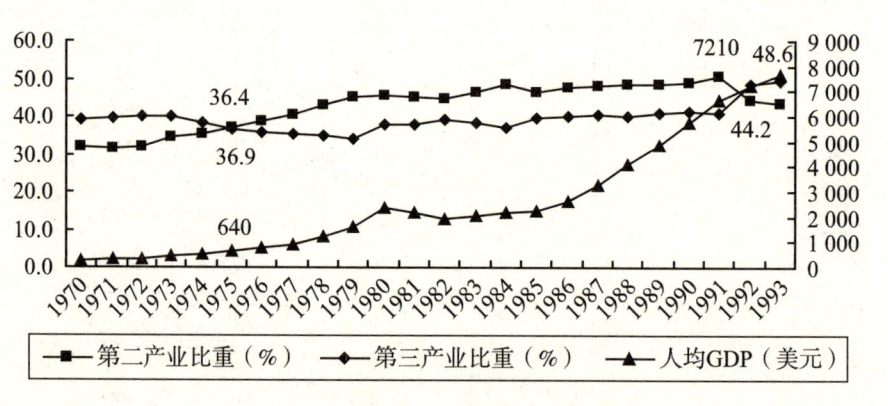

图5-2 韩国二、三产业比重变化情况

3. 新加坡——新兴工业化城市型国家。

表5-3　　　新加坡二、三产业比重和人均GDP变化　　单位：%，美元

年份	第二产业比重	第三产业比重	人均GDP
1970	32.4	65.0	914
1971	34.0	63.5	1 061
1972	36.4	61.4	1 354
1973	35.8	62.0	1 903
1974	36.1	62.0	2 321
1975	36.5	61.5	2 505
1976	37.5	60.6	2 586
1977	37.0	61.1	2 828
1978	36.7	61.6	3 332
1979	39.0	59.4	3 959
1980	41.1	57.5	4 854
1981	40.9	57.8	5 483
1982	39.8	59.0	5 769
1983	41.4	57.7	6 484
1984	43.0	56.1	6 872

第五章 长三角都市圈演进为世界制造业中心的趋势分析

续表

年份	第二产业比重	第三产业比重	人均 GDP
1985	40.0	59.2	6 466
1986	40.1	59.2	6 570
1987	40.2	59.2	7 404
1988	40.7	58.9	8 900
1989	40.0	59.6	10 275
1990	40.1	59.6	12 110
1991	40.6	59.1	13 773
1992	40.6	59.2	15 427
1993	40.1	59.7	17 601

数据来源：1995 年《国际统计年鉴》，新加坡统计局网站即时更新数据。上海科技情报所整理。

作为新兴工业化城市型国家，由于地理位置的特殊性和资源等条件限制，新加坡的传统制造业发展一直不是国家的经济主体，而把服务业作为国家经济支柱。第二产业比重一直处于比较稳定发展的趋势。

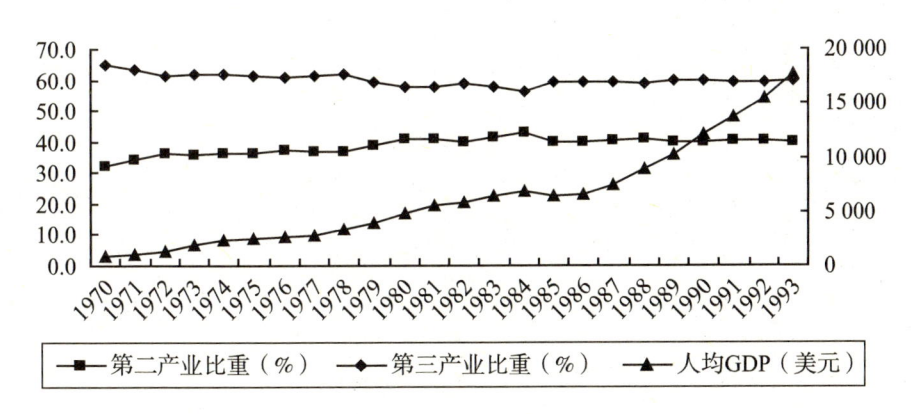

图 5-3 新加坡二、三产业比重变化情况

4. 中国台湾——新兴工业化地区。

中国台湾地区的情况与新加坡较相似，第三产业与第二产业平行发展。

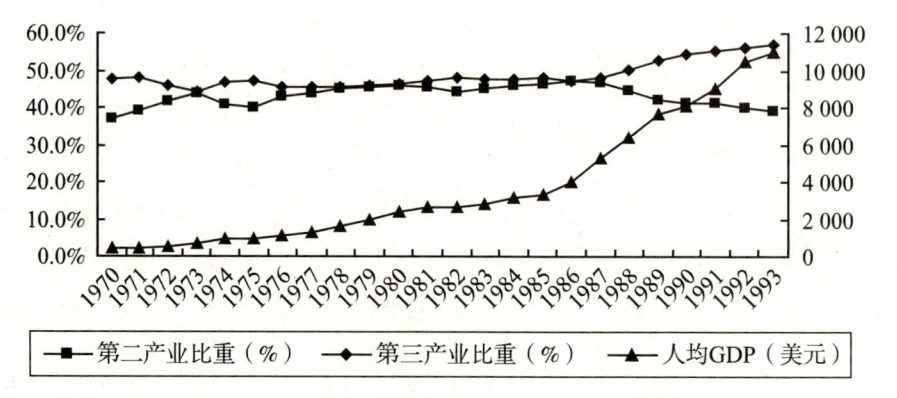

图 5-4 台湾地区二、三产业比重变化情况

表 5-4　　中国台湾地区二、三产业比重和人均 GDP 变化

年份	第二产业比重（%）	第三产业比重（%）	人均 GDP（台币）	人均 GDP（美元）
1970	36.8	47.7	15 544	389
1971	38.9	48.0	17 730	443
1972	41.6	46.1	20 885	522
1973	43.8	44.1	26 596	695
1974	40.7	46.9	34 974	920
1975	39.9	47.4	36 642	964
1976	43.2	45.5	43 033	1 132
1977	44.0	45.4	49 449	1 301
1978	45.2	45.4	58 282	1 577
1979	45.3	46.1	69 115	1 920
1980	45.7	46.6	84 398	2 344
1981	45.5	47.2	98 179	2 669
1982	44.3	47.9	103 803	2 653
1983	45.0	47.7	113 103	2 823
1984	46.2	47.5	125 496	3 167
1985	46.3	47.9	131 430	3 297
1986	47.1	47.3	151 148	3 993
1987	46.7	48.0	168 832	5 298
1988	44.8	50.1	182 511	6 379

第五章 长三角都市圈演进为世界制造业中心的趋势分析

续表

年份	第二产业比重（%）	第三产业比重（%）	人均 GDP（台币）	人均 GDP（美元）
1989	42.3	52.8	201 402	7 626
1990	41.2	54.6	218 092	8 111
1991	41.1	55.1	240 909	8 982
1992	40.1	56.3	264 338	10 506
1993	39.3	57.0	289 337	10 964

数据来源：上海科技情报所整理。

从日本、新加坡与台湾的数据可以看出，他们的共同点是：当人均GDP达到5 000美元~7 000美元这一发展时期，将出现第三产业比重超过第二产业的趋势，此后一直持续稳定发展。长三角地区的经济发展水平已接近日本20世纪80年代水平，见表5-5。长江三角洲地区2000年GDP总产值折算成美元是1 856亿，这一地区的人均GDP虽然还较低，但经济总量已经超过了新加坡和香港的1 600亿美元。长三角地区与上述新兴工业化地区具有相似的制造业发展资源条件，可以推断，制造业保持竞争优势，并在第三产业中占有稳定比重将持续很长时间。

表5-5　　　　　　　　2000年"四小龙"各项重要指标

国家或地区	新加坡	韩国	中国台湾	中国香港
GDP（$billion）	92.3	457.4	310.1	160.0
人均 GDP（$）	22 961	9 628	14 024	23 988

资料来源：EIU国别报告。

需要说明的是二、三产业比重不能作为衡量经济发展水平的标准。由于发达国家经济发展阶段已进入后工业化时代，或知识经济发展阶段，第三产业比重较高。由此许多人认为，第三产业是反映产业结构的指标，把二、三产业比重作为经济目标追求。二、三产业比重是经济发展的结果的反映，而不是目标。以北京和上海为例，虽然北京第三产业比重达到了70%左右，上海第三产业仅占到50%左右，但并不能说明北京的产业结构比上海更优。

从目前的情况看，长三角地区的工业发展大体可分为三个层次。第一种类型包括上海和南京两个地区，重化工业占有较大的比重，工业化中后期的结构特征明显。尤其是上海，以汽车制造业为核心的交通运输设备制造业已经成为第一支柱产业，基本完成了对以钢铁、石化和纺织业为主的传统制造业结构的改造，对本地区以及周边地区形成了更加强劲的带动能力和辐射能力。第二种类型包括无锡、苏州、杭州、宁波与常州五个地区，虽然纺织、化学原料及制品、普通机械等传统行业仍是重要的支柱行业，但资本、技术密集度较高的家用电器、电子及通信设备制造等行业也已经成长为重要的支柱行业，如果除上海和南京制造业结构形成中的国家投资因素，这五个地区的制造业结构已接近上海与南京的制造业结构。第三种类型包括南通、扬州、镇江、泰兴、绍兴、嘉兴和湖州等七个地区，其制造业结构的传统特性表现明显，诸如纺织、服装、化学制品、食品加工、金属制品等传统制造业部门占据主导地位，表明工业化进程已完成初级阶段，正进入中期阶段。

（四）长三角都市圈产业国际市场份额逐步扩大

2004年，长三角地区的对外贸易继续保持强劲增长势头，取得了突出的成绩。15个城市完成外贸出口总额突破2 000亿美元，达到2 045.2亿美元，比上年增长47.5%，增幅高出全国平均水平12.1个百分点。15个城市外贸出口份额进一步提高，占全国的1/3强，达到34.5%，比重较上年提高2.9个百分点。全年出口额超过100亿美元的城市已达到6个，比上年增加2个，其中上海和苏州两市外贸出口总额分别为735.2亿美元和507.74亿美元，增幅均在50%以上，两城市外贸出口总额占全国的比重达到20.9%。

（五）长三角塑造现代制造业中心的条件

随着经济全球化和本地化趋势的融合发展以及知识经济的崛起，长三角塑造成为现代制造业中心的区域优势再一次凸显出来。其主要表现在以下几个方面：

第五章　长三角都市圈演进为世界制造业中心的趋势分析

1. 经济要素的组合优势。长三角是中国经济最为发达的区域之一，对资金、高新技术、高素质劳动力等生产要素具有很强的吸引力，从而成为人口流动、资金融通、技术交易、商品流通和中枢管理等经济活动的高度集聚地。因此，资本充足、技术创新与人才汇聚的有效结合，形成了长三角地区的要素组合优势，并使得该区域成为中国最重要的经济要素增值中心。

2. 经济成长的后劲优势。在中国经济发展中，长三角已经呈现出发展腹地深、增速快、后劲足的经济成长态势。从发展腹地来看，长江流域经济带是长三角都市圈成长的空间依托和支撑。从经济增长来看，江苏、浙江、上海10多年来的经济增长速度均超过了10%，并一直保持了经济增速快于全国平均水平的良好势头。从发展后劲来看，长三角较高的经济增长活力已经使其成为资金流、人才流、商品流、技术流和信息流"五流"交汇之地，成为跨国公司和国内著名企业理想的投资场所，成为推进都市圈崛起和经济增长的巨大动力源。

3. 集群规模的经济优势。在长三角地区，已经初步形成了产业集群、企业集群与市场集群之间相依相伴、相辅相成的内在共生关系。例如，上海以全国以及区域性要素市场群落为中心，集聚着一大批相关的产业群落集群和企业集群。又如，浙江拥有一大批专业市场和特色经济区块。可见，这种产业集群、企业集群和市场集群的共生集合体，为长三角的集聚与辐射功能奠定了重要基础。

4. 制度创新的领先优势。在长三角中，经济体制、金融体制、投融资体制、粮食流通体制、财政税收制度、企业制度、产权制度、住房制度、医疗制度以及社会保障制度等改革一直走在全国首列。这些制度上的创新，不仅为长三角的组织创新和科技创新提供了重要保障，鼓励和促进了社会的资源开发，资本积累和技术创新；而且也为长三角经济共同发展创造了可以比照的制度环境和政策环境，并获取先发优势。

5. 交汇融合的环境优势。一方面，长三角有着比较完善的市政基础设施，城市内外交通体系和多层次的社会保障体系；有着比较规范的信用制度和市场秩序；有着比较良好的国内外人才发展创业的制度环境和创业环境等。区域发展环境的逐步优化，为生产要素的流动和重组、企业的迁入提供了有利条件，极大地增强了吸引力和辐射力。另一方面，长三角已形成了具有开放精神和开拓精神的文化，并具有较强的文化亲和力。同时，作为我国南北文化的交汇地带，具备了南北文化的优秀基因，从而使多类型文化交相辉映，异彩纷呈。

（六）上海为长三角成为世界制造业中心建立的国际通道更加宽广

随着长三角经济一体化进程的加速，其"龙头"城市——上海，正在给长三角的产业集群提供更加宽广的国际化"大通道"。在上海，已经有184家跨国公司地区总部和中国总部进驻，预计到2005年可达250家左右，还有5 000多家商务办事处随时可能"升格"，至于现代物流、销售和国际性商贸公司更是不可胜数。这些外商机构都有一个共同的特点：把上海作为"中心店"或"总部"，而把目光投向广阔的长三角地区乃至长江流域，把那里作为生产基地、出口基地和分支机构，甚至未来的投资重地。这是另一种形式和更大范围内的"前店后厂"。其最大的特点是不仅推进了上海自身的产业结构转移，而且具有巨大的辐射性，向周边地区辐射的资金流、信息流、技术流、人才流和物流难以估量。

上海成为外资的研发中心和总部集聚地，截至2004年底，全球500强企业已有281家进入上海，呈现出投资领域广、投资规模大、技术含量高以及研发中心日趋增多等特征。总部型经济集聚效应继续显现，年内新落户的跨国公司地区总部、投资性公司和外资研发中心分别达到30家、15家和34家，累计分别达到86家、105家和140家。跨国公司在中国设立研发中心是由以下原因推动的：（1）中国的科研人员质量高、成本低，有丰富的人力资源。（2）中国市场增长较快，而且有鲜明的市场特点，需要在中国进行当地开发，以紧随消费者的需求。（3）跨国公司在中国经营的理念发生变化，过去使用国外研发的产品进入中国市场，现在是为中国市场进行研发。

（七）打造世界制造业中心——长三角共同的选择

进入21世纪后，长江三角洲的两省一市都制定了宏伟的经济发展蓝

第五章　长三角都市圈演进为世界制造业中心的趋势分析

图，除在中心城市功能建设方面非上海莫属外，打造世界制造业中心是各方追求的共同目标。制造业是三方竞争的主要领域，为实现目标，既彼此竞争，又在竞争中合作、积极利用对方的优势资源。在实施新战略中，各地以各自现实的工业为基础，对外都强调积极引进外资、促进产业结构的升级，对内江浙两省都提出接轨上海，利用上海这个平台和要素集聚地。上海的强项在于各种高层次经济要素集聚、联系世界的通道集中，这对现代经济发展非常重要，又正是江浙缺少的。上海既依靠自身的强势经济要素，又通过引进外资来提升产业层次，但是提升制造业所需要的企业家、劳动力和产品市场，都离不开江浙这个经济腹地，因为江浙有企业家、丰富的劳动力和庞大的消费市场。

长三角缺少自然矿产资源，与日本、新加坡、中国香港、中国台湾等国家和地区有着相似的区位条件，二三产业均衡发展将持续相当长的时间。2003年中国和长三角制造业占世界比重分别为6.3%和1.3%（见表5-6），在未来近20年内，由于发达国家现代服务业替代等因素，也缺乏发展服务业的较好条件，2020年前，制造业将是长三角各地经济的主体。目前，中国制造业总量名列世界第四，占全球份额的5%左右。到2010年，假定人民币汇率不变，长三角制造业占世界比重，有可能达到2.1%。到2020年，则将达到4%左右。如考虑到人民币升值因素，长三角制造业占世界制造业的比重显然将更高。在这一过程中，个别行业和产品，有可能占世界较高比重，甚至达到一半以上。国际上有人预测，中国在全球制造业中所占的份额，有望在20年时间内，从目前的大约7%扩大至约25%（见表5-7）。按此推论，20年后，沪苏浙制造业占全球比重，有可能达到8%左右，高出前还预测1倍，亦高于目前东京圈制造业占世界比重的1倍多。

表5-6　　　　2003年中国和长三角制造业占世界比重

类　别	总量（亿美元）	占世界比重（%）
世　界	103 785	100.0
中　国	6 582	6.3
长三角	1 333	1.3

资料来源：卓勇良（2004）。

表 5-7　　　　长三角制造业占全球比重的长期预测

年份	制造业增加值（亿美元）			长三角比重（%）	
	世界	中国	长三角	占世界	占全国
2010	127 642	10 920	2 647	2.1	24.2
2020	155 595	19 556	6 266	4.0	32.0

资料来源：同上。

长三角将逐渐演进为中国的投资中心，是长三角经济发展的一个必然结果。随着经济发展水平和本地经济密度的提高，要素价格上升、发展空间缩小、利润率下降等问题将接踵而来，从而促使企业家向外拓展寻找商机、资本向外流动扩张盈利空间、产业向外转移增强竞争力。从表面看，这将使长三角失去一部分资金，有可能影响本地发展。但从长远看，只要主动采取一系列改善投资环境的措施，就有可能促使本地产业结构与经济发展水平、本地经济与全国经济之间，不断在更高的水平上形成均衡态势，从而有利于长三角经济社会的长期稳定协调发展，更好地发挥好中国发展"引擎"的作用。

长江三角洲地区产品生产规模不断扩大与产品结构逐渐优化。随着全球经济结构调整和产业跨区域、跨国界转移，加之市场化进程的推进与对外开放水平的进一步提高，一些大型跨国公司会逐渐把生产基地转移到长江三角洲地区以获得进入中国内地和亚太市场的机会。同时，利用该地区优越的区位条件和人力资源，降低产品生产成本。长江三角洲地区原有的生产能力将会在新的经济条件下进一步发展壮大，其产品生产能力与规模将进一步扩大。另一方面，随着市场竞争日趋剧烈，该地区原有的不适应市场竞争的生产制造企业将逐渐被淘汰，一些新兴生产企业会不断涌现，区域产品结构进一步优化，一些资本密集型、知识密集型产品比重逐渐提高，而劳动密集型、土地密集型、资本密集型产品比重会逐渐下降，长江三角洲地区将逐渐成为我国重要的生产中心和制造业中心。

（八）长三角成为世界制造中心的差距和瓶颈制约

长三角都市圈不论是产业规模，还是产业技术水平都与"世界制造业"的要求还有很大的距离，一些产业在国内非常有竞争力，但是国际竞争力比较弱,不仅技术和质量水平比较低,还缺乏国际品牌。如钢铁业,宝钢在国内的竞争力其他钢铁企业无法匹敌,但是与韩国和日本的钢铁业相比,不论是生产率,还是技术水平都比较弱。1999年日本千叶县钢铁业的从业人员人均产值是771万元人民币,2001年上海的精品钢材制造业的从业人员人均产值是75万元人民币;2001年上海的交通运输设备制造业从业人员人均产值52万元,日本神奈川县1999年的该行业从业人员人均产值692万元人民币。

长三角制造业成为世界制造业中心的制度环境还有待完善。我国多年实行的以扩大内需为重点的政策指向,使得企业在拓展国际市场方面缺乏足够的金融工具支持,如出口信贷、国内银行的国外分支机构等。

(九)推进长三角制造业一体化的措施

作为我国三大经济核心区之一,长江三角洲地区有条件发展成为我国及东北亚的重要经济、金融和贸易区,以及高新技术产业和先进制造业基地,在未来中国打造世界制造业中心的过程中发挥重要的作用,应着重采取以下几方面的措施:

1. 加快高新技术产业带和先进制造业基地建设。从比较优势和竞争优势结合的角度看,在当今全球化的国际分工体系中,中国有条件发展成为全球重要的制造业基地。正如本书第五章所述,这种制造业基地不是由境外企业控制的"世界工厂"或"加工场"角色,让跨国公司控制着核心技术、关键元器件、关键设备、品牌和销售渠道,而是应该成为一个拥有自我创新能力、自主知识产权、独立品牌和销售渠道的全球化的制造业基地。从现有发展基础看,长江三角洲地区有条件发展成为未来中国重要的高新技术产业带和先进制造业基地,以奠定中国作为全球制造业基地的地位。在高新技术产业发展方面,重点是依托目前初步形成的沪苏宁信息产业走廊,加强研究与开发力度,大力发展电子信息、生物工程、新材料、海洋产业等高新技术产业,逐步建成以上海为核心的沪宁杭高新技术产业带。在电子信息产业方面,长江三角洲地区要发挥其综合优势,逐步建成集研发、生产和孵化基地为一体的电子信息产业带。在制造业发展方面,要依托现有制造业基础,强化产业升级,大力发展产业链经济,完善产业配套体系,提升制造业国际竞争能力,努力把长江三角洲地区建设成为我国乃至世界重要的先进制造业基地。

2. 抓好品牌建设掌握和发展核心技术。目前,我国制造业企业大多呈现出一种"菱形"结构,即处于上游的研发环节和处于下游的销售环节薄弱,而处于中间的制造环节基础较好,这种状况远不能适应现代制造业发展的需要。长江三角洲地区虽然制造业基础较好,但各企业的情况也都大体如此。为提高我国制造业的国际竞争力,今后长江三角洲地区在进一步巩固现有制造环节优势的基础上,要突出抓好品牌建设,开发自己的产品和品牌,形成一批在世界上有影响的独立品牌。同时,要加大研究与开发投入,增加科技含量,培育自己的研发体系,掌握和发展核心技术,增强企业的核心能力,使制造业发展逐步建立在依靠科技创新的基础上。尤其是在信息产业领域,一定要将产业链向上游延伸,掌握源发性技术,开发相关高新技术产业,并用信息技术改造传统产业,逐步实现产业的高级化。

3. 加强城市间合作,促进地区制造业一体化。加强城市间分工协作,促进地区制造业一体化,实现市场相通、体制相融、资源共享、交通共连、人才互通、产业互补,这是提升长江三角洲地区整体国际竞争力的有效途径。

第一,要整合各城市的资源优势,强化各城市之间的协作。上海应强化国际大都市的综合功能,重点建设国际经济、金融、贸易和航运中心,加快发展信息、金融、商贸、房地产、现代物流等第三产业,强化高新技术产业和装备制造业;苏南地区重点发展电子信息、生物医药、新材料等高新技术产业和先进制造业,建设沿江微电子产业走廊;浙东北地区要立足纺织服装、机械、石化等产业优势,逐步建成为我国重要的先进制造业基地。

第二,推进上海市一般制造业和成熟技术向长江三角洲地区转移扩散。随着土地和人工成本等的上升,目前上海传统制造业成本在不断攀升。苏州等上海周边城市的劳动力成本一般要比上海低40%左右,而土地成本则更低。因此,上海要奠定其国际经济、金融、贸易和航运中心地位,就必须加快产业升级的步伐,把重点放在高新技术制造业方面,发展具有原创性的软件业、IT核心技术和核心产品、生物医药、海洋开发、

第五章　长三角都市圈演进为世界制造业中心的趋势分析

宇航通讯等具有世界前瞻性行业等。

第三，以上海为"龙头"，构建一体化的长江三角洲地区产业链。长江三角洲15个城市中上海市作为"龙头"，以"高、精、尖"见长，而其他城市在生产制造环节具有得天独厚的优势。因此，在未来长江三角洲地区制造业发展中，上海应采取"控制两头、甩掉中央"的"哑铃型"发展战略，强化公司总部管理、规划、研发、设计、集成、现代物流以及销售等环节，而将组装、加工、零配件生产等制造环节转移到周边地区，逐步形成一个以上海为"龙头"、一体化的现代产业链体系，提升制造业的整体竞争能力。

第四，要建立统一的要素市场和高效畅通的现代物流网络。目前，浙江省一半以上的出口、江苏省超过40%的出口，均从上海"走"向世界各地；而上海的出口产品有1/3是从苏、浙采购。同时，随着区域经济一体化的推进，长江三角洲地区企业并购、信息、人才和技术交流也日趋活跃。因此，在长江三角洲地区建立统一的物资采购、信息、产权、人才和技术市场，建立高效畅通的现代物流网络和综合交通运输体系，对于推进长江三角洲地区制造业一体化将具有十分重要的意义。

由此可见，构筑世界制造业中心提高长三角产业在国际产业链中的地位，在国际产业分工格局中提高竞争力，而且由此产生的强大辐射力，将成为中国东部沿海地区带动中西部地区发展的强大引擎。因此推进长江三角洲地区世界制造业中心的形成，将成为本地区各城市的共同任务。

第六章

长三角都市圈产业发展与城市化进程的相互促进

一、长三角都市圈产业发展与城市化

在一体化加快的进程中,席卷整个长三角的城市化浪潮也随之兴起,乡村地带急剧缩小,城市边界纷纷汇合,城市规划大调整、大改造和大开发全面启动,一、二、三产业结构进一步优化。长三角地区城市功能分化扩展了城市的集聚与辐射范围。随着区域经济一体化加速发展,城市发展分化日益明显,以上海为核心的长三角城市体系正在逐步形成,不同等级规模和职能的城市的集聚与辐射能力及范围正在显著增强,并且城市间人口流动规模也在扩大,城市之间基础设施配套能力也在逐步加强。这都有利于资源的跨地区流动和人口的自由流动。

早在 1957 年就被列为世界第六大城市群的长三角第一次以经济地理,而不是以自然地理成为名副其实的与纽约、东京、伦敦等世界城市群相似的城市连绵带。与产业一体化同步进行的,是城市化进程的推进。长三角地区的城市化水平已经达到 50% 以上,长三角代表了中国城市文明的最高水平,成为劳动力转移的一个最优城市群。源源不断的农村劳动力流入长三角都市圈,对长三角稳步成为东亚和世界的主要制造业中心有着极大的帮助,可保证该地区的劳动力的价格不会上涨过速。

第六章 长三角都市圈产业发展与城市化进程的相互促进

根据国际经验和中国未来发展的大趋势，长三角应该会成为中国更重要的经济承载区和人口承载区。目前长三角常住人口总量占全国 10.39%。在城市化过程中，将导入更多新移民，除了本区域内农村人口转化为城市人口外，还有其他区域移民涌入，未来 10~15 年，长三角地区人口将达 1.5 亿。与世界著名大都市圈相比，长三角区域人口规模明显偏小，大都市圈的集聚效应尚未充分发挥。此外，在并不平衡的地区发展中，有条件的地区承载更多人口对全国实现全面小康和现代化都具有重要战略意义，国家需要长三角充分发挥它吸引农业人口的无形而巨大的影响力。

（一）人口和企业仍在快速地向长三角集中

在竞争开放的市场经济条件下，劳动力和企业（资本）等要素的流动是一种自发的追逐高收入、高利润行为。要素流向哪个地区，说明在哪个地区能够获得较高的收益。在我国当前的条件下，要素的流动基本上反映了市场的供求状况，以及经济发展情况，但是也受到一些有关因素的不利影响，如当地劳动力的短缺情况、就业压力、地区对劳动力流动的限制、改革开放的地区和时间差异给劳动力流动造成的路径依赖等。我们从农村劳动力流向的地区分布、普查人口和常住人口的差额变化、从业人员地区分布，以及企业数量的变化等几个方面比较了长三角、珠三角和京津冀三大地区的现状和趋势。我们发现，三大地区是人口和劳动力流向的主要地区，数量在继续增加。其中珠江三角洲地区最多，长三角地区相对较少，京津冀地区最少。在企业数量变化方面，从 1996 年到 2001 年的 6 年期间，长三角地区企业增加的绝对数最多，明显超过另外两个地区，加上原有的企业数，反映出该地区的产业基础深厚、规模大，而且增加的趋势非常强劲；从单个省市企业数的存量看，广东最多，但是增加的趋势最弱；京津冀产业基础比较差，但是增加的势头也很快。从农村劳动力跨省流动的趋势看，广东的珠江三角洲是首选之地，其次是江浙沪，京津冀最少。2000 年，中国内地跨省流动的农村劳动力有 2 825 万人，其中流向广东省的占 51.6%、江浙沪占 17.1%、北京占 5.1%，其他省市更少。根据农业部 2002 年的调查，西部 12 个省区有 1 172.5 万跨省流动的农村劳动力，其中流向广东和福建的约占 46%、江浙沪约占 8%、京津冀约占 6%。

根据表 6-1 计算的三个时期的普查人口与户籍人口的差额。从 1982 年到 2000 年的近 20 年中，三大地区常住人口（普查人口）都呈现继续增加的趋势，其中珠三角地区增加的最多，达到 1 143 万人，其次是长三角地区，增加了 639 万人，京津冀地区最少，增加了 193 万人。但是，从近 20 年的变化过程看，在 20 世纪 80 年代只有珠三角地区的常住人口有增加，这与我国的改革开放的先行地区有关，京津冀地区略有增加，长三角地区为负数；20 世纪 90 年代是常住人口大幅度增加的时期，与我国实行社会主义市场经济、加大改革开放力度有关。这个时期是长三角地区和珠三角地区经济的快速增长、外商投资大幅度增加的时期，而京津冀地区明显落后于前两个地区。

表 6-1　　　　　　　　三大地区人口变化趋势　　　　　　　单位：万人

地区	年份 项目	1982 普查人口	1982 户籍人口	1990 普查人口	1990 户籍人口	2000 普查人口	2000 户籍人口
江浙沪地区	上海	1 186	1 181	1 334	1 283	1 674	1 322
江浙沪地区	江苏	6 052	NA	6 706	6 767	7 438	7 327
江浙沪地区	浙江	3 888	3 924	4 145	4 235	4 677	4 501
广东地区	广东	5 930	5 415	6 283	6 246	8 642	7 499
京津冀地区	北京	923	935	1 082	1 086	1 382	1 278
京津冀地区	天津	776	775	879	866	1 001	912
京津冀地区	河北	5 301	NA	6 108	NA	6 744	NA

注：普查人口数据来源于：1982 年第三次人口普查公报、1990 年第四次人口普查公报、2000 年第五次人口普查公报。户籍人口数据来源于各省市统计年鉴。

根据表 6-2，三大地区从业人员的分布与人口分布一致，珠三角地区最多，在 20 世纪 80 年代增加了 596.7 万人、90 年代增加了 871.2 万人，其次是长三角地区，80 年代增加了 557.2 万人、90 年代增加了 148 万人，少于珠三角地区；京津冀地区最少，80 年代增加了 141.5 万人、1990 年代只增加了 9 万人。

从三大地区企业数存量看，江浙沪地区的企业数最多，流量也最大，2001 年比 1996 年净增加了 22 万多家企业（表 6-3），这也反映出这个地区的产业基础最好，增加的趋势非常强劲；京津冀地区的增加率最高，尤其是北京市，企业数增加率是 182.5%，增加的势头很快，但是这个地区的产业基础差、规模小。广东企业的增加数和增加率是最少的,但是从单个省市的企业数量比较中,广东产业基础最好、规模最大,1996年和2001年分别有企业数27万个和31万个。

表6-2　　　　　　　　三大地区从业人员变化趋势　　　　　　单位:万人

地 区		1982 (1)	1990 (2)	2000 (3)	(2)-(1)	(3)-(2)
长三角	上海	764.0	787.7	828.4	23.7	40.7
	江苏	NA	3 569.1	3 504.9	NA	-64.2
	浙江	2 021.7	2 554.5	2 726.1	532.8	171.6
	三地之和	2 785.7	3 342.2*	7 059.4	557.2	148.3
珠三角	广东	2 521.4	3 118.1	3 989.3	596.7	871.2
京津冀	北京	535.2	627.1	619.3	91.9	-7.8
	天津	420.5	470.1	486.9	49.6	16.8
	两市之和	955.7	1 097.2	1 106.2	141.5	9

说明:*数据不含江苏。
资料来源:各省市统计年鉴(2002)。

表6-3　　　　　　　　企业法人单位数变化趋势　　　　　　单位:万个

地区	1996	2001	增加数	增加率%
上海	17.61	23.52	5.91	33.6
江苏	19.82	29.61	9.79	49.39
浙江	19.83	26.14	6.31	31.8
江浙沪	57.26	79.27	22.01	38.4
广东	27.32	31.28	3.96	14.5
北京	7.87	22.23	14.36	182.5
天津	5.10	7.66	2.56	50.2
河北	9.80	10.97	1.17	11.9
京津冀	22.77	40.86	18.09	79.4

资料来源:全国第一次基本单位普查公报(1996)、各省市第二次基本单位普查公报(2002)。

(二)长三角都市圈工业化水平远高于全国平均水平

为表述长三角都市圈相对于全国的工业化水平,引用区位商的概念加以描述。"区位商"是以各地区人口中制造业就业人数所占百分比与同年全国相应百分比的比率来表示。例如2001年，全国有6.33%的人从事制造业工作，而在上海的百分率为20.33（以1 327.14万人口统计），即全国平均数的321%；江苏的制造业就业百分率为10.15，即是全国平均数的160%；浙江的百分率为16.07，是全国平均数的254%。上海321%这个区位商告诉我们，上海市比全国当年制造业就业人数高2倍以上，江苏和浙江则分别高0.6倍和1.54倍，浙江的工业化率要高于江苏，同时表明江浙沪的工业化程度远高于全国平均水平。

表6-4 2003年长江三角洲16城市制造业就业人数相对于人口的区位商

	就业数（万人）	占人口比重（%）	区位商
上海	276.02	20.57	320
江苏			
苏州	178.87	30.26	427
无锡	128.35	29.00	410
常州	82.99	23.97	339
南京	72.89	12.74	180
镇江	48.71	18.23	258
南通	92.46	11.89	168
扬州	60.56	13.37	189
泰州	47.62	9.46	134
浙江			
杭州	137.02	21.32	301
宁波	160.57	29.24	413
嘉兴	90.60	27.21	384
湖州	50.23	19.56	276
绍兴	76.92	17.73	250
舟山	15.05	15.50	219
台州	105.09	19.02	269
全国：			
工业	9 155	7.08	100
制造业	8 307	6.43	—

注：①区位商：指各地区每100居民中的制造业就业人数与同一时期中国每100居民中制造业就业人数的百分比比率。②江苏、浙江省采用工业劳动力，按2003年估算，采掘业和公用事业的劳动力约为工业劳动力的10%左右，制造业则占劳动力的90%左右。

资料来源：殷醒民（2004）。

第六章 长三角都市圈产业发展与城市化进程的相互促进

表6-4是长江三角洲16个城市制造业就业人数相对于人口的区位商，准确地反映了长江三角洲都市圈的制造业在经济结构中的相对重要性。

就江苏的城市来说，苏州、无锡、常州、镇江、南京的区位商是随着与上海的距离逐渐下降，其数值分别为427、410、339、258和180，表明沪宁线上的城市受上海工业发展的影响更大，越靠近上海，城市的工业化率越高。

浙江的长三角都市圈内除宁波外，城市区位商也呈现与上海距离的一定程度的相关性，嘉兴、杭州、湖州、绍兴的区位商分别为384、301、276和250，与沪宁线相似，区位商大小依与上海距离而递减。

（三）制造业持续增长伴随着人口向大城市的集聚

与江浙沪在中国和世界制造业地位的稳步攀升相一致，三省市工业就业人口总量从1992年的2 522.38万人增加到2003年的2 886.73万人。其中江苏省制造业就业人数从1992年的1 270.8万人增加到2003年的1 368.31万人；浙江省制造业就业人数从770.81万人增加到1 201.3万人，上海则从470.77万人下降到317.12万人。从以上三组数据可以反映出制造业在三地的发展态势，可以看出浙江是就业人数增长幅度最大的省份，上海制造业就业人数下降，但上海制造业工业产值却表现了连续15年的两位数增长，说明了上海制造业劳动生产率的提高，背后隐藏着产业结构升级的内在规律，同时也说明制造业从上海向江浙两省转移。

进一步从沪杭甬城市带中可以看出，人口集中主要发生在大城市。杭州市区的工业总产值从1991年353.18亿元增加到2003年的3 202.52亿元，是1991年的近10倍；杭州市区人口从1991年578.73万人增加到2003年的642.78万人，净增64.05万人。宁波市区工业总产值从269.60亿元增加到2003年的2 630.29亿元，也是1991年的近10倍，人口从514.16万人增加到549.07万人，净增34.91万人。统计数据以常住人口为准，如果包括流动人口，这一数据将更大。而县级行政区的人口规模增长幅度没有随着工业增长而增长，如富阳2003年工业总产值是1991年的14倍，而人口仅增长3.17万人。这一点进一步证实了城市发展规律，大城市为主导的城市发展模式应是中国未来城市化发展道路的主要方向。

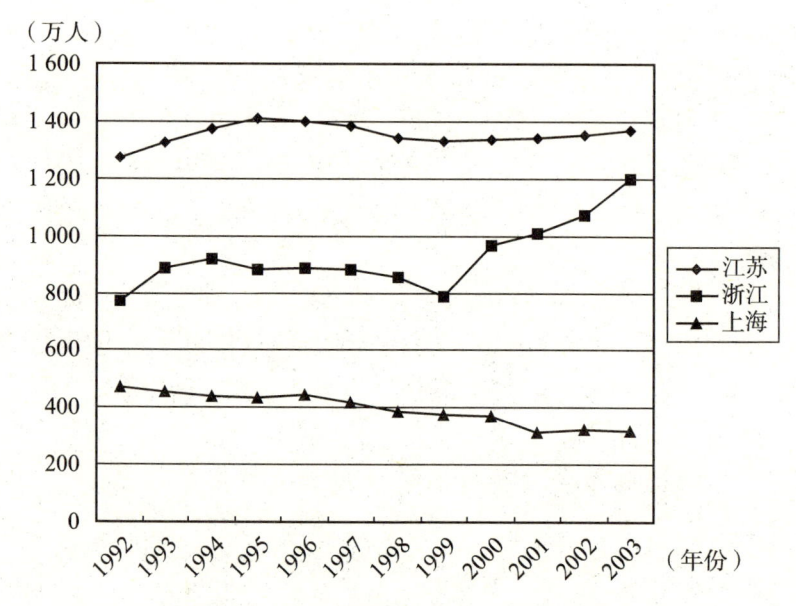

图 6-1　江浙沪制造业就业人口变化趋势

表 6-5　沪杭甬若干城市人口与工业产值增长趋势

市县	人口（万人） 1991	人口（万人） 2003	工业总产值（亿元） 1991	工业总产值（亿元） 2003	人均GDP（元） 2003
杭州市	578.73	642.78	353.18	3 202.52	32 819
杭州市区	134.97	393.19	181.45	2 694.50	41 471
萧山	116.36	—	70.58	—	—
余杭	87.05	—	41.63	—	—
富阳	59.23	62.40	15.76	234.84	24 361
临安	49.72	51.49	13.46	115.93	21 843
桐庐	38.24	39.37	11.67	20.94	20 015
建德	48.70	51.20	14.27	66.07	17 726
淳安	44.46	45.14	4.36	20.24	105.93
宁波市	514.16	549.07	269.60	2 630.29	32 639
宁波市区	109.45	206.91	116.31	1 594.42	49 963
鄞县	70.11	—	43.21	—	—
余姚	80.94	82.43	32.28	267.22	25 884
慈溪	96.85	100.71	37.03	334.87	24 400
奉化	48.02	48.15	13.38	178.69	19 701
象山	52.17	52.63	14.08	129.36	20 389

第六章 长三角都市圈产业发展与城市化进程的相互促进

续表

市县	人口（万人）		工业总产值（亿元）		人均 GDP（元）
	1991	2003	1991	2003	2003
宁海	56.62	58.24	13.31	125.74	17 195
嘉兴市	318.29	332.96	149.61	1 113.53	25 792
嘉兴市区	74.15	79.82	41.10	234.65	25 337
海宁	62.47	64.12	30.57	224.71	29 393
平湖	46.86	48.36	16.41	211.08	25 600
海盐	35.18	36.45	14.74	126.52	30 374
桐乡	62.77	66.13	32.07	217.41	26 737
嘉善	36.86	38.08	14.72	99.15	26 970
湖州市	246.76	256.78	95.61	588.62	19 102
湖州市区	102.80	107.72	55.91	302.73	21 786
德清	40.08	42.34	17.75	118.93	20 306
长兴	60.13	62.01	12.83	98.42	17 421
安吉	43.75	44.71	9.12	68.55	15 691
浙江省	4 261.37	4 551.58	1 345.53	12 864.23	20 147

资料来源：《1992年浙江统计年鉴》和《2004年浙江统计年鉴》。转引自殷醒民（2004）。

（四）各地与上海的制造业差距将日益缩小

如果假定2003～2010年，各市制造业年增长率是上海的1.375倍，则至2010年，苏州制造业占上海的比例，将由2003年的55.4%上升到67.1%，杭州由33.1%上升到42.7%，宁波由31.1%上升到37.7%，其他各市与上海的差距均相应缩小。从1990～2003年，上海制造业增长速度与苏州、杭州和宁波的比较看，这一预测是很保守的，按现在苏州等市追赶上海的势头估计，苏州制造业增加值完全有可能在2010年接近上海，无锡、杭州和宁波的制造业增加值，则有可能超过上海一半以上。

长三角都市圈其他城市与上海制造业增加值差距的缩小，将形成一种全新的、积极的区域经济关系。一是极大地提升周边城市综合竞争力，以及提高城市建设和社会发展水平。二是由于外部经济性效应，各市现代服务业将有较快发展。三是城市间由原先不可替代的等级序列关系，转变为相互间可替代的横向竞争关系；四是周边市的辐射和集聚功能大大增强，逐渐取代上海的某些功能，形成长三角的多中心发展格局；五是各城市将在有序竞争中形成优化互补的强大合力，整体提升长三角竞争力。

（五）长三角地区将率先实现城乡一体化

城市将成为上海周边区域，具有主导地位的空间形态。根据对巴黎、纽约和东京都市圈的有关数据的测算（高汝喜，2004），以及有关学者的描述，发现在这些都市圈中，工农业和商业经济活动高度集聚、集约于某些地点，极其发达，又有大片的森林和草地，以及大量未开发的、处于自然状态的土地、草地等资源。如在东京圈中，城市面积占总面积的38.9%，农村面积占61.1%，城市人口占总人口的80%。日本三个都市圈总的工业用地占三个都市圈总面积的1.1%，是各项用地中最少的。巴黎都市圈中，有50%的土地用于农业，是全国重要的农业生产5个集聚地之一。

长三角是沪苏浙两省一市的有机组成部分，由于优越的自然、经济地理和已有发展水平的作用，以及处于大国经济环境之中，其人口集聚水平将是很高的。以慈溪、义乌等地的人口集聚看，长三角平原地区人口，在10~15年内，达到每平方公里1 500人左右、GDP超过6 000万元人民币，完全是有可能的。这样，长三角的城市景观占现有空间的比重将大幅增加，而在一些地区，特别是宁绍平原、苏锡常一带，将形成以城市为主体的空间形态。这就进一步意味着，周边区域在空间形态上，亦将日益缩小与上海核心城市的差距。**在长三角都市圈将最有可能率先在我国形成城乡一体化的经济和社会发展格局。**当前实现这一目标需要从土地制度、人口管理等方面实现突破。

根据国际经验和中国未来发展的大趋势，长三角应该会成为中国更重要的经济承载区和人口承载区。与世界著名大都市圈相比，长三角区域人口规模明显偏小，大都市圈的集聚效应尚未充分发挥。此外，在并不平衡的地区发展中，有条件的地区承载更多人口对全国实现全面小康和现代化都具有重要战略意义，所以应充分发挥长三角吸引农业人口的无形而巨大的影响力。

（六）形成网络化城市发展格局

上海由于其国际大都市地位，当前和未来都是长三角地区的耀眼明星；周边的苏州、无锡、杭州、宁波等10余座大中城市，发展速度快于上海，总体规模和发展水平逐渐接近上海，这就和上海一起，形成整体快速发展格局。按粗略预测，大致在2010年前，无锡、常州，以及杭州、宁波、绍兴等市，人均GDP将接近或达到上海水平，其中，苏州已于2003年达到。意味着周边地区也具有与上海相近的发展水平、发展起点和竞争实力，意味着自上海开埠以来与周边区域形成的发展差距，转变为区域并重发展格局，意味着传统的极化和辐射关系变为竞争和合作关系。如表6-6所示，上海与东京和纽约相比，作为核心城市在工业增加值、第三产业增加值等经济指标的比重都明显低于东京和纽约在都市圈中的比重。

表6-6　　　　上海与周边区域的有关数据*

	上海市	周边14市小计	合计	上海市所占比重（%）
面积（平方公里）	6 219	93 895	100 114	6.2
人口（万人）	1 342	6 266	7 608	17.6
GDP（亿元）	6 251	16 553	22 803	27.4
工业增加值（亿元）	2 866	8 154	11 020	26.0
第三产业增加值（亿元）	3 027	6 235	9 262	32.7
人均GDP（元）	46 718	26 415		
地方财政收入（亿元）	899	1 265	2 164	41.6
出口（亿美元）	485	902	1 387	35.0

表6-7　　　　日本与周边区域的有关数据

	东京都	周边3县小计	合计	东京都比重（%）
面积（平方公里）	2 102	11 178	13 280	15.8
人口（万人）	12 219	21 620	3 384	36.1
GDP（10亿日元）	85 230	70 014	155 243	54.9
第二产业（10亿日元）	15 496	21 183	36 679	42.2
第三产业（10亿日元）	78 111	50 436	128 547	60.8

表6-8 美国与周边区域的有关数据

	纽约市	周边2州小计	合计	纽约市比重（%）
面积（平方公里）	2 972	33 568	36 540	8.1
人口（万人）	855	1 182	2 037	42.0
GSP（亿美元）	6 517	4 286	10 803	60.3

＊注：长三角数据系2003年数据；美国人口系1996年数据，GSP（即地区总产出）系1997年数据，纽约GSP数据纽约州数据；日本人口系2002年数据，GDP系2000年数据。

美国数据来源：美国商务部经济分析局。

日本数据来源：日本总务省统计局《日本统计年鉴2004》。

资料来源：卓勇良（2004）。

二、长三角产业开发区与新城型城市化

产业开发区不仅为产业发展提供了大量的生产用地，而且也带动了农村工业化的实现、就业增长和城市化的发展。

（一）开发区的历史演进过程

开发区的出现最早出现在20世纪50年代初，美国一批有远见卓识的科学家萌发了将高科技成果迅速产业化的构想，目的是想以现代自然科学理论和最新技术手段来建立一批知识密集和技术密集型的企业，以实现巨大的经济效益和社会效益，使科技成果产业化转化为生产力。20世纪70年代末，H.J.埃韦斯和R.威特曼等人提出了高技术区域发展战略的新思想。他们认为，经济危机、经济脆弱的根本原因不再是企业生产成本太高，而是这些企业新技术开发能力和潜力的不足，应通过重视应用技术研究、加快科技成果商品化、以提高企业职工技术水平、加强新技术开发活动来促进区域内企业从事新产品的生产和新生产工艺的开发、扩大原有销售市场、开发新市场。区域政策的重点应放在扶持现有的和潜在的高新技术企业上，通过支持新技术开发来创造新的高质量的就业机会，改善区域产业结构。这一理论极大地促进了西方各国高新区的发展速度。

第六章 长三角都市圈产业发展与城市化进程的相互促进

20世纪70年代,高科技的构想已在世界许多国家取得重大进展,它的发展不仅在某些特定的领域,而是波及广泛的社会经济领域,成为推动一个国家和社会的强大动力,于是发展高科技产业形成潮流,各种科技城、科技工业园、科技园如雨后春笋,成为科技产业的象征和经济起飞的助推器。回顾世界高科技园区的发展过程,其大体上可以分为三个阶段,即:1951～1980年的起步阶段,1981～1990年快速发展阶段。1991～现在的扩散阶段。在高科技园区产生的早期,它主要分布在欧美发达国家。根据有关文献介绍,到1980年全球大约只有50个高科技园区,分布在13个国家和地区。其中,美国有24个,加拿大6个,法国5个,比利时4个,英国2个,瑞典2个。20世纪80年代以后,高科技园区在全球迅速发展,1981～1990年10年间其总数达到了641个,新增加591个,高科技园区的分布扩大到了34个国家和地区,虽然到1990年底,美、英、法、德、意、日本、加拿大7个国家共有515个,占园区总数的80%。

我国高技术开发区的设立是在面临世界新技术革命挑战,各国不断加强高新技术产业发展,国内不断深化改革、对外开放的背景下倡导发展起来的。1984年6月,原国家科委向中央、国务院提出了关于迎接新技术革命的对策报告,其中明确提出了要研究、制定新技术园区和企业孵化器的优惠政策,要大胆实践,跟上新技术革命的步伐。1985年3月,在《中共中央关于科学技术体制改革的决定》中指出:"为加快新兴产业发展,要在全国选择若干智力密集区,采取特殊政策,逐步形成具有不同特色的新兴产业开发区。"同年4月,国家科委向国务院与中央财经领导小组提出了《关于支持发展新兴技术产业的请示》报告,提出了在北京中关村、上海市、武汉市东湖区、广州石牌区等地试办高新区的设想。1985年7月,中国科学院与深圳人民政府联合创办我国第一个高新区——深圳科技工业园,拉开了中国创办高新区的序幕。经国务院批准的国家高新区已经达到53个,我国高新区开始以技术创新为核心的发展阶段,有力地促进了科技成果转化为生产力,初步确立了我国高新区技术产业发展中的重要战略地位,为区域性生产业结构调整和经济增长做出了贡献,成为地方经济增长快、投资回报率高、创新能力强、具有极大发展前景的经济增长点。

高技术开发区的发展经验和模式极大地鼓舞了各地政府经济发展的积

极性，开发区发展由高技术向一般工业扩展，开发区成为工业新增项目集中的区域。全国各地出现了开发区建设的热潮，1990年代后期省、市、县、镇级开发区如雨后春笋般发展起来。由于政府管理水平、工业发展基础等诸多方面的差异，开发区发展良莠不齐，造成了很多负面影响，如土地资源的浪费、环境污染分散无法集中治理等矛盾。

（二）上海产业布局的变迁与产业开发区和产业基地的形成

表6-9　　　上海10个郊区（县）主要工业经济数据统计表　　单位：亿元

	产品销售收入		利润总额		全部从业人员平均人数		工业总产值		出口交货值	
	总量	同比（%）	总量	同比（%）	总量	同比（%）	总量	同比（%）	总量	同比（%）
全市总计	13 863.25	24.6	1 003.5	23.6	2 389 331	6.3	12 885.01	20.4	3 812.9	42.6
浦东新区	3 944.9	29.1	258.76	44.8	426 157	4.3	3 325.94	21.2	1 035.57	41
闵行区	1 621.43	32.8	110.55	15.1	314 891	9	1 599.01	31.6	394.55	79.5
松江区	1 420.4	41.5	48.46	48.8	226 541	16.4	1 426.96	41.2	972.72	45
宝山区	1 304.82	29	194.35	44.8	149 431	0.1	1 279.83	12.8	188.57	54.4
嘉定区	1 268.83	0.8	93.91	-28.2	266 237	14.4	1 269.06	11.5	256.59	39.4
金山区	616.28	22.5	57.61	130.5	110 762	-3.7	625.03	11.8	87.92	2.1
青浦区	531.51	30.7	32.17	33	167 515	11.6	524.5	25.7	168.69	27.3
奉贤区	400.25	18.3	12.58	-18.6	134 803	16.3	411.05	16.2	85.39	6.9
南汇区	381.23	22	25.58	7.6	131 280	11	379.75	17.6	85.99	26.1
崇明县	87.79	9.4	4.07	-0.4	45 749	-0.9	87.4	11.7	21.39	23.6
小计	11 577.44		838.04		1 973 366		10 928.53		3 297.38	
全市占比	83.51%		83.51%		82.59%		84.82%		86.48%	

注：按所在地规模以上企业统计，统计局2005年快报数。

随着上海产业布局的大规模调整，上海10个郊区县（按所在地规模统计）的销售收入、利润总额、从业人员、工业总产值、出口交货值已分别占上海市83.51%、83.51%、82.59%、84.82%和86.48%（表6-9）。工业总产值超过1 000亿元的区县有5个：浦东新区、闵行区、松江区、宝山区和嘉定区。市级以上开发区成为推动社会经济发展的主要增长极。2004年市级以上工业园区完成工业总产值5 760.16亿元，占全市工业总产值的44.7%，开发区已成为上海发展先进制造业的主要空间载体。

（三）开发区伴生着新的城市空间的扩展

我国产业开发区的形成和发展与城市工业郊区化的同步发展过程，也是我国农村实现工业化的重要发展过程。工业的郊区化是指城市地域内中心区的工业逐渐减少而郊区的工业不断增加的过程。造成工业郊区化的原因主要有以下几种：一是市中心成本的增加。随着城市工业的发展和城市人口的不断增加，城市内的污染问题日益严重，交通拥挤，地价上涨。因此工业企业往往选择地价低的郊区，把高地价的市中心让位给收益较高的商业和服务业。二是郊区交通条件的改善。三是规模经济的追求。对于一些传统的制造业，由于生产规模较大，需要选择地价低的大面积生产厂房。四是工业生产方式的变化。即时生产方式的出现（just-in-time），要求企业与具有生产前后关联企业尽可能地在地理上靠近。五是高新技术产业的兴起和工业园区的建设，这些新兴产业往往在郊区寻求新的发展空间。

曾经是英国乃至世界制造业中心的伦敦，随着向后工业社会的转变，第二次世界大战后制造业逐步向外转移，曾经遍布码头、仓库和工厂的泰晤士河两岸，目前已基本没有工厂，产业上则与伯明翰、利物浦、曼彻斯特连成一片。伦敦产业扩散有两个重要步骤：一是20世纪40年代开始，在半径为40~48公里的范围内规划了8个新城镇，二是20世纪70年代又在半径70~129公里的范围内规划建设了3个规模较大的新城镇，作为吸引人口和工业的地区。

我国城市工业的郊区化大多是进入20世纪80年代中期以后，许多大城市进行旧城改造，使部分城市积极地、较早地进入了扩散阶段，向中心城市的集聚和从中心城市向郊区的扩散同时存在。伴随工业郊区化过程，城市中心地区人口密度出现不同程度的下降，而向郊区的人口与产业的分散强度逐渐增强。人口与产业的郊区化现象是当今中国城市化进程中的最新特征，标志着中国城市内部空间结构开始由单中心向多中心、分散化模式转变，产业区的发展已逐步由单一的生产功能转向了与周边城镇协调发展，生态型产业区建设，新的产业区的形成推动着农村地区工业化和城市化的迅速发展。

除了大规模开发的上海浦东和苏州工业园区等极少数开发区是作为具

备综合性职能的城市空间规划外，绝大多数开发区始终是作为招商引资的空间来设置和建设的，注重工业项目的引进，为此集中投入资金用于建设道路、港口、电力、自来水、通信等必要的基础设施。但最近很多开发区出现了新的趋势，表现为区内现代化住宅小区、花园别墅拔地而起，开设大型超市、各种大规模专业性市场，成为市区内大学的新校区等，开始向新城区发展。笔者在对江阴、苏州和昆山的实地调查中发现，这里的开发区已远远超出了单一产业发展模式，已经成为政府推动城市化区域扩展的重要手段，开发区已成为城市发展规划的主体实施者。苏南开发区的发展理念已经由单纯的生产区域转向了工业项目、房地产开发、城市公用设施、良好的人居环境的城市综合发展阶段。工业化推动城市化，城市发展环境又成为开发区招商引资的外部促进条件。在苏州工业区，我们看到在优美的开发区里，一座座高品位的住宅楼和别墅区拔地而起，与周边环境相容。据介绍，开发区的绿化环境带动了房地产市场的发展，这里环境好，房价也高，甚至超过了市区。截至 2001 年底中新合作开发区累计开发面积 13.46 平方公里，基本完成首期开发，已进入二、三期开发阶段，园区坚持"先规划、后建设，先地下，后地上"的原则，总规划面积 72 平方公里，开发向西即上海方向扩展，一直到与昆山交界。昆山开发区的规划区域至上海边界，并连为一体，将发展规划纳入上海都市圈发展之中，摆脱了行政区划对当地经济的束缚，以上海为核心的城乡一体化和城市带正在逐步扩展形成。

（四）鼓励和推进跨区域的工业园区合作发展

现代工业园区经济已成为长三角地区承接国际产业转移的重要载体，是各地政府大力加以推进的重点。因此，围绕工业园区的开发建设，长三角地区各城市可以进行一些尝试性的合作。一是尝试建立"飞地式"的现代工业园区。这种合作主要基于土地资源方面的考虑，比如上海地区土地资源稀缺，而周边地区土地资源则相对富裕，开发成本较低，故而前者就可以尝试同后者合作，在后者建立跨区域的现代工业园区。二是尝试推进开发区的跨区域整合与兼并。一些成熟的、享有一定知名度的开发区，可以发挥自己在招商、管理和品牌上的优势，进行跨区域的开发区整合、

第六章　长三角都市圈产业发展与城市化进程的相互促进

兼并。此外，还可以就开发区的规划、开发建设标准和管理规范等方面，进行合作，推动各地开发区的规范、有序、健康发展。

三、从自发型乡村工业化到规划控制型新城的演变

工业化发展必然带动城市化发展，城市化发展反过来提升和促进工业化的水平，这一点被苏州新区、杭州萧山、浦东新区等越来越多的新的城市化地区所证明。一个科学的城市发展规划必定是合理的城市功能定位、科学的城市产业选择和优秀的城市形态设计的和谐统一。从发展规划的角度来看，可以进一步把城市功能定位、城市产业选择和城市形态设计作为中国现代城市发展规划制定的三大基本要素。把握三大基本要素的基本含义及其相互关系，可以使城市规划的研究和制定起到事半功倍的效果。

（一）城市发展规划的三要素：功能定位、产业选择和形态设计

1. 功能定位。一个城市的功能一般是指这座城市在一个更大的区域范围内所建立的基本的和持久不断的外部联系。例如北京，作为中国的首都，发挥着中国政治中心的功能，这种政治功能实质上是全国各地与首都之间的政治联系；上海所要发挥的国际经济、金融、贸易和航运中心的功能，不光对全国，而且具有国际性和全球性，本质上这是一种城市的国际经济关系。一个城市的功能转变和提升，实际上意味着这个城市要与周边区域、全国甚至全球建立新的经济与社会联系。一个城市的功能定位往往是对城市与其他区域所要建立的经济关系的一种前瞻性的把握，对将要发生的经济和社会作用的一种科学预见。

对一个城市发展规划的制定而言，功能定位往往将起到决定性的作用。城市功能定位是城市经济与社会发展方向的指示器和风向标。城市功能定位的判断失误或滞后往往会给城市发展带来致命的伤害，不是导致城市的盲目发展，就是使城市的发展满足不了区域经济和全国经济对其的需

要和要求，必然使其在发展的过程中出现徘徊不前或付出更大的再改造代价。城市的功能定位是发展规划制定过程中的首要环节，城市功能定位必须与国家的经济和社会发展阶段的性质相吻合。

2. 产业选择。城市功能定位明确以后，城市产业的选择具有决定性的意义。产业是城市功能的经济支柱，相关的产业发展将为城市功能的实现提供多方面的支撑，例如城市发展的巨大投入、人才集聚、资本集聚、信息集聚等，都需要有雄厚的产业基础。产业选择因此也就构成现代城市发展规划的核心内容之一。产业选择上的正确与否，对城市发展规划的实现具有决定性的意义。错误的产业选择会导致城市发展南辕北辙的结果。就20世纪90年代上海城市大发展来说，第三产业超常规高速发展起到了关键的推动作用。

城市产业选择首先要与城市功能定位相匹配。城市功能的巨大转变必然导致城市产业结构的战略性调整。城市产业选择要符合现代产业发展的规律。城市产业选择在符合城市功能定位要求的前提下，还必须符合现代产业发展的内在规律。从轻纺工业到重化工业，从二产主导到三产主导，这是城市产业发展的一般规律。

城市产业选择要充分考虑产业发展的路径依赖。产业发展的路径依赖问题，常常为人们所忽视，包括有些学者和专家，他们对上海的钢铁产业、造船产业和化学工业的不断发展提出质疑。确实从产业能耗、环境污染和土地占用的角度来看，这些完全应该转移到上海的周边地区。但是产业发展有一个历史的继承性问题，这些重化工产业已经积累了几千亿元的投资，如果这些产业转移的话，那么数以千亿计的沉没成本就会在瞬间消失，显然中国和上海还没有富裕到这种程度，还没有这种经济能量来承担重化工业转移的巨额成本。这就是一个发展的路径依赖问题，过去几十年发展积累起来的产业，必然对今后产业的发展和调整起到决定性影响。

3. 城市形态设计的理念和基础。城市功能定位的实现和城市产业的发展都需要相适应的城市形态作为基础和条件。城市形态是服务于和服从于城市功能发挥和城市产业发展的需要的。现代城市功能的提升和产业结构的升级对城市形态的设计提出了越来越高的要求。有些地区的形态开发虽然也有明确的城市功能定位，但是这种城市功能定位的主观随意性很强，没有充分考虑当地的历史条件和文化基础，在这种城市功能定位指导

第六章 长三角都市圈产业发展与城市化进程的相互促进

下的形态设计往往会导致这一地区发展的停滞不前。

现代城市形态演变的一条重要规律是城市功能的模块化分布和成长规律。城市功能的发挥和城市产业的发展总是有一个过程的，绝对不可能在城市所有地段和区域同时进行开发和建设，由此就引出了一个城市功能的模块化分布和生长的问题。例如中央商务区（或称CBD），往往是一个大城市的核心区域，它首先是一个形态概念，对一个城市功能的发挥至关重要，确定中央商务区的地域范围并率先进行设计和建设，往往是一个城市功能大规模转变的标志和起点。在城市发展的历史过程中，由于地理位置、自然景观、交通道路和历史文化等方面的种种影响，某些区域和地段往往会超越其他一般居住和生活区域，使许多功能性建筑和功能性产业的大量集聚、成为城市功能集中分布区。这种地段可成为城市的功能性模块，随着城市经济与社会的发展，城市的功能性模块会不断增加。一个城市的总体功能主要是依靠这些功能性模块的功能运行来实现。

城市形态设计要处理好"摊大饼"与城市功能区有序化分布要求的矛盾。"摊大饼"是城市发展中的常见问题，这往往是城市自然膨胀的结果。由于城市人口和产业的不断增长，城市边界不断地往外扩张，这是一种很难消除的城市自然自发的发展方式。例如，20世纪五六十年代，西方国家出现了住宅郊区化的趋势，到了70年代，信息技术的发展，使美国社会进入后工业时代，郊区化进一步发展，郊区化一度成为经济与社会发展的新理念。但随后就出现了一系列严重的生态和社会问题：一是过度交通问题；二是缺乏中低收入者能够负担的住宅；三是加剧了社会阶层的分化。在解决这些问题的探索中，西方国家又兴起了新都市主义的发展理念；反对蔓延；重整城市；建立真正的社区。对上海来说，在离开外环线10公里左右的区域发展一批具有城市商务商贸等服务功能的中等规模的城镇，是上海克服"摊大饼"式的无序扩张的有效对策之一。城市形态设计要不断地调整中心城区和郊区的关系。西方的城市发展经历了城市化、郊区化后，又进入了现在的新都市主义。城市与郊区的关系也处在不断的调整之中。中国的城市形态设计要避免西方国家的城市化弯路，要不断地调整中心城区和郊区的关系。

现代城市发展规划的制定是一项复杂的系统工程，城市功能定位、城市产业选择和城市形态设计作为发展规划的三要素，要特别受到重视。从某种意义上说，这也是中国现代城市发展的一种模型和分析工具，通过这一模型我们就能对不同城市的发展问题进行直接的判断和分析。当然，城市功能定位、城市产业选择和城市形态设计之间存在着复杂的关系和相互作用。

（二）苏州工业园区向新城的转变

2004年6月10日是中国与新加坡合作的苏州工业园区成立10周年。苏州工业园区10年开发建设开创了中外经济技术互利合作的崭新模式。

10年中，苏州工业园区实际利用外资71.6亿美元，注册内资达443.8亿元，已成为中国发展速度最快、竞争实力最强的开发区之一。据统计，截至2004年4月，苏州工业园区共批准外商投资项目1 489个，累计注册登记内资企业7 061个。目前，园区内外资项目中，欧美项目占49%，其余为日、韩、新及港澳台地区项目；投资上亿美元的项目有45个，其中达10亿美元以上的项目有5个；区内项目平均投资额超过3 100万美元，52家世界500强企业在区内投资了70余个项目。电子信息、精密机械、生物制药、新材料以及航空零部件等高新技术产业成为园区的主导产业。其中，半导体产业聚集了和舰、英飞凌、AMD等数十家世界知名的集成电路相关企业，形成了从IC设计、芯片制造、封装测试到相关原材料与设备生产等系列配套产业链。按目前苏州集成电路产业的发展势头，5年内将形成1 000亿产值的产业规模。仅电产业就聚集了三星、友达、日立等生产规模在全球名列前茅的TFT-LCD企业及相关配套厂商，是目前国内最大的液晶面板制造基地。此外，机电一体化产业也聚集了艾默生、博世汽车、美西航空等知名厂商。作为实现科技创新、知识创新、国际企业孵化、科技人才聚集的主要载体，苏州工业园区国际科技园目前已吸引200多家高科技企业在园内注册、经营和孵化，其中包括了苏州2/3以上的软件企业和90%以上的IC设计企业。园内企业注册资本总计约18亿元人民币，其中利用外资1亿美元。

苏州是我国重要的历史文化名城和著名的风景旅游城市，位于长江三角洲中部，紧邻国际大都市上海，有着得天独厚的人文环境优势和地理区位优势。面积6 264平方公里，2003年年末全市户籍总人口590.97万人，

第六章　长三角都市圈产业发展与城市化进程的相互促进

比上年增加 7.11 万人，其中市区总人口 216.87 万人，比上年增加 4.47 万人。

2003 年，苏州实现生产总值 2 802 亿元，按可比价计算比上年增长 18%。人均生产总值达到 4.77 万元（按户籍人口计算），按现行汇率折算为 5 763 美元。全市第三产业比例由上年的 4.4：58.2：37.4 调整为 2.8：63.1：34.1。全年实现财政收入突破 400 亿元，达 409.9 亿元，同口径增长 34.9%，其中地方财政收入 220.31 亿元，同口径增长 44.1%。地方财政一般预算收入 170.5 亿元，同口径增长 43.2%。财政收入占生产总值的比重连续 8 年持续上升，达到 14.6%，比上年提高 0.6 个百分点。

通过苏州工业区周边城市化规划的实施，带动了苏州新城区的发展，成为最现代、最生态、最舒适的居住区，吸引了国内外优秀人才在苏州创业和发展。

（三）浙江的乡村工业化到城市化

长三角地区在 20 世纪 80 年代的工业化过程中，由于受到土地制度、城市管理制度等方面的约束，产业发展以村办工厂为主，"苏南模式"和"浙江模式"曾经在国内引领风骚。但是由于这种发展是当时制度约束的产物，从城市化发展规律来看，不能承担起人口和产业集聚的功能要求，而且分散发展带来的环境污染问题、基础设施不足、土地大量占用等问题带来的负面影响越来越突出，从 20 世纪 90 年代后期浙江开始实施以城市化为主体的发展战略。

综观改革开放以来浙江经济发展的过程，国民经济增长的轨迹和工业增长的轨迹高度吻合（王自亮，2003），全省工业增长的轨迹又与全省乡村工业增长的轨迹高度相关，1979 年~1997 年乡村工业增长对全省工业增长的贡献率达 70.6%，各年度乡村工业产值与全省工业总产值增长率显示出高度的正相关关系，相关系数达 0.9095，乡村工业的崛起是国民经济增长的主要动力，乡村工业占浙江工业比重从 1978 年的 16.0% 上升到 2000 年的 53.7%。

从乡村工业化主要表现为以下几个特征：一是经济成分中非公有经济比重大；二是投资主体以民间资本为主；三是行业分布以进入壁垒低的传

统制造业为主，且为轻型结构；四是市场空间以全球市场为目标，销往浙江省内、浙江省外和国外的比重为3:5:2左右；五是以数量扩张为主逐步向集约型增长转变。

  随着经济体制改革的深入和工业化的推进，在20世纪90年代中期原有的制度和市场背景逐步改变，短缺经济转变为需求不足，浙江经济曾一度出现下滑和竞争力不足，暴露出被高速增长掩盖的许多发展缺陷，如技术创新能力差导致的企业竞争力不足，产业布局分散导致的资源和环境约束等问题。各地区因地制宜地制定了开发区规划，形成了产业集群化发展的条件，如温州市政府规划了6 000亩的"中国鞋都"特色工业区，将成为全国最大的鞋业生产和流通中心；褚暨市大塘镇规划的袜业工业园区可以辐射周围的7~8个乡镇、100多个行政村、1万多家农户，成为全国最大的制袜机械、制袜原料和袜子生产销售基地。依托产业发展，各地制定了城市发展规划，宁波、温州和嘉兴的新城建设令人耳目一新，既提高了人才发展的工作平台，又提高了生活质量，实现了人口、产业、环境和城市的协调发展。

第七章

生产性服务业与长三角都市圈产业分工深化

一、生产性服务业发展的一般规律

现代服务业按照服务对象划分主要包括四大类：政府服务、公共服务、生产性服务和生活性服务。生产性服务业是指主要向生产经营主体而非直接向个体消费者提供的服务，是从企业内部的生产服务部门分离和独立出来从而发展起来的新兴产业。

（一）生产性服务业内涵

传统制造业企业是一系列生产性服务的重要生产者，包括企业内部的R&D部门、批发和零售部门、内部运输部门等，而且这些服务多由企业的总部来组织。随着制造业生产模式由传统的一体化向模块化转变，大规模定制和外包成为可能，这促进了服务部门从制造业内部分离和独立出来，从而产生了主要以制造业为服务对象的新兴产业，即生产性服务业。生产性服务业本身并不向消费者提供直接的、独立的服务效用，而是依附于制造业企业存在。生产性服务业体现在上游（可行性研究、风险资本、产品概念设计、市场研究等）、中游（质量控制、会计、人事管理、法律、保险等)和下游(广告、物流、销售、人员培训等)的生产、流通、分配、消费等全过程生产活动中。它以人力资本和知识资本作为主要投入品,把日益专业化的人力资本和知识资本引进制造业,是二、三产业加速融合的关键环节,是支撑高科技产业的基本条件,是现代经济增长的主要动力。

(二)美国的生产性服务业

美国的生产性服务业包括建筑、工程及相关服务,计算机系统设计及相关服务,管理、科技咨询服务,科技研发服务,广告及相关服务,法律服务,会计服务等,在1998~2001年间,美国的生产性服务业发展非常迅猛,很大程度上推动了美国经济的发展(见表7-1,图7-1和图7-2)。

表7-1 美国1998~2001年间生产性服务业发展情况(百万美元)*

服务分类		1998	1999	2000	2001
建筑、工程及相关服务	建筑服务	22 827	24 411	27 174	29 004
	工程服务	99 920	108 675	123 463	127 852
	测试服务	7 340	7 271	7 487	8 262
	其他相关服务	7 902	7 884	8 586	8 449
	合计	137 989	148 240	166 709	174 949
计算机系统设计及相关服务	软件编程	52 195	61 780	69 290	66 972
	系统设计	67 862	77 057	87 572	85 936
	计算机设备管理	11 896	15 234	16 384	19 091
	其他服务	7 770	9 611	11 962	12 241
	合计	139 723	163 682	185 208	184 240
管理、科技咨询服务	管理咨询	74 293	80 987	88 327	96 743
	环境咨询	6 783	7 350	8 076	8 977
	其他科技咨询服务	8 192	8 193	9 260	10 496
	合计	89 268	96 530	105 663	116 216

第七章 生产性服务业与长三角都市圈产业分工深化

续表

服务分类		年份			
		1998	1999	2000	2001
科技研发服务	自然、工程及生命科学研发	38 325	42 077	47 411	53 111
	社会及人文科学研发	3 370	3 662	4 017	4 362
	合计	41 695	45 739	51 428	57 473
广告及相关服务	广告服务	19 776	22 419	26 350	26 054
	公关服务	6 364	7 026	8 693	8 238
	展览服务	5 598	6 244	6 701	6 571
	快递服务	9 581	9 929	10 359	10 721
	其他服务	19 147	19 987	21 489	20 410
	合计	60 467	65 605	73 593	71 994
法律服务		148 406	157 373	164 190	175 383
会计服务		67 002	72 264	80 066	85 072
其他服务		41 672	42 722	45 759	48 823

注：*数据来源于美国统计局，2002，上海科学技术情报研究所整理；其他服务包括市场调研、民意调查、摄影、翻译等服务。

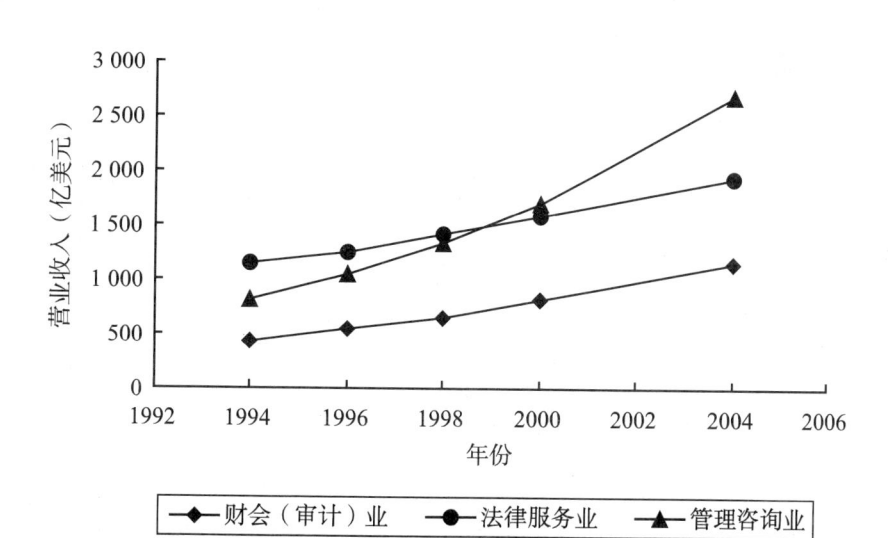

图7-1 1994~2004美国财会（审计）业、法律服务业、管理咨询业的营业收入情况及预测

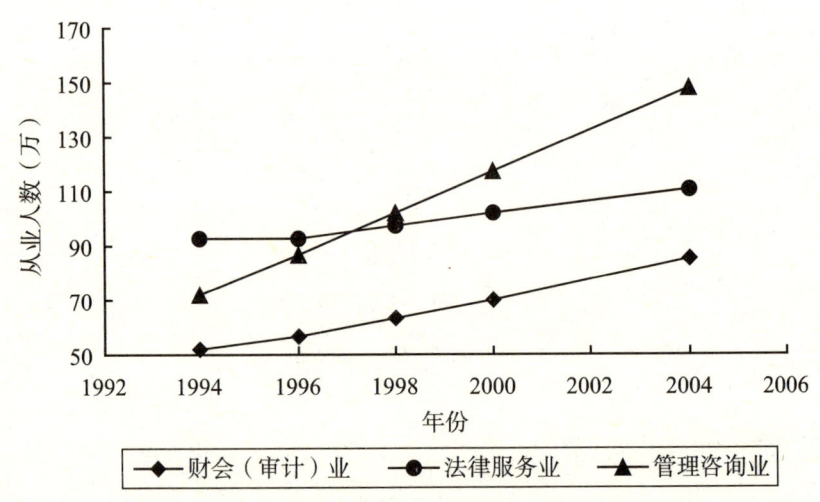

图 7-2　1994~2004 美国财会（审计）业、法律服务业、
管理咨询业的从业人数情况及预测

资料来源：上海科学技术情报研究所。

美国的生产性服务业在国际上处于绝对领先地位。从 20 世纪 90 年代初以来，财会、法律服务业人均营业额稳步增长，国际收入情况良好。

（三）生产性服务业从业人员的收入增长最快

美国是世界上生产性服务业最发达、历史最悠久的国家之一，美国的生产性服务业在全球生产性服务业中占有重要地位。以下就以美国为例来考察生产性服务业从业人员的收入增长情况（见表 7-2）。

表 7-2　1993~1998 年间美国生产性服务业从业人员收入情况　　单位：美元

	服务分类	1993	1995	1997	1998
工程、会计、研发服务	工程、建筑设计、测量服务	44 006	44 586	45 509	48 318
	会计审计服务	30 326	30 912	35 096	37 162
	研发测试服务	42 926	44 596	44 698	46 563
	经营管理及公共关系服务	34 272	36 523	39 991	42 494
	合计	40 323	41 355	42 523	44 707

第七章 生产性服务业与长三角都市圈产业分工深化

续表

服务分类		年份			
		1993	1995	1997	1998
计算机及数据服务		68 136	83 384	131 498	176 164
法律服务		35 086	36 652	39 814	41 273
服务业	合 计	24 908	26 490	30 653	35 244

资料来源：美国经济研究局，上海科学技术情报研究所整理。

从表7-2可以看出，美国的生产性服务业从业人员的平均薪资较高，显示了其强劲的发展潜力。这主要是因为，如工程服务、计算机及数据服务等生产性服务业作为知识和技术密集的产业，需要技术熟练并受过良好教育的劳动力，来生产高附加值、高技术含量的产品。

（四）生产性服务业的就业比重增加最多

在OECD（经济合作组织）国家的服务业发展过程中，所有服务业部门的就业比重都有所上升，其中最为显著的是生产性服务行业的就业增加，增加最多的是金融、保险、房地产和商务服务类（Ⅲ），其次是教育、卫生、社会服务及其他（Ⅴ）。从图7-3和表7-3中可以看出，生产性服务业的就业比重变化很大，1960～1987年间主要发达国家的生产性服务业就业率均增长了一倍以上，有的甚至增长为原先的3～4倍；从行业分类来看，第Ⅲ类的平均就业比重从1988年的9.4%上升到1998年的11%，上升了1.6个百分点，第Ⅴ类的平均就业比重从1988年18%上升到1998年19.3%，上升了1.3个百分点，其他服务业部门的比重变化相对较小。

主要发达国家的生产性服务业就业比重变化同样明显。表7-4说明，发达国家第Ⅲ和第Ⅴ类服务业的就业比重上升幅度大，其他类服务的就业比重只是小幅波动。

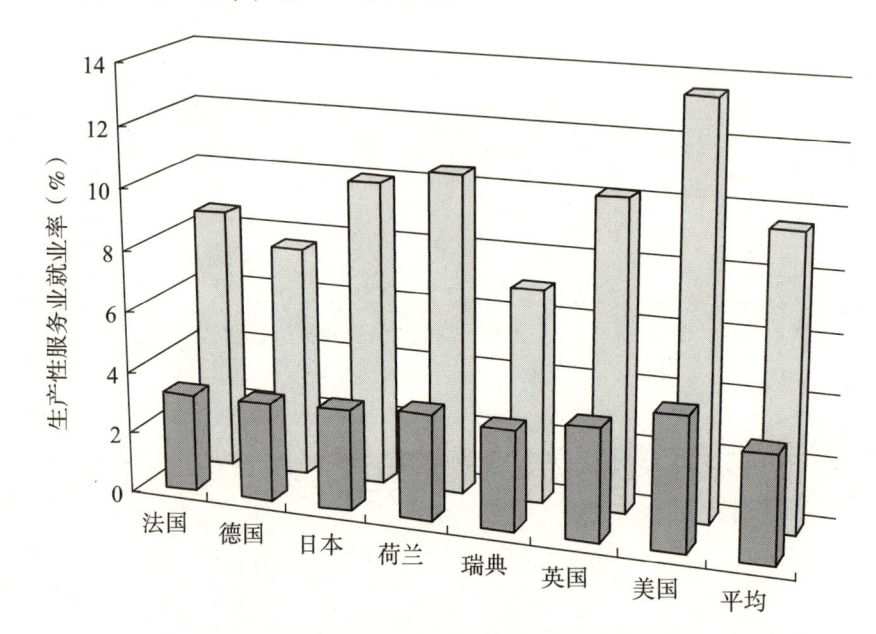

图 7-3　1960~1987 年间主要发达国家生产性服务业的就业率

资料来源：UN Economy Commission for Europe，1992，上海科学技术情报研究所整理。

表 7-3　OECD 国家生产性服务业就业的平均份额（%）

年份	1988	1998	1987~1997 年间的变化率
运输，仓储和通讯（Ⅱ）	6.4	6.4	0
金融，保险，房地产和商务服务（Ⅲ）	9.4	11.0	1.6
教育，卫生，社会服务及其他（Ⅴ）	18.0	19.3	1.3

资料来源：Services：Statistics on Value Added and Employment（2000），OECD，上海科学技术情报研究所整理。

表 7-4　发达国家生产性服务业就业在 1988~1998 年间的增长率（%）

国家	运输，仓储和通讯（Ⅱ）	金融，保险，房地产和商务服务（Ⅲ）	教育，卫生，社会服务及其他（Ⅴ）
澳大利亚	0	1.5	1.3
加拿大	0.1	1.6	1.7
法国	0.2	1.9	1.0
德国	-0.8	3.2	0

第七章 生产性服务业与长三角都市圈产业分工深化

续表

国家	运输，仓储和通讯（Ⅱ）	金融，保险，房地产和商务服务（Ⅲ）	教育，卫生，社会服务及其他（Ⅴ）
日本	0.2	0	3.7
英国	0	4	4.7
美国	0.2	2	1.7

资料来源：Services：Statistics on Value Added and Employment (2000)，OECD，上海科学技术情报研究所整理。

以美国为例，美国 1969～1997 年间生产性服务业的就业出现了较大规模的增长，其中如商务服务、工程、会计、研发服务等在各个阶段的就业增长率均明显高于同期服务业的整体就业增长率，具体数据如表 7－5 所示。

表 7－5　　　美国生产性服务业就业在 1969～1997 年间的变化

	1997 年就业人数（千）	增长率（%） 1969～1979	1979～1989	1989～1997
生产性服务	30 984.1	4.8	5.1	3.1
商务服务	10 585.6	9.7	8.1	6.4
工程、会计、研发服务	4 832.8	7.2	14.1	2.9
金融、保险、房地产	11 777.3	4.4	2.5	1.3
法律服务	1 485.4	7.5	7.7	1.3
会员组织服务	2 303.0	-1.1	1.8	3.0
通讯服务	1 582.4	2.5	-0.1	2.7
建筑设计	8 363.7	3.2	2.3	1.8
交通运输	5 059.4	1.4	1.7	3.0
服务业合计	124 671.7	3.2	3.0	2.3

资料来源：美国经济研究局，上海科学技术情报研究所整理。

（五）制造业发展对生产性服务业的引致需求

个人服务业的发展是人均收入水平提高的结果，而生产性服务业的拓展和深化则在很大程度上反映了制造业本身发展的内在要求。国际经验表明，制造业发展到一定阶段后，其附加值和市场竞争力的提升更多是靠生产性服务业的支撑。从产业关联的角度来说，这一时期制造业的中间投入中的服务业投入的比重将越来越大，而制造业投入比重则相对降低，也就是说，制造业对服务业有着越来越大的引致需求。日本1970~1980年间的发展经验证实了这一点，OECD大多数国家在1980~1990年间的统计资料同样支持上述判断（美国和加拿大例外）。在日本1970~1980年间的高速发展阶段中，制造业对服务业的中间需求年平均增长率为13.4%，而对制造业本身的中间需求年平均增长率为11.3%。对于一个规模庞大的经济体来说，2个百分点的差距是巨大的，它为生产性服务业的进一步扩充提供了巨大的发展空间。

如果将制造业分解，可以进一步看出，以机器装备工业为主体的制造产业对服务业的中间需求最为巨大。表7-6是日本1975~1980年间制造业中部分行业对服务产业中间需求的年均增长率：

表7-6　　日本制造业中部分行业1975~1980年间对服务业
中间需求年均增长率　　　　　　　单位：%

制造业分行业	化学制品	金属初级产品	机械设备	电气机械	运输机械
服务投入年均增长	10.8	12.1	20.0	14.9	19.7

资料来源：周振华（2004）。

（六）企业活动外置与生产者服务需求

制造业的发展虽然对生产性服务业有着巨大的需求，但这并不意味着这些服务职能必然要通过市场的途径来解决，事实上在发达国家的工业化阶段，受组织结构、技术特点、管理模式及其所决定的交易成本和生产成本的制约，大量的服务职能是固化在企业内部的。在知识经济背景下，信息技术的广泛应用使得企业传统的组织模式和管理模式正发生着一场深刻的变革，企业分工越来越细化，生产越来越柔性化，生产过程中的服务职能越来越从附属地位中摆脱出来，逐渐成为一种占主导性和支配性的力量，大型跨国公司越来越通过服务平台和技术平台在全球配置资源从而进行富有针对性的生产。这就是我们在发达国家已经看到的，表现得越来越

第七章 生产性服务业与长三角都市圈产业分工深化

鲜明的,并且在上海已经初露端倪的产业融合现象。产业融合导致企业的竞争模式发生了深刻的变化,为了适应这一变化,企业逐渐将非核心的业务外包出去,同时企业也越来越利用分工更为专业、功能更为强大的服务性企业来整合自身的技术平台和服务平台,以进一步做强自己的核心业务。这样,产业融合促使了企业活动外置的发生和深化。

日本通产省在1984年对制造企业的一项调查(《关于制造业软化的调查》)表明,作为制造企业的中间投入,从财务会计、产品开发、产品设计到交易对象的信用调查和机械修理共19项职能,均有不同程度的外购化倾向。其中,有50%~70%的企业愿意将信用调查、机械修理、广告宣传、厂房维修等业务外包出去;有20%~50%的企业愿意将保安、软件开发、市场调查、人员培训、卫生福利外包出去;有10%~20%的企业有意对产品检查、产品维修、产品设计、统计等进行外购。同一份调查研究也表明,即使没有将上述职能外包的制造企业,也大多成立了另外的独立公司负责这些职能。比如,13.1%的企业成立了负责卫生福利的公司,将其他几项职能分离出去的企业比例为:产品设计8.2%,保安警备7.3%,软件开发6.8%,计算机管理2.9%,计算机设计2.2%,等等。真正保留在制造企业内部的服务职能范围和比例均有很大程度的缩小,主要集中在与企业核心业务和商业秘密有关的几个领域内,比如财务、产品开发、设计等。

企业活动外置使得企业增加了对服务性中间投入的使用,促进了新兴服务业的快速发展。从1987年到1997年,OECD国家中,金融、保险、房地产和商务服务业在GDP中的平均比重从15.4%上升到17.6%,上升了2.2个百分点。而美国1997年的公司调查表明,美国公司8 000万美元以上的服务开支增加了26%,在公司的总支出费用中,信息技术服务费用占全部费用的30%,人力资源服务费用占16%,市场和销售服务费用占14%,金融服务费用占11%,仅仅这几项服务支出已经占到总支出的71%。这些服务业的增长主要和企业增加中间服务的使用有关,是所有服务业部门中增长最快的部门。目前在发达国家中,服务业占GDP的比重超过70%,为制造业服务的生产性服务业占整个服务业的比重也在70%以上,其增幅是同期服务业增幅的近2倍。

（七）生产性服务业成为新技术重要的使用者和促进者

生产性服务业已成为现代技术的发源地、传播者和推动器。服务业跨国公司用于硬技术研究和开发的投资不多，而以软技术优势见长，而且由于服务业产品的生产和消费难以分隔，从母公司生产中分离出技能相对低的那部分服务的可能性很小，因而服务业跨国公司向海外分支转移的技术更安全，更接近母公司的水平。日趋发达的跨国界信息流动降低了服务业海外活动的成本，跨国的计算机网络和通讯系统使服务业跨国公司的海外分支成为母公司全球战略的重要组成部分，母公司能够更有效地组织其全球范围的活动，通过海外分支向发展中国家输出当地并不具备的现代服务，而在发达国家则提供价格更低廉、质量更优异的服务。会计、保险、租赁、跨国银行、数据处理和信息传递等现代服务领域的跨国公司对东道国，乃至世界经济发展都产生了重大影响。

生产性服务业之所以是新技术又一重要的促进者，是相对先前制造业对新技术的促进作用而言的，它对新技术的促进作用主要体现在以下几个方面：

1. 生产性服务业是新技术最主要的使用者。企业和个人对新技术的普遍应用为新技术的发明创造者提供了丰厚的回报，对新技术的发展起到了重要的推动作用。

2. 生产性服务业指引新技术发展的方向。服务部门所产生的新的需求是现有技术研究和开发的方向，是新技术所追求的目标，对新技术的发展起到了重要的拉动作用。

3. 生产性服务业是新技术最主要的推广者。特别是从事技术服务和支持的服务业。

4. 生产性服务业促进了多项技术之间的相互沟通和发展。例如运输和仓储业就直接融合了运输工具、仓储管理和信息技术等多个领域。

生产性服务业对新技术的促进作用和其自身的研究开发密不可分，它的发展也越来越需要研究和开发的支持。从表7-7可以看出，服务业研究开发的费用在所有研究开发费用中的比重在过去10年中有所上升，对于像运输和仓储、通讯、金融和保险等生产性服务业的研发投入也有相当比例的上升，与此同时，制造业所占研发费用的比重却在减少。

表7-7 一些国家主要部门研发费用比例在20世纪90年代的变化 单位：%

	制造业	服务业	运输和仓储业	通讯业	金融和保险业
日本	-1.2	1.7	0.0	0.1	—
比利时	-4.6	3.1	0.1	0.3	0.5
丹麦	-9.3	9.7	—	-1.1	—
法国	-5.0	3.1	2.6	—	—
爱尔兰	-2.0	4.5	0.0	2.8	—
意大利	-4.2	4.2	0.1	0.3	0.8
挪威	-8.0	6.1	0.3	3.7	—
西班牙	1.8	-2.1	-0.1	1.5	0.0
英国	-0.5	2.0	0.1	0.3	—

资料来源：ANBERD database（2000），OECD，上海科学技术情报研究所整理。

在美国，企业一向是从事研发的主体，其占全部研发活动的75%。企业也是研发经费的最大来源，提供了全国65%的研发经费。企业雇佣了全国70%具有学士学位的科学家和工程师，60%具有硕士学位的科学家和工程师，以及28%具有博士学位的科学家和工程师。美国由公司控制的研发实验室所从事的研究引导着技术的潮流，并且是发明的主流。

（八）生产性服务业的阶段性特征

从发达国家生产性服务业发展过程来看，生产性服务业主要有以下三个阶段特征：第一个阶段是20世纪50~70年代，主要以管理功能为主。这一阶段，世界上发达国家相继完成了工业化阶段进而迈向后工业化时代，服务业在国民经济的比重开始超过50%，并保持了增长趋势，以财务、总量控制、存货管理等辅助管理为主，主要起着润滑剂作用。第二个阶段是20世纪70~90年代，以管理咨询、市场营销咨询、工程咨询等功能为主，对生产力发挥了很大的促进作用。第三个阶段是从20世纪90年代至今，这一阶段生产性服务业转向以信息和信息技术、创新和设计、科技合作、国际大项目融资等为主，发挥着战略功能推进剂作用。美国

2004年服务业占GDP的比重超过80%。由于技术的进步和先进管理理念的采用，产品真正处于生产制造环节的时间只占很少部分，大部分处在研发、采购、储存、销售、售后服务等阶段，产业链条的运转更多依靠生产性服务业，服务业的效率对整个链条的效率影响很大。这一趋势使得从生产领域内分工出来的生产性服务业越来越具有一种主导性和支配性，出现了许多生产部门成为服务业附属部分的现象，它们的生产目标将围绕着"服务"这一核心而展开。随着制造业大规模生产和跨国公司在全球的产业分工的深化，生产性服务业得到了快速发展。

（九）生产性服务业和制造业的关系日趋紧密

制造业的国际营销网络的形成，就是聚集营销人才，进行产品研发、产品运输与储存、广告、保险、会计和法律服务等市场开发的过程，在这一过程的每一个环节都伴生服务需求。换句话说，生产性服务业和制造业的关系正在变得越来越密切，主要表现是制造业的中间投入中服务的投入大量增加。在近10年间，多数OECD国家产品生产中的投入发生了变化：服务投入增长速度快于实物投入增长速度，同时，生产性服务业和某些经济活动特别是制造业的界线越来越模糊，经济活动由以制造为中心已经转向以服务为中心，最为明显的是通讯产品。同时，某些信息产品也可以像制造业一样进行批量生产。另一方面，制造业部门的功能也日趋服务化，主要表现为：一是该制造业部门的产品是为了提供某种服务而生产的，例如通讯和家电产品；二是随产品一同售出的有知识和技术服务；三是服务引导制造业部门的技术变革和产品创新。在激烈的市场竞争环境下，像以往那样通过提供某种产品而在市场上占据主动获得大量利润的情况，已经很难出现，许多跨国企业已经认识到要保持企业原有高额的利润率只有向服务型企业转型。跨国公司由制造为主向服务为主转变，在许多著名的跨国公司中，主要业务已经开始由制造向服务衍生和转移，服务在企业的销售额和利润中所占比重越来越高。例如，美国通用电气公司把服务渗透到了自己的日常作业管理之中，使企业的制造功能向服务功能转化，服务业收入已经占通用电气公司总收入的2/3。原先以生产计算机闻名的IBM、惠普等，现在却是IT服务业的领先企业。20世纪90年代中后期，IBM开始由制造商向服务商转型，到2002年，服务的业务收入已经占总业务收入的50%，到2004年度，公司总收入已经达到569亿美元，其中75%来自于服务部门。IBM目前已是全球最大的IT服务厂商，远远超过传统的服务咨询企业。惠普公司每年有将近80亿美元的收入来自维修和售后服务领域。生产性服务业未来仍将保持强劲的发展势头，有力地说明了生产性服务业与传统制造业的关系。

（十）生产性服务业的服务方式呈现虚拟化、网络化和外包化的趋势

信息技术的发展使生产性服务业的虚拟化、网络化成为可能，这种服务方式也日益凸显其优越性，促进企业智能化水平明显提高。在一个虚拟化的框架之中，高效地"整合"或"疏散"传统上认为的"内力"和"外力"资源，并让这些相关联的结构性要素发挥市场价值，更大程度上发展了企业的现有优势。

另外，企业要充分发挥核心竞争力，就必须把自己所不擅长的那部分业务外包出去，从而更加聚焦于自己的核心业务，而相关的专业外包公司也能提供更加专业、优良的服务，降低企业的成本，这是一个双赢的局面。如美国著名的Nike公司，自己只生产其中最为关键的耐克鞋的气垫系统，其余全部业务几乎都由外部公司制造提供。凭借其独特的设计能力，耐克公司将主要精力集中于新产品的研发和市场营销上，在全球范围制造和销售Nike牌运动鞋，其产值以20%的年递增率增长，在过去的七八年间，耐克公司为股东赚取了超过30%的利润。

1989年柯达公司把IT部门卖给IBM的决定，开创了巨型公司IT部门外包的先河，而双方签订的长达10年的合同似乎也暗示，此类外包业务中，服务商持久的生命力和强势品牌的稳定表现，在客户方的外包决策中具有不可忽视的影响力。就在不久前，惠普发布的高达30亿美元合同金额的宝洁公司的IT外包定单和诺基亚外包定单，也说明了服务外包化这一趋势日益流行。2002年IBM成功并购普华永道，正是基于这一背景做出的决策，同时IBM也是全球最大的外包公司，其外包业务从1993年的"0"到现在的差不多200亿美元。

美国采购协会（APS）1997年的调查表明，年收入在8 000万美元以上的公司外部采购服务增加了26%，信息技术服务的外部采购占全部外部采购费用的30%，人力资源服务占16%，市场和销售服务占14%，金融服务占11%。在欧洲，信息技术服务的外部采购也是增长最快的，主要国家有英国、法国和意大利。在日本，通商产业省（MITI）在1997年的调查表明，工作培训（占20.1%）、信息系统（占19.7%）、生产方法（占17.4%）、会计和税收（占14.0%）、研发（占13.7%）等服务项目是外部采购的主要项目。

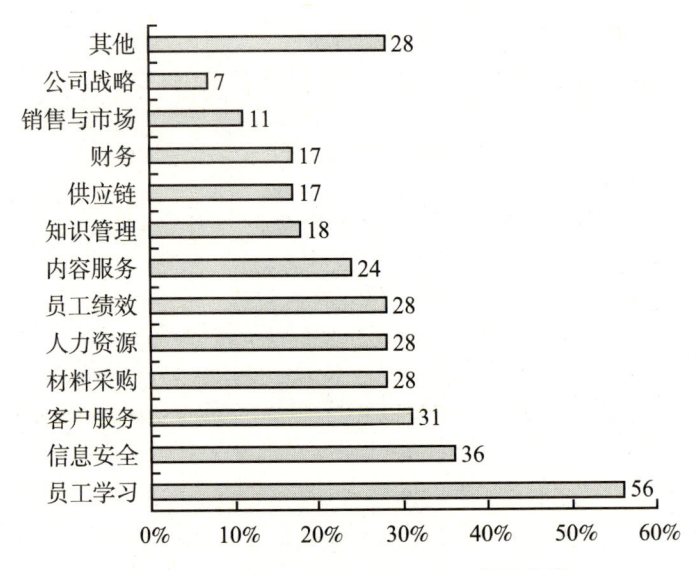

分类	百分比
其他	28
公司战略	7
销售与市场	11
财务	17
供应链	17
知识管理	18
内容服务	24
员工绩效	28
人力资源	28
材料采购	28
客户服务	31
信息安全	36
员工学习	56

图7-4 业务流程外包（BPO）主要分类

资料来源：IDC，2003，上海科学技术情报研究所整理。

同时，根据IDC公司的预测，包括人力资源、后勤、采购、工程、营销和销售功能的业务流程外包市场到2006年收入将达到1.2万亿美元，该市场2002年的收入是7 120亿美元（业务流程外包主要分类见图7-4）。由于美国在这一市场处于领先地位，美国将占全球业务流程外包市场60%的份额。

（十一）生产性服务业逐渐形成完整的产业链

近几十年来，生产性服务业在发达国家得到充分的发展，逐渐形成了一个完整的产业链，这条产业链能够为企业提供从产品立项到产品营销与服务的全方位支持。无论是诸如 IBM、HP 等大公司的成功转型，还是小型企业的异军突起，都必须在这条产业链中找到适合自身发展的位置。生产性服务业作为货物生产或其他服务的投入而发挥着中间功能，它们提高了生产过程不同阶段的产出价值和运行效率，业务范围涉及生产性企业上游（如可行性研究、风险资本、产品概念设计、市场研究等）、中游（如质量控制、会计、人事管理、法律、保险等）和下游的活动（如广告、物流、销售、人员培训等）。换句话说，生产性服务业贯穿于生产、流通、分配、消费等社会再生产环节之中。一个生产性企业在世界市场上保持竞争地位的关键是保持"上游"、"中游"和"下游"三个阶段的服务优势，因为贯穿于生产三个阶段的服务在产品价值链中开始胜过物质生产阶段。生产性服务，无论是"内化"服务（即企业内部提供的服务），还是"独立"服务（从企业外部购买的服务），都已经形成了生产者所生产的产品差异和增值的主要源泉。这条完整的产业链已经成为发达国家市场经济非常必要的发展软环境，生产性服务业成为市场资源强大的调配器。

（十二）生产性服务业快速发展的经济学分析

20 世纪 80 年代，生产性服务业在许多城市成为最具活力、增长较快的部门。这在英国表现得最为明显，几乎所有的传统行业就业率都下降，制造业也遭受了严重的损失，但是伦敦的中心区生产性服务业却快速增长，从 1984 年占就业的 31% 增长到 1989 年的 40%。纽约也表现出了类似的特征，而且成为生产性服务业出口的重要城市，呈现出专业化发展倾向。

生产性服务业得以产生和发展的经济学理论基础可以概括为建立在成本因素基础上的专业化分工与外包。由于产业全球化与专业分工趋势，制造业厂商基于强化其核心竞争力、降低成本及信任专业服务等因素的考虑，使得产业价值链拆解的情况愈趋明显，甚至将原属于其内部的某些业务实施外部化，委托给其他企业。这些拆解以及外包出去的业务即转化为服务业，如运输、仓储、信息咨询业、会计事务所、管理咨询、通信服务、技术鉴定服务等。这些服务行业形成单独的产业后，在为客户提供专业化服务的同时，其自身的业务水平也得以快速提高，所占用的时间和成本比过去由企业或个人自我服务时大大降低，其结果必然促进生产和生活领域中自我服务向社会服务的大量转移，从而进一步推进服务产业化的发展。

外包是以合约方式将企业运作所需要的功能，但并非核心的能力交由外面服务者来负责提供，以维持企业营运的需要（Labbs，1993）。随着市场与商务、科技环境的快速变化，外包的定义得到拓展，如果外面的组织能将组织本身的工作做得更有效率和更便宜，则此项工作应由外面的组织来完成，假若组织本身能把这个工作做得更好，则此项工作应维持自制（Minoli，1995）。

生产性服务业的外包，指的是企业通过与生产性服务业领域企业之间的市场交易来满足其对生产性服务功能的需求，既发生在制造业企业上，也发生在服务业企业上。制造业企业曾经是一系列生产性服务的重要生产者，包括企业内部的研发部门，批发和零售部门，内部运输设施等，而且这些服务多由企业的总部来提供。

表7-8　　影响生产性服务供给外部化的因素与其特征

影响生产性服务供给外部化的因素		特　征
纯粹成本推动型考虑	交易成本	当企业能通过市场以更低的价格购买时就会导致生产性服务功能的外部化。外部供应者往往能够通过规模经济降低生产成本。
准成本型考虑	降低风险	通过生产性服务功能的外部化，企业能够降低在雇员、培训和投资上的内部风险。
	低/不频繁的需求	如果这种需求频率不高，或者说是零星的，内部提供是无效和不可行的。
	临时性的重要需求	一些生产性服务功能需要在短时期内实现，企业内部无法提供。
	集中于核心技能	企业可能购买生产性服务，因为它们远离企业的核心业务。

第七章 生产性服务业与长三角都市圈产业分工深化

续表

影响生产性服务供给外部化的因素		特 征
非成本型考虑	缺少专家	企业通过外部化生产性服务功能以获取专业知识和企业内部缺少的专家,迅速的技术变迁是其中一个重要原因。
	买卖双方关系的强化	客户企业和生产性服务业企业之间的关系演进可能会导致更广范围和更大规模的生产性服务购买。
	第三方信息需要	在日益复杂的规制环境下对于独立评价的需求也日益增多(如审计),将导致更多外部化企业的聘用。
	管理复杂性的增强	日益复杂的国内和跨国商务环境,产品和流程创新进程的加快导致对专业服务的需求。
	其他因素	还有一些具体企业方面的因素会影响外部化水平。比如,中等程度的公司比小公司和特大型公司更倾向于利用外部化资源,一些专家认为战略性越强的功能越不容易外部化。

资料来源:Coe(2000),建立在 Beyers & Lindahl 基础上(1996)。

通过垂直分解(Noyelle,1988),它们把一些以前由内部来提供的生产服务活动外部化,进行外包。在服务业部门,外部化则是通过所谓的柔性化"水平分解"过程(Michalak & Fairbairn,1993)。许多解释被提出来考察导致外部化的原因。早期的解释主要利用新古典经济学中的交易成本理论,集中于成本推动型考虑。最近,建立在实证研究基础上,许多学者达成一致,认为还有成本—效率要素以外的其他因素对外部化过程或多或少产生影响。Goe(1991)把关于外部化的争论总结为 5 类,包括(1)成本—效率因素;(2)非财务资源因素;(3)需求特征;(4)生产性服务功能特点;(5)规制因素。Beyers & Lindahl(1996)在此基础上总结出 3 种不同的动机类型,每一种包含几个指标(见表 7 - 8)。

许多实证研究通过对服务提供商和使用者的调查,力求发现究竟什么是驱动外部化的主导力量。综合考虑,一方面,纯粹的成本驱动因素即使不是最重要的,也是不能忽视的。其他一些因素则要视具体情况而定。Beys & Lindahl(1996)指出在许多准成本和非成本因素中实际上都蕴藏着成本动机。另一方面，越来越多的研究显示，在缺少专业人才及内部技术受限的情况下，生产性服务业的外部化仅仅是一种必须的选择，并没有更多的成本考虑（Coe，2000；Illeris，1965）。这在某种程度上证实了Tordoir（1995）关于商务服务业内部提供比外部购买更重要的发现。一般来说，不同类型的生产性服务活动具有不同的外部化倾向。越是标准化和日常性的服务业，纯粹成本驱动因素的作用就越重要；相反，越是信息和知识密集型的服务业，价格因素就越不重要，更注重的是其他质量或专业因素。相似的观点可以从Tordoir（1994）建立在生产性服务业产品生命周期基础上的研究中发现。表7-9列出了随着市场发展阶段内部化和外部化的变化情况。随着产品生命周期的演进，企业所需生产性服务业经历了从高级知识密集型到一般性服务业的演变。结果，市场就得到区分，既有质量导向的竞争也有标准服务产品竞争。

表7-9　　　　　不同市场发展阶段内部化与外部化变化情况

发展阶段	需求源泉	内部化——外部化
第一阶段		内部提供，没有外部市场
	外部市场孵化期	复杂、知识密集型和创新型企业
深入发展期	次复杂和先进企业	先前大型内部部门深入的外部化；外部独立供应者竞争
市场成熟期	更加简单的企业	价格竞争挤掉质量竞争；市场细分：标准化和创新活动并存

资料来源：Tordoir（1994）。

二、长三角金融一体化的推进障碍与对策

长三角建立国际制造业中心和产业一体化进程的加快，以行政区划为界的服务模式已不能适应长三角产业一体化发展的需要，客观上要求长三角金融业提供高质量的金融创新服务，打破行政藩篱，提供跨区域的、便利的一体化服务。同时，美国花旗、汇丰等外资银行在长三角提供的区域一体化的竞争性服务，也推动了国内金融业一体化服务的进程。上海城市

第七章 生产性服务业与长三角都市圈产业分工深化

群的金融发展对经济增长的作用将直接关系到地区竞争乃至国家竞争力。需要通过提高城市群金融一体化发展来推动城市群的产业结构调整及技术进步，进而推动经济增长。

（一）金融发展作用于产业结构变动的内在机制

金融是现代经济的核心，金融制度的稳定和金融服务的便利化是实现经济稳定发展的保障。一国经济增长中，各产业部门的发展表现为资本推动下的主导部门渐次更替的非平行过程，只有产业部门不断地有序更替，才能实现经济结构的有效调整。在现代经济中，这种结构调整与资源重新配置表现为资金在不同领域的有效流动及经济资源在不同部门之间的有序转移。金融发展对产业结构的调整作用机制主要表现为以下四个方面：

1. 资金形成对于产业结构的作用机制。金融系统能有效克服从单个不同储户聚集储蓄的交易信息不对称问题，并依靠融资制度安排，发挥制度创新对社会资金的导向作用，改变资金供给水平和配置格局，以弥补市场自身缺陷，实现融资制度创新对市场机制的部分替代。

2. 资金导向对于产业结构的作用机制。在资金的导向作用机制下，金融系统的竞争性将储蓄资源分配于不同收益率的投资之间，使资金能够按照经济原则在各产业部门之间高效流动，从而调整资源配置状态，提高投资效益和要素生产率，促进各种生产要素从萎缩部门向新兴产业转移，从而推动产业结构的调整。

3. 金融发展对产业成长的作用机制。第一，通过促进技术进步加速关键企业的形成。在产业成长中，关键企业往往是那些能够优先采用先进技术，并能够将最新的创新成果转化为现实生产力的企业。它们能够创造更大的市场需求，具有持续的高速增长能力，而且还可以通过扩散效应，有效地带动相关基础产业和后续产业的发展，因此，关键企业对资本也就具有强大的吸引力，但是它们所需要的巨额资本却往往受到传统融资方式的限制。金融发展则适应了产业成长对资金的需求，极大地提高了生产的社会化程度和资本集中规模，从而直接支持了关键企业的成长。第二，推动了企业集团化、国际化的发展，并为集团内部提供了连接纽带和控制手段。金融发展通过建立高效的金融体系，为产业成长提供了必要的金融资源配置和重组机制，并通过打破行业的部门、地区和国界限制，加速了产业结构的调整。第三，推动主导产业的发展，并促进产业整合。金融发展通过资金配置推动主导产业的形成，主导产业能够迅速有效地吸收创新成果，对其他产业的发展产生着广泛的影响。金融发展又具有扩散能力，能够通过产业链条带动相关产业的发展，促进生产要素的优化配置，真正实现产业整合功能。

4. 金融系统对于产业结构调整的风险防范与补偿机制。由于从事技术创新是有风险的，对于创新项目的分散投资决策将降低风险并提高在创新活动上的投资，所以有利于风险分散的金融系统可以加快技术进步与经济增长，因为金融部门还可以通过保险公司对高风险、高收益的新兴产业提供保险，以降低其创业者的风险。而以风险投资基金为代表的风险投资机构，以能更好适应技术进步投融资的高投入、高风险、高收益的特点，推进产业技术结构的升级调整和高新技术产业的发展。

另外，金融业还通过提供失业保险、养老保险、医疗保险等业务，解决产业结构调整中资源特别是人力资源闲置可能产生的社会动荡，以保证产业结构调整的稳步推进。

（二）长三角金融一体化合作的现状

江浙沪三省市金融存贷款增量约占全国1/3，在经济联动的推动下，长三角金融业已经实现了一定程度的融合，如异地贷款，跨区域票据交换，跨区域外汇资金清算，货币市场来往，证券市场融资等。随着产业转移、产业整合的深入，跨区域的资本融合也已经起步。综合来看，长三角已实现的金融合作表现在以下几个方面：

1. 银行业务、货币市场业务方面。商业银行异地贷款发展较快。在商业银行以客户为中心、以市场为导向的经营理念指导下，异地贷款业务得到了较快发展。由于资金充裕程度不同，一些城市资金外流较多，一些城市则接受资金流入较多。以资金外流较多的上海为例，2004年6月末，上海市中资商业银行各类异地贷款（包括异地贷款、贴现、承兑、信用证及保函等，不含转贴现）余额287亿元，其中66%的异地贷款发放到

第七章　生产性服务业与长三角都市圈产业分工深化

了浙江、江苏两省,发放异地贷款的商业银行涵盖了四大国有独资商业银行、股份制商业银行、上海银行等各类银行。异地贷款已经成为满足区域经济发展资金需求的一个组成部分。在商业银行异地贷款管理方面,部分全国性商业银行对区域性信贷实现了统一授信管理。以建行为例,在其总行的协调组织下,建设银行苏浙沪的分支机构已经开展了多方面的合作,包括信息交流和沟通,联手营销,统授信额度,组建销售网络,对客户的贷款进行重组等。随着跨国公司在长三角投资布局的深入,上海的外资银行发挥了跨区域服务的带动和示范作用。

另外,商业银行在私人业务方面服务不断创新;票据业务方面,上海已经形成了区域性票据市场中心,长三角地区票据贴现、转贴现十分活跃。在货币市场方面,长三角金融机构的合作十分频繁。在银行间货币市场上的机构交易也十分活跃,其中南京市商业银行是银行间债券市场第一批双边报价商(做市商),上海银行、杭州市商业银行、国泰君安证券股份公司(总部在上海)是银行间债券市场第二批双边报价商。

2. 证券、期货、产权交易方面。当前,苏浙两地的证券中介机构、期货中介机构在上海设立营业部等分支机构的情况非常普遍,总部在上海的证券公司、基金管理公司、期货经纪公司也积极到苏浙去展业,区域内互动明显。比如,苏州的东吴证券、宁波的天一证券等都将公司总部迁至上海,以方便业务拓展;上海的申银万国、海通等证券公司的业务重心均放在资金充裕的长三角。截至2004年8月末,在上海证券交易所上市的上海、江苏、浙江企业分别有147、58、62家,占上海证券交易所上市公司总数的32%。另外,在企业产权交易、资本重组方面,"长三角"也实现了密切的合作。

3. 中央银行金融服务方面。中央银行的清算等金融服务已经突破行政区范围,比如,人民银行上海分行所辖区域为沪浙闽两省一市,但人民银行上海分行的清算服务并未受此地域限制,包括了江苏部分城市。截至2003年末,参加人民银行上海分行区域性票据交换的银行、农村信用合作社、城市信用合作社达3 140家。外币清算方面,由于上海是长三角的主要对外口岸,国家外汇管理局上海市分局的外币清算系统涵盖了江苏省的南京市、苏州市、无锡市、常州市、南通市等地。另外,企业根据实际经营需要,异地开立外汇账户、异地结售汇,也在外汇政策的许可范围内有序开展。在人民银行总行的牵头下，全国性金融基础设施建设的合作也进展较快，如现代化支付清算体系的建设、征信系统的建设等不断推进。

（三）长三角金融一体化中存在的障碍

从总体上看，长三角金融合作已经起步，但其深度不够、范围不广、力度不强。主要有以下几方面的原因：

1. 银政壁垒阻碍了金融一体化进程。银证壁垒是指由于行政区划、金融监管和金融机构内部垂直管理所造成的金融资本的割裂状况。从商业银行角度来讲，占有70%市场份额的四大国有商业银行，实行的是以省市行政级别和区域为中心的管理模式，三地分行基本处于独立的经营状态，由于缺乏区域资金管理的垂直协调机制，阻碍了资金的自由流动和跨区域调拨。而且我国银行制度改革相对工业和商业领域的企业制度改革起步较迟，企业扩大业务领域的动力不足，金融企业产权改革未完成，未形成利益联盟，长三角金融机构缺少共同利益机制，合作动力不强。

从金融监管角度来讲，虽然人民银行实行大区分行制，但由于江苏属南京分行管理，浙江和上海属上海分行管理，两地央行分别以平衡本区域经济总量为原则，而不是以区域经济的联系为首要出发点。这导致长三角地区银行系统管理的人为割裂，为长三角地区金融机构的合作设置了障碍。

在建立金融合作的支持体制或提高金融合作的协调力度方面具有一定难度。证管办与保监办尚未实施大区管理制度，即将成立的银管办也是采取属地管理制度。因此，在促进三角洲金融市场一体化方面还需要对监管联席会议制度进行创新。

2. 金融发展的基础条件不完善。特别是社会诚信体系建设进展不快，金融创新的水平与层次不高，产品研发缺乏区域合作。这是限制区域金融合作的一大难点。从操作条件看，金融软件基础设施建设的区域间衔接度不高、统一性较差，缺乏区域金融合作的技术支持平台架构。

3. 政策上有一定的限制。金融业是一个特殊行业，风险高、影响面

第七章 生产性服务业与长三角都市圈产业分工深化

广,为确保金融稳定、社会稳定,对它的监管比对一般行业的监管更严,限制更多。比如,金融业的市场准入门槛高,经营范围受到严格核定,服务收费、资金价格(利率、汇率等)受到严格管制。银行业的跨区域经营需要备案,保险业不允许跨区域经营。这些对于金融部门的横向合作是不利的。

4. 空间距离远、信息不对称,导致业务成本高。由于空间距离远,信息不对称,金融机构在开展异地业务时面临管理难度大、风险管理手段缺乏等问题。比如,商业银行发放异地贷款时面临银企信息不对称问题,异地贷款贷前调查、贷时审查及贷后管理难度较大,管理成本高,容易形成多头贷款、垒大户等问题,导致风险集中。又如,跨地区的关联公司因为不规范的关联交易也会集聚大量风险,导致银行信贷资金损失。

5. 金融基础设施建设不够完善。我国的征信体系起步晚,支付清算系统的覆盖面,运行的快捷性、安全性等也都有待进一步提高。这些金融基础设施建设的落后,妨碍了金融合作的深化。

6. 其他制约因素。长三角金融一体化还存在着其他一些制约因素:一是货币市场一体化进程已经进入操作但范围有限,形式上统一而实际上动力不足,进展不够快。比如,票据结算仅在少数几个城市间进行联合操作,距离三角洲地区全面统一目标还有很大距离。又比如,同业拆借的辐射面不小,但业务规模还不够大,关键是管理协调问题。二是资本市场运作层次不高。虽然在证券交易与结算方面基本实现了一体化运作,但在投资银行业务、产权转让、技术转让等方面还缺乏深度。三是企业信用征信体系建设已经取得了一定成绩,上海已经与江苏、浙江实现联网。个人信用联合征信工作在上海已经起步,但是,征信范围还主要限于银行信用征信方面,而且在江苏与浙江还没有全面展开。

(四)加快长三角金融一体化的对策建议

长三角地区的金融一体化是推动区域经济增长的重要保证,金融一体化的深化将加快区域产业一体化进程。

1. 建立金融合作的沟通协调机制。目前,长三角经济合作发展已经到了一个新阶段，为金融的合作发展开辟了广阔的空间。建立合作机制，是加强金融合作、推动区域金融健康有序发展的内在要求和重要保证。一是组织策划"长三角区域金融合作论坛"，广泛听取各方面专家的意见和建议，集中各方智慧，共同出谋划策，共建合作机制①。二是沟通区域内货币信贷政策的实施情况和效应，交流金融监管中值得关注的突出问题。三是建立人民银行系统经济金融统计数据交流网络。

2. 加大金融机构产权制度改革，建立区域性总部。应允许长三角的地方性金融机构通过市场化的股权交易，形成利益联盟，整合和创新区域内金融业务，实现资源共享，提高合作的层次。应突破分业经营的体制，促进长三角金融企业以产权为纽带的综合经营，培养具有较强核心竞争力的金融集团，做大金融产业资本。长三角不同金融业态的合作，如银行与保险的合作、银行与证券的合作、证券与保险的合作等，应在风险可控的情况下得到进一步发展。

设立长三角区域性中心或地区总部。选择上海或长三角某一经济中心设立联系总行和分行的地区总部，将长三角地区作为一个整体并采取统一的标准、程序、机制、制度来运行管理。

3. 优化金融机构管理体制，加强信息互通、业务交流。金融机构要突破垂直型的业务管理体制，克服业务管理链条过长的弊病，增加横向合作。国有独资商业银行、股份制商业银行等可尝试建立区域性业务管理总部，协调长三角的业务开展、信息交流、资金流动。比如建立长三角银团贷款中心，联合举办金融新产品展示会，推动产品跨区域流动等。要充分发挥外资银行在长三角金融活动中的作用。

4. 充分发挥上海金融中心的集聚与辐射功能。长三角金融联动与合作是上海建设国际金融中心的有机组成部分，要充分利用上海金融市场平台，创新金融产品，为长三角经济服务。当前，应探索融资性票据、无纸化票据的发行交易，推动上海建成全国票据市场中心。

5. 加快长三角区域性要素市场建设。利用长三角经济比较活跃、资

---

① 为推动长三角地区金融一体化联动发展，中国人民银行上海分行和南京分行联合成立了课题小组，并于2003年4月15日在上海召开了长江三角洲15城市金融合作第一次研讨会。建议建立长三角金融合作促进委员会、长三角中心城市金融信息交流网络、金融监管部门与金融机构负责人联席会议制度。

第七章　生产性服务业与长三角都市圈产业分工深化

金比较充裕的优势，可探索发展产业投资基金。在公司债发展的制度环境相对完善的情况下，促进长三角企业发行公司债。积极争取信贷资产证券化在长三角地区的试点，为全国开展此项业务积累经验。建立长三角统一的产权交易市场，促进区域内产业整合及产业结构升级。

6. 改善区域金融基础设施建设。推进信用信息共享，当前，应采取统筹规划、分工协作等形式，打造信用信息的公共平台。目前，企业信贷登记系统已实现全国联网，对该系统还需要完善信息内容，进行系统升级，方便金融机构对信用信息的查询使用。应尽快建立起全国联网的个人联合征信系统，并从法律角度规范个人信用信息的收集、管理、使用。同时，要加强长三角资信评级系统开发和使用的合作。加快建设现代化支付结算系统，实现更多区域的联网。如推进银行卡联网联通工程，提高银行卡交易的成功率。

7. 为长三角产业发展提供金融创新服务。长三角产业规模的扩大和布局的一体化要求金融业的服务创新。营销总部在上海、制造环节在江浙的产业布局，客观上要求银行为企业提供跨区域的财务服务，降低企业因为不得不分设两个账户的财务管理费用，加快资金流动速度。

长三角地区目前已集聚了一批具有境外投资能力的企业群，因此要鼓励商业银行在中资企业投资密集区设立银行分支机构，为长三角企业"走出去"提供服务，建立境外银行分支机构，为企业跨国投资提供人民币业务结算和安全的资金流动服务。

当前，应在长三角各口岸海关、税务、金融等信息共享的基础上，推进便利化进出口核销、便利化国际结算，以便利异地企业的收付汇。对于长三角企业的境外投资，外汇管理部门要加强信息沟通，争取更多的改革试点，以推进区域内对境外投资的便利化。

三、上海生产性服务业的发展战略研究

长三角经济圈的进一步腾飞和人口的集聚客观上要求作为核心城市的上海发挥区域性的资源再配置、要素再整合的作用。而完成这一使命的组

织载体只能是功能完备的生产性服务业。因此，大力发展生产性服务业，不仅是上海作为长三角核心城市的提升自身支配力的要求，也是长三角制造业成为国际产业基地的发展要求。上海国际化程度较高，具有参与处理对外经济交流与合作关系的高端英语人才，具有江浙两省不可替代的独特地理优势，而且上海生产性服务业水平的提高对提升我国国际形象，维护国家利益具有重要作用。

（一）生产性服务业成为外商投资的热点

从国际背景来看，目前服务业投资已成为国际直接投资的主流之一，发达国家服务业转移趋势有所加快，流向发展中国家的部分也明显增加。全球资本向发展中国家流动基本上是由两种因素决定的：发展中国家经济中的盈利机会以及国际资本流动中的物理和制度障碍；交通和通讯技术的进步已经大幅度地降低了跨国资本流动的成本，而全球范围的知识扩展也使欠发达国家充满了新的盈利机会。

跨国公司在继续投资制造业，使中国变为"世界工厂"的同时，也正加紧投资生产性服务业的步伐，使中国成为地区管理运营中心。随着中国加入世贸组织承诺的兑现，包括银行、保险和证券在内的金融业，包括批发、零售、外贸、物流在内的流通业，包括增值电信和基础电信在内的电信服务业以及包括法律、会计、管理、公关等业务在内的专业咨询业都成为跨国公司进入的热点。随着跨国公司进入这些新开放领域，他们有可能在中国实现投资业务的横向一体化。在此基础上，跨国公司纷纷在中国设立地区总部，很多跨国公司在地区总部之下还设立了采购中心、销售中心、研发中心、培训中心、财务结算中心、政府事务中心、媒体事务中心等。2002年我国生产性服务行业吸收外资统计数据如表7-10所示。

全国以及各省第二产业吸收外资仍居主导地位（见表7-11）。但是第三产业合同外资增长较快，全国平均增幅达20.82%，山东增幅为70.55%，浙江达到30%，上海为24.88%；从占比看上海最高，达到39.88%。

第七章 生产性服务业与长三角都市圈产业分工深化

表7-10　　　2002年我国工业生产性服务行业参考数据　　单位：万美元

行业	项目数 2002年	2001年	同比（%）	合同外资金额 2002年	2001年	同比（%）
交通运输、仓储及邮电通信业	405	297	36.4	152 902	88 354	73.1
金融、保险业	17	8	112.5	46 002	8 612	434.2
房地产开发与经营业	1 163	707	64.5	685 725	478 429	43.3
科学研究和综合技术服务业	227	196	15.8	53 365	65 429	-18.4

资料来源：商务部，上海科学技术情报研究所整理。

表7-11　　2003年部分沿海省市合同吸收外资产业结构比较

1~10月	第二产业 合同外资（亿美元）	增长（%）	占比（%）	第三产业 合同外资（亿美元）	增长（%）	占比（%）
全国*	1 080.38	38.45	76.3	292.68	20.82	21.67
浙江	92.1	16.9	84.5	16.3	30	15
山东	134.34	75.78	86.72	14.64	70.55	9.45
广东	117.28		78.75	29.89		20.07
上海	59.63	-9.87	59.6	39.9	24.84	39.88

资料来源：各省市外经贸厅，*全国为1~11月数据。

（二）长三角的生产性服务溢出需求为上海提供了巨大发展机遇

长三角世界制造业基地的形成以及制造业企业活动外置，不仅将使上海制造业进入长三角产业集群，而且将促进企业增加使用服务中间投入，引发对现代服务业的强烈需求。例如近期抽样调查显示，无锡95%的企业希望剥离零件生产，50%的企业希望把物流全部交给社会，90%的企业希望分离部分物流业务，85%的企业希望剥离后勤服务（周振华，2004）。其中，有相当一部分是对上海的服务需求。

长三角区域对服务业的巨大需求为生产性服务业的快速发展提供了坚

实的支撑。2002年长三角15个城市GDP总额为18 934亿元，其中服务业为8 017亿元，比重为42%。如果从2003年到2010年长三角15个城市GDP的增长率能保持10%，服务业能保持11%，那么到2010年15个城市GDP总值可达36 897亿元，服务业将达16 645亿元，占GDP比重45%。这就意味着到2010年长三角15个城市的服务业需求市场将达到1.6万亿元人民币，这将为上海现代服务业特别是生产性服务业的发展提供广阔的市场空间。

以西方七国1970年的数据来看，其服务产业中的生产性服务业大约占到70%~80%（需要注意的是，这一比例随着人均GDP的提高而逐步降低。到1981年，这一比例下降到65%~70%）。拿这一比例简单地套用到长三角，则2010年该区域生产性服务业产值大约为1.1万亿元（以70%计）。

生产性服务业有着极强的集聚效应，特别是金融保险、会计、法律、咨询、设计等行业更是如此。比如20世纪40年代初英国的会计行业还处于小规模、分散化、辐射范围以当地为主的状态，到了1948年，英国上市公司1/3的业务已经被前20家会计公司独占，到了1979年，这一比重上升到70%，到了21世纪，这几项服务业中的国际交易部分基本上被五家大型会计公司所控制。从1970年纽约、伦敦、东京生产性服务业的集中程度来看，三个城市的生产性服务业就业人口的比重（生产性服务业就业数/全部就业数）一般是全国的1.5~2倍，而金融、保险、房地产业的集中程度更高。如果简单地认为一个国家内部生产性服务业的劳动生产率（或者全员要素生产率）保持同样的水平，则三大城市生产性服务业产值比重也要高出全国水平的1.5~2倍。如果上海在未来几年内经济的集聚能力和辐射能力能够达到上述三个城市在1970年的水平，则长三角生产性服务业总产值中的6%~15%有可能由上海创造出来，约650亿~1 500亿元人民币的市场规模，由此将使得上海服务产业的比重在保守目标的基础上再提升5~10个百分点，达到55%~60%的水平。不过这一水平的实现有赖于长三角经济一体化的真正实现，经济资源不再受地方利益保护下的市场分割的局限。

（三）世博会将为上海生产性服务业的快速发展带来强大推动力

从世博会历史来看，世博会将产生巨大的经济效应，将对产业发展、经济规模产生巨大的拉动和提升作用。以1970年大阪世博会为例，该届世博会在1965年申办成功，于1968年启动，1970年举办。我们知道20世纪六七十年代是日本经济的高速增长期，GDP年平均增长率在10%以上，其中尤以1967~1970年增长最快，年平均增长率都在17%以上，到1970年达到21.2%的最高值。从财政收支角度说，大阪市的财政收入从1961年的814亿日元，增加到1968年的2 782亿日元，进而增加到1977年的9 692亿日元，16年间增长了12倍，年均增长率达16.7%。从就业人口看，大阪市从1965年的50.73%上升到1970年的64.14%，增加了14个百分点。另外，世博会的举办对大阪市交通运输、商业、会展旅游等行业均产生了重要且积极的影响。更为重要的是，经过这次世博会，日本进入了经济持续稳定增长时期，其经济实力在此后的几年间迅速上升到世界第二位，同时以大阪为中心的"关西城市群"和以产业、经济、文化为主要内容的"关西一体化"初步形成。在此期间，关西地区的产业结构也进行了大幅度的调整和升级，由原来以重化工业为主导转变为以现代服务产业为核心的更为高级化的产业结构，高科技产业、信息产业、物流、商贸、会展、金融、环保和中介等成为关西地区的核心产业。目前，大阪已经成为仅次于东京的商贸、金融、信息交流中枢，初步形成了在全球配置经济资源的能力。

上海世博会期间，新增来沪游客将达到7 000万人次，其中海外和国内来沪游客各为300万人和6 700万人。据预测，如果以2001年来沪旅游者人均消费支出为基数（国内旅游者为1 223元，国外旅游者为7 311元），考虑到人均消费支出随人均收入水平逐步上涨的趋势（年均递增5%），2010年国内来沪旅游者人均消费（包括交通、住宿、餐饮、购物、门票、娱乐等）将达到1 898元，总消费额将达1 272亿元；海外来沪旅游者人均消费将达到11 366元人民币，总消费额将达到341亿元。而2001年国内游客人均消费支出中购买商品和服务的比例为39/61，国外游客的这一比例为30/70。按这一比例计算，2010年国内游客服务性消费支出达776亿元，国外游客为238.7亿元，两者合计，新增的服务消费总额为1 014.7亿元。这将使上海服务业比重在保守目标的基础上提升7个百分点（周振华，2004），如果考虑到该项消费的乘数效应，其贡献率还将有所扩大。

据上述预测，到2010年，上海生产性服务业面临着巨大的发展空间，有可能拉动服务业整体比重提升10个百分点以上。

（四）上海生产性服务业发展现状

据2005年第一次经济普查资料汇总，2004年上海生产性服务业单位数为12.91万家，占全市单位数的31.4%；从业人数达228.85万人，占全市从业人数的25.1%。从上海生产性服务业发展现状来看，主要有以下几个发展特征：

1. 生产性服务业是推动上海第三产业发展的重要力量。从经济普查汇总资料分析来看，上海生产性服务业企业数占全市第三产业的39%，从业人数占49%，资产总计占68%，营业收入占67.8%，生产性服务业已成为推动上海经济发展的主要力量。其中，六大生产性服务业单位数和实现营业收入的比重分别为：金融保险服务0.5%和6.8%；商务服务15.6%和16.1%；物流服务51.5%和71.3%；科技研发服务8.0%和1.1%；设计创意服务23.1%和4.5%；职业教育服务1.3%和0.1%。物流服务所占的比重最大，主要是产品批发业，占到物流服务业的95%左右。

2. 科技研发投入持续增加，研发机构向上海集聚。在科教兴市战略的指导下，2004年上海全社会科技研发支出达到170.6亿元，比2001年的88.1亿元翻了一番以上，占全市生产总值比例由2001年的1.78%提高到2.29%。2004年全市科研服务行业单位数1.04万家，从业人员16.27万人，其中从事研究与试验发展的单位有933家，从业人员4.75万人，其中外资研发中心已达140家；从事科技交流和推广、专业技术服务的单位有4 381家，从业人员7.12万人。以企业为主体的研发体系正在不断形成和完善过程中。

3. 以开发区为载体的集聚特征明显。张江、金桥、漕河泾等国家级

第七章 生产性服务业与长三角都市圈产业分工深化

开发区在制造业发展的同时，都出现了向生产性服务业转变的趋势。

张江高科技园区已经形成了信息服务、微电子设计和研发服务为主体的生产性服务业。信息服务方面，截至2004年底，浦东软件园注册企业982家，实际进驻企业218家。国家863信息安全产业基地内已有42家企业入驻，承担着24个国家及上海市的各类信息安全重大科研项目和45个成果转化项目。银行卡产业园已顺利引进了中国银联等5个项目，形成了与陆家嘴金融贸易区银行业前台服务相配套的后台服务产业。微电子设计方面，张江已成为投资规模最集中、产业链最完整的微电子产业基地，初步形成了以芯片制造业、芯片设计为核心，以封装测试为支撑的微电子产业链，集聚了80家芯片设计公司、11家研发教育机构、34家配套及设备供应公司。研发服务方面，张江已基本构筑和形成了由制药、国家级研发中心、医学院校、中小型创业企业、专业化中介服务机构组成的产学研一体化框架，奠定了"药谷"地位。研发中心总数已超过50家（经认定的国家、市级、区级研发中心达25家），园区正成为跨国公司地区总部和研发中心的集聚地。

漕河经开发区在1 100多家国内外企业中，集聚了一大批高附加值和高新技术企业，并已在高新技术产业领域成为跨国公司转移高科技、高附加值加工制造、研发中心和其服务外包业务的重要承接基地；具备了成为高新技术产业、现代服务业和高素质人才聚集区的能力。一批知识密集型服务业，比如知识产权、风险投资、管理咨询、信息化服务等已见端倪，一个具有漕河泾开发区明显特色的开发区服务品牌和服务需求市场已基本形成。引进了一大批具有产品研发、产品服务、产品设计、技术培训、企业解决方案咨询等功能的项目，集聚了以思科、飞利浦、朗讯科技、IDT新涛、华东计算机为重点的信息技术研发中心，以3M技术、联合利华、汽巴京华、科莱恩、瑞倪为重点的新材料研发中心，以航天第8设计部、航天801、812等研究所、航空无线电研究所为主体的航天航空研发中心。

金桥开发区引入大量自主知识产权科技企业与大型跨国企业的研发机构，在中心地带规划建设了三个科技园，其中包含研发中心科技园、软件园与孵化园，总面积约为1平方公里。截至2004年底，区内已有33家获得浦东新区科技局评级认定的研发机构入驻，包括国家级研发机构4家，市级研发机构7家，区级研发机构22家。2005年，UTC下属的开利空调在金桥开发区设立了全球第 4 个研发中心，摩托罗拉在金桥开发区设立了亚太地区汽车电子研发中心。金桥开发区还成立了国际物流公司、工业物业管理公司，建立了工业废弃物公司，为企业提供全方位的延伸服务。

城市近郊工业区近年来也纷纷提出产业转型发展理念，在产业升级过程中都进行了一些有益的探索。临空经济园区提出发展总部型经济，江桥工业区提出发展西郊生产性服务业集聚区，市北工业区提出发展 2.5 次产业等。

4. 外资对生产性服务业的带动作用增强。据统计，截至 2002 年 6 月，上海服务业吸引外资项目 9 321 个，占上海所有吸引外资项目的 38.8%。仅 2002 年上半年，上海服务业吸引外资项目就达到 685 个。到 2003 年 6 月底，跨国公司在上海设立的具有地区总部功能的投资性公司超过了 80 家。外资主要集中于房地产业与基础设施、仓储物流、咨询、运输、货代及电讯增值业等行业。所有这些数据都表明入世后境外投资者，特别是跨国公司对上海生产性服务业的投资日益活跃，吸收外商投资的巨大潜力已经显现。

在金融保险领域，上海现有经营性外资金融机构 66 家，其中包括 54 家银行和 12 家保险公司，获准经营人民币业务的外资银行有 24 家，如汇丰银行、日本兴业银行、东京三菱银行、美国花旗银行和标准渣打银行等，世界最大的 50 家银行已有一半以上在上海设立分行。此外，还有非经营性外资金融机构 157 家。这些金融机构的入驻为上海实现国际金融中心的目标奠定了基础。

在专业服务方面，全球著名会计事务所，如普华永道、毕马威、安永和德勤等，均在上海开办审计、咨询和税务等业务；国际著名的咨询公司，如麦肯锡、波士顿、埃森哲和邓白氏等，也在沪设立了分公司；30 多家世界著名的律师事务所在沪设立了代表处和咨询机构。

在运输物流业方面，上海已有 136 家中外合资货运代理企业、16 家外商独资船务公司和 4 家船务公司上海分公司，业务范围几乎涉及全球各大海运公司，如丹麦马士基、美国总统轮船公司、日本邮船公司和荷兰铁行渣华等。全球著名的快件服务公司，如 UPS、敦豪等也竞相逐鹿上海。从事物流服务的公司仅外高桥保税区就有国际贸易公司 4 800 家，仓储物流分拨企业 518 家。

第七章 生产性服务业与长三角都市圈产业分工深化

5. 外资在上海设立地区总部、投资性公司、研发中心情况。截至2005年底,落户上海的总部经济外资企业累计达424家,其中跨国公司地区总部共有124家,累计落户上海的国家级地区总部有12家。若以项目数计,前两位国家地区为:日本和美国。跨国公司地区总部行业覆盖面较广。2005年,上海新批跨国公司地区总部38家,包括博世、麦当劳、福特汽车等14家世界500强企业先后在沪设立地区总部,英特尔公司还将其全球五大事业部之一的渠道平台事业部全球总部从美国迁入上海。

截至2005年底,投资性公司共有130家,若以项目数计,国家地区中,美国、日本、中国香港占据前三位。投资性公司投资的行业涉及面较广。

自1980年英国马可尼通信公司在浦东金桥开发区设立了上海国际数字电话设备有限公司的非独立研发中心后,截止2005年底,上海共有外资设立的研发中心170家,包括独立研发中心和非独立研发中心,行业涉及汽车、电子、通讯、医药、化工、装备、新材料和食品等。投入区域以浦东为最。近年来,研发中心的投资规模也有所增大,投入项目的注册资本由数年前的几十万美元上升到几百万美元乃至上千万美元。不少研发中心,如泛亚汽车技术中心有限公司等,已投入研发资金上亿美元。2005年,汽巴精化、思科、圣戈班等将其从事基础研发的全球研发中心设在上海。

发达国家产业向我国产业转移过程中,虽然也设立了一些研发机构,但是我们要清醒地认识到,研发机构大多是为占领我国市场、利用我国廉价的技术劳动力而设的应用性研究机构,基础性研究仍掌握在发达国家手中。我国"十一五"规划思路明确把自主创新作为产业发展重点,上海应充分发挥长三角企业密度高和经济效益好的优势,高度重视自主创新的培育。上海吸引了一大批国际知名的生产性服务业跨国公司,他们带来了全新的管理方式、经营理念和发展模式,可以对提升上海生产性服务业的整体发展水平提供借鉴。

另外,制造业服务化趋势初露端倪。随着长三角地区在世界制造业份额的扩大,上海在发挥国际大都市方面的优势逐步凸现。出现了把上海作为投资、管理、研发设计和营运中心,把制造环节布局在长三角或其他地区的一体化布局现象。目前在上海各大工业集团中,生产性服务业占总销售收入的比例已经达到15%~20%。

(五) 上海发展生产性服务业的基础优势

1. 发达的信息技术基础。信息技术及其信息基础设施的完善，为现代服务供给提供了强有力的技术手段，大大增强了服务的供给能力。特别是现代电信和传递技术使时间和距离的概念逐渐丧失了其重要性，导致服务的不可储存性和运输的传统特性发生了改变，从而克服了原先只能提供个性化服务的缺陷，将规模化服务与个性化服务结合起来。上海信息基础设施建设比较完善，信息技术运用，特别在现代服务领域中的运用正在不断普及，信息化程度迅速提高，从而为现代服务供给奠定了良好的技术基础。

2. 网络型组织结构。由于最新的服务业发展主要由经济网络型服务带动，使经济网络型服务与工业的发展形成互补，因此内部化优势不再变得显著，许多服务型公司日益采用松散而富有弹性的网络型组织结构。例如许多服务型跨国公司相对于直接投资建立子公司而言，更倾向于采用非股权安排形式或是合伙形式，同时母子公司之间保持着一种较松散的网络联系，各公司独立性较强。目前，尽管我们现代服务供给的组织方式尚未完全形成这种网络型组织，但已经在向连锁化、联盟化、集成化等方向发展，开始初具网络型组织结构的雏形。

3. 高层次人力资本。现代服务业知识和技术含量比较高，是提供高附加值的产业，其对人才要求较高。上海集聚了相对较多的人才，劳动力素质较高，在从事现代服务业的人力资本上具有比较优势。特别是在金融、保险、专业服务、信息服务、软件服务、医疗和教育服务等领域更是如此。同时，人力资本的集聚往往有着一种较强的自我积累、自我强化的效应，可以预见，上海人力资本的集聚能力在未来的几年内还将进一步增强。但我们也应该清醒地认识到，在一些新型现代服务业务或项目方面，上海仍然缺乏相应的人才，其人才结构和比例还不能适应上海服务业巨大的需求前景。

4. CEPA将提升上海服务水平。在CEPA框架下，沪港经济合作将主要集中在服务贸易领域，在航空港、港口航运和物流、世博会、旅游会展、投资和商贸、教育卫生和体育事业、金融服务、专业人才等八个领域展开，同时在管理咨询、广告、会计、建筑及房地产、医疗及牙科、分销服务、货物运输代理、仓储服务、运输、视听服务、金融服务、法律、增值电讯服务等18个行业对香港全面开放。具有世界一流水平的香港服务企业进入上海，短期内将直接增加上海服务业的供给规模，而长期内其所形成的竞争效应和示范效应将有效地促使本地服务企业市场化步伐的加快、组织结构的转变、生产效率的提高，从而促进上海生产性服务业结构的优化。

（六）上海发展生产性服务业的机遇

1. 全球外包服务市场迅速扩大的机遇。信息技术及网络技术的发展，使服务外包所需的技术知识水平提高，全球知识型服务外包兴起。许多跨国公司不仅将数据输入、文件管理等低端服务转移，而且还将风险管理、金融分析、研发等技术含量高、附加值大的业务外包出去。据有关研究资料，具有离岸外移产业经验的公司通过服务业转移可节省20%~40%的成本。据联合国贸发会议等机构估计，2004年全球外包服务市场规模达3 000亿美元。未来几年全球服务外包市场将迅速扩张，将以30%~40%的速度递增，2005年、2007年和2010年的总值将分别达到5 850亿美元、1.2万亿美元和20万亿美元。

2. 服务业转移具有较强的选择性的机遇。服务业转移不仅青睐低人力成本，更要求有受过良好教育、具有创造力的人力资源，以及日益发展的基础设施和成熟的技术条件，相关产业基础和制度保障等。因此，现阶段服务业的转移仅集中在少数亚洲新兴市场经济国家，如印度、菲律宾、中国等。向发展中国家的服务外包，推动了全球服务业转移。全球项目外包市场每年以20%的速度递增，估计2004年达到6.3万亿美元。服务外包最多的是美国，约占全球外包总量的2/3；其余主要是欧洲和日本。而承接最多的是亚洲，约占全球外包业务的45%。

3. 国际投资中服务业比重增加较快的机遇。随着全球经济的重心开始转向服务业和服务业资源的全球配置，国际投资中服务业的比重也不断增加。20世纪70年代初，服务业仅占世界国外直接投资（FDI）总量的

1/4；到20世纪80年代末，FDI中服务业的比重已经超过50%。据联合国贸发会《2004年世界投资报告》表明，1989~1991年期间，全球FDI流入总量中，服务业已占54%，而制造业只有39%；全球FDI流出量中服务业的比重也已达到55%。发达国家中服务业占流入量FDI的比例已达到58%；发展中国家中，服务业占流入量FDI的比例也达到了35%，流出量占39%。2001~2002年间，服务业占全球FDI流入量和流出量已经提高到67%和71%。其中，发达国家的服务业占FDI流入量和流出量的比重更是达到了73%和71%；发展中国家服务业占FDI流入量的比重也达到了50%。

现代科技的发展使物质生产和服务生产中的知识、信息投入比重不断提高，从而推动了服务业国际化的发展。近年来，服务业国际化的范围从运输、工程建筑等传统领域转向知识、技术和数据处理等不断涌现的新兴领域。近年来，服务业已开始成为外国投资的重点。自20世纪90年代中期以来，国际服务业通过项目外包、业务离岸化、外商直接投资等方式开始向我国和上海转移，进入21世纪，这一趋势呈明显加速之势。上海2003年第三产业吸收外资合同金额37.02亿美元，比上年增长12.4%，占全市外商直接投资合同金额的比重为33.5%。

4. 长三角作为世界制造基地的快速发展机遇。长三角不仅是我国经济最发达的地区，也是我国国际化水平较高的地区之一。外向型经济的迅猛发展，使长三角地区对外经济活动日趋频繁，对上海生产性服务业发展提出了更高的要求。随着上海基础设施建设的完善，长三角地区在全球制造业地位的提高，国际商业规则被普遍接受，全球产业分工深化，上海承接国际服务业产业转移，提高向长三角辐射能力，发展生产性服务业的基础条件逐步成熟。目前上海第三产业占GDP水平基本稳定在50%左右，从新兴工业化国家和地区，如韩国、新加坡和中国台湾经济发展过程来看，估计二、三产业均衡发展还将维持10~15年左右。从国际经验看，上海作为长三角地区连接全球市场的桥头堡作用将进一步强化，生产性服务业将处于快速增长阶段。长三角地区成为世界制造基地的发展趋势，需要以上海人力资源密集的生产性服务业作为基础，包括发挥科研院所密集和中介服务在研发、咨询和培训等方面的作用。

上海应该成为中国的国际管理控制中心。所谓国际管理控制中心，一

第七章　生产性服务业与长三角都市圈产业分工深化

般是指那些跨国公司或全国性大公司总部及地区性总部相对集中的城市。上海要建设成为国际性大都市，成为国际经济、金融、贸易和航运中心，就必须成为国际性的管理控制中心，成为跨国公司和国内大公司总部或地区总部的所在地。近年来，随着上海国际大都市的建设以及上海中心城市功能的发挥，越来越多的企业倾向于把公司总部或地区总部设在上海。可以预见，在今后一段时期内，随着经济全球化的推进，我国一些交通方便、信息和金融服务业发达的中心城市如上海、北京等，将有可能发展成为主要的管理控制中心以及大公司、大银行总部的所在地。其中，上海和北京近中期有可能发展成为全国性的管理控制中心，远期则有可能发展成为区域性的国际管理控制中心。为创建中国的国际管理控制中心，今后国家应在政策上鼓励国内大公司、大企业将总部迁往主要中心城市，鼓励上海、北京更多吸引跨国公司的营业性和地区性总部，各中心城市地方政府也应制定相应的政策措施。

（七）上海生产性服务业发展重点

从生产性服务业的行业归类来看，由于侧重点和研究背景的不同，各国和各类经济组织都有不同的统计口径和划分标准。为推动上海生产性服务业发展，引导社会和投资者了解生产性服务业发展重点和发展目标，上海市经济委员会和上海市统计局根据国家现行的《国民经济行业分类》标准，结合上海的实际情况，按照规范、简明、实用和可统计的要求，对生产性服务业进行了行业界定，确定了上海生产性服务业发展的六大重点行业。生产性服务业主要包括金融及保险服务、商务服务、物流服务、科技研发服务、设计创意服务和职业教育服务等与先进制造业密切相关的五大行业。

1. 金融服务。金融保险服务主要包括银行、保险和投资银行以及证券业、金融信托与管理、金融租赁、财务公司以及其他未列明的金融活动，本规划中主要是指为企业提供服务的金融活动，不包括个人金融服务。

上海要大力加强社会诚信体系和金融信息化、现代化建设，促进电子商务的发展，发挥金融中心的集聚辐射作用；大力发展和引进各类金融中介机构；另外要积极培育金融市场，完善金融支付清算系统，发展和完善银行融资业务，保证资金流向高效益的企业；发展规范的银行同业拆借和票据市场，形成统一的全国性资金拆借市场；发展企业债券、股票融资市场，稳妥地推进金融市场对外开放。发布产业规划、产业导向、产业政策和经济运行质量等，为金融服务部门和投资者提供决策参考，引导社会投资方向。

2. 商务服务。商务服务主要是指某个组织或个人应用某些方面的专业知识，按照生产企业的需要和要求，为生产企业在某一领域提供特殊服务的行业，其知识含量和科技含量都比较高，是生产性服务业的核心。包括租赁业、企业管理服务、法律服务、职业中介服务、贸易经纪与代理、房地产开发经营等。

上海要以市场化、专业化为方向，提高商务服务水平。通过全面清理资质资格的设置，继续深入推进各类中介机构脱钩改制，营造公平、公开、规范的市场环境，大力引进中外著名的专业服务业企业，积极培育全国知名的专业服务品牌，提高上海市场中介服务的竞争力。

以上海举办2010年世博会为发展机遇，全面改善上海发展展览业的环境，加快上海展览业的国际化、专业化、市场化步伐，规范展览市场秩序，促进上海展览业的繁荣和发展，提高上海展览业对内对外的辐射力。至2010年，把上海建成中国与亚太地区重要的会展中心城市之一。根据展览的实际展出面积、国际化程度、国际顶级企业参展、客户满意度等指标选择一批有发展前途的展览项目，给予重点扶持，培育成国际级的知名品牌展。充分发挥会展行业协会作用，健全培训体系，提供信息服务，建立会展业的统计体系，积极开展中外合作与交流，建立行业的诚信体系和自律机制。

重点支持市级以上开发区及配套区、生产性服务业集聚区、都市工业园、创意产业集聚区和标准厂房建设，为投资者提供便捷舒适的发展空间。

3. 物流服务。现代物流业主要是指为使物品从供应地向接收地流动，根据实际需要，将运输、储存、搬运、包装、流通加工、配送、批发、信息处理等基本功能实施有机结合的行业。包括仓储业、装卸搬运、运输代理服务、水上货物运输、产品批发等。

第七章 生产性服务业与长三角都市圈产业分工深化

上海要重点营造多功能、多层次的现代物流框架，使物流产业成为上海极具增值潜力，科技进步速度较快，并与国际物流对接的先导产业到2010年，要力争将物流产业增加值占 GDP 的比重提高到 18%，成为全球现代物流业发展供应链中的重要枢纽。发展铁路运输、公路运输、水上运输、航空运输、交通仓储、港口业、餐饮配送等物流主业及物流相关产业；发展海运业、海运辅助业、航运交易及其服务业等；形成钢铁、医药及医疗器械、化工、汽车等支撑上海先进制造产业发展的专业物流体系。

4. 科技研发服务。科技研发主要是指运用各种专业技术为生产提供的服务以及对自然、工程及生命科学等领域的新发现、新理论的研究和对新技术、新产品、新工艺的研制活动。包括技术检测、技术推广服务、计算机系统服务、工程和技术研究与试验发展等。

加快经济增长方式的转变和城市功能的转型，客观上要求必须密切关注世界新兴产业发展动向，通过研发机构和国际联系的渠道，尽早发现新兴产业成长的机会。发达的研发支撑服务体系，对上海"科教兴市"战略的实施具有重要意义，雄厚的产业研发服务体系是实现"上海制造"向"上海创造"转变的基础。积极支持国家级研发机构承接国家重大科技项目，为上海产业发展提供支撑。建立辐射国内外的技术产权交易服务平台，让国内外更多优秀的科技成果为上海建设服务。着重开展难题招标、技术诊断、项目咨询、可行性研究、市场调研、技术交易等系列服务，促进技术交易、技术成果产业化。进一步加强发达国家先进技术的引进和我国先进技术的输出、国际"产学研"合作交流、国际企业合作；探索对外合作模式，大力拓展技术交易合作平台。构建亚太地区的技术转移和服务中心，成为世界技术服务外包基地。重点推进测试测量共性平台建设，使上海成为质量鉴定、技术检测、新产品测试等方面国内外研发机构、高新技术企业的测试测量中心。

5. 设计创意服务。设计创意业主要是指源于个人创意、技巧及才华，通过知识产权的开发和运用，具有创造财富和就业潜力的行业。包括广告、工程技术与规划管理、知识产权服务、软件设计和互联网服务等行业。

上海要建立和完善一套有利于上海创意产业快速、健康发展的制度性、政策性的支持体系和框架，为上海创意产业的发展营造一个有利的法律和市场环境；要充分发挥上海创意园区的示范、集聚、辐射和推动作用；加快创意产业人才引进和培养步伐，加强对创意产业的研究，从上海创意产业的实际情况出发，有重点地扶持若干行业优先发展。

6. 职业教育。职业教育主要是指由政府和民间教育机构、个人以及各类培训机构提供的各级生产专业、职业教育和培训服务。包括中等教育、高等教育等。

上海在高校、师资、学科、设施、场地和教学方法等方面具有发展教育与培训的独特优势。上海职业教育产业要抓住开发国内教育市场和开拓国外教育市场的历史性机遇，充分利用学校品牌和学科的先导性吸引中外学生，依托高校开办各类知识教育与培训业，具体包括：资格认证培训、继续教育、职业教育、成人教育，构建国际化培训培养基地。

（八）上海生产性服务业集聚区的规划重点

生产性服务业集聚区主要是指在现有工业用地、工业区、工厂等范围内，突出产业转型、产业升级、产业链延伸和功能完善，以科技研发、设计创意、现代物流等生产性服务业为发展重点而形成的功能区域。具有增量带动存量，专业化、规模化和集群化以及二、三产业融合发展的特点。

应重点推进三种类型生产性服务业集聚区建设：一是对国家级开发区、部分市级开发区及中心城区老工业区进行产业功能提升转型，发展体现城市活力的科技型、研发型和服务型产业。如张江高科技园区、漕河泾新兴技术开发区、金桥出口加工区、杨浦知识创新区、紫竹科学园区、上海国际汽车城、市北工业新区等综合型生产性服务业集聚区建设。二是进一步完善提高物流园区增值性服务，建立与国际水平接轨的物流配送和信息网络体系，加强专业化物流服务。如外高桥物流园区、浦东空港物流园区、洋山深水港物流园区、上海化工区综合物流服务园（化工区金山分区）、宝山国际钢铁服务区等物流型生产性服务业集聚区。三是对商务成本和区位条件不适宜大规模发展制造业的近郊工业区，以及能够依托重大枢纽型基础设施、区位优势明显和城市功能完善的工业区，进行产业功能提升，发展体现产业链延伸的专业化、规模化生产性服务业。如康桥工业区、西郊生产性服务业区（江桥工业区）、桃浦工业区、松江工业区北部

第七章 生产性服务业与长三角都市圈产业分工深化

区域、徐泾西郊经济技术开发区、虹桥临空经济园区、闵行航天产品基地、九亭工业开发区等专业型生产性服务业集聚区建设。

产业融合的发展和深化要求上海大力发展生产性服务业，而上海产业能级的提升、结构的优化也顺应了这一要求，并为此提供了坚实的支撑。制造业的生产过程信息化和生产管理信息化以及二者的一体化，事实上也就是信息产业不断深化和不断细化的发展过程。这一过程必将伴随着大量的设计开发企业、检测和试验企业、信息咨询企业、管理咨询企业、市场调查企业、人力资本培训企业、批发和零售企业、物流企业等的繁荣和发展。应该看到，制造业本身对服务需求的增加是服务业务外包化的重要前提和基础，没有高水平、高效率的制造产业体系和集群，高水平、规模巨大的生产性服务业是难以被刺激、孕育和发展起来的。长三角制造业的进一步发展要求效率更高、功能更强、专业分工更细的组织结构和企业形态，而实现这一点必须要有强大的生产性服务业作为支撑。

第八章

政府在促进长三角产业一体化中的作用

一、国际经验的借鉴

在国外,解决跨区域经济管理问题的普遍做法是建立相应的跨行政联盟组织等。在发达的市场经济国家,以都市圈域的社会管理而论,有许多管理和协调工作还是要依赖政府的组织创新和制度创新。就东京和纽约等都市圈看,情况各不相同。

(一)东京都市圈的政府管理

在日本,国家的管理体制分为三个层次:中央政府、县和市,没有一个直接的政府层次管理某一个都市圈。但是,经济产业省把全国分为九个部分,分别设立经济产业局,以掌握经济动态、建立官产学之间的联系、协调辖区内的经济活动。如关东经济产业局管辖包括东京都市圈在内的11个都县。按照这个局的说法,辖区内存在两个相反的地区,一个是东京都市圈,是经济活动的高度集中中心,而另外一个关东地区需要帮助以形成产业基础。关东经济产业局调控着广泛的产业范围,如基础材料产业、钢铁或者石油产业、诸如半导体之类的高科技产业等,以及贸易、租赁业等。该机构在辖区内的地方政府部门、私人部门、研究机构以及大学之间，建立了密集的网络。

日本政府在塑造东京经济圈中起着重要作用。20世纪80年代在促进城市改造中，政府扮演着强硬的角色。在东京发展成为全球城市方面，主要政策发生了转换，从旨在促进对外扩散的多极的、自治的和可持续发展的战略转变为有选择的在东京集中全球经济功能，如金融、信息服务、媒体等功能。

（二）纽约都市圈的政府管理

美国纽约大都市区域大体上可以分成三种类型的管理机构：第一类是选举产生的各级地方政府，包括市县政府。第二类是特设的地方当局，如学校区、教（堂）区、供水区和救火区，它通常代表几个地方市政府的联合体（社区）。第三类是有区域范围的特别当局，它对整个特大城市区的某一部分或某个系统拥有管辖权。如设在纽约市的特里博拉夫桥梁和隧道管理局、纽约港管理局，等等。由于市与市之间具有相对独立性，特别是跨界的城市还存在各州实施不同的法律问题，大都会的城市群体存在许多矛盾，为了妥善处理好这个群体相互间的关系，一般每个大都会区都设有协调机构。

纽约都市圈也没有一个超越各州政府的行政管理或者协调机构。对于遇到的跨地区事务，通过共同建立的专门机构处理问题。只存在一个解决问题的机制，而不愿意建立一个政府机构。

（三）法国都市圈的政府管理

法国的地方政府分为三个层次：大区（region）、省（departement）和市镇（commune），一个大区包括若干个省（市）、一个省（市）包括若干个市镇，每一个层次的地方政府都是一个明晰的法人实体（legalentity）。大区是根据1982年的权力下放法（the 1982 Decentralization Act）而成立的，像省一样，大区有自己的公共管理结构，即"the Conseil Regional"，大区的主席由中央政府任命，许多原先属于中央政府的功能下放给大区管理机构，特别是促进经济和社会发展、教育和文化的权利，大区在大区计划、教育、职业训练、交通运输、文化和研究等方面成为决策和行动的重要中心，但是大区对其所覆盖的地区没有批准法律的权利。大区在促进经济发展方面有两个重要机构，即工商会（Chanbers of Commerce & Industry）和经济发展局（Ecornornic Development Agencies）。

（四）行政区划本身不会妨碍都市圈一体化的形成

与地方保护相关的一个问题是，行政区划是否是妨碍都市圈形成的一个原因。因为行政区划普遍存在，可以说凡是存在行政区划的地方，就会有地区竞争和诸侯经济，地方政府就会尽力促进经济增长和增加就业。在市场经济发展比较充分的法国、美国和日本皆如此，巴黎都市圈的各个省、市，为了本地经济的发展，同长三角地区一样，在引进外资中竞争得也很激烈，在纽约都市圈连接的纽约、康州和新泽西三个州，为吸引外资和促进本地经济增长，州政府也采取了很多措施（见表8-1和8-2），如各州也以税收优惠政策吸引外来投资。

表8-1　　　　1995～1998年间各州累计减税幅度比较　　　单位：%

纽约	加州	俄亥俄	麻省	蒙大拿	佐治亚	佛罗里达	康州	亚利桑那	其他
30	10	8	6	5	4	4	4	3	26

资料来源：高汝喜（2004）。

表8-2　　　　　　　美东北六州公司税比较（%）

	纽约	新泽西	麻省	康州	罗德岛	宾州
1999	8.5	9.0	9.5	9.5	9.0	9.99
2001	7.5	9.0	9.5	7.5	9.0	9.99

资料来源：同上表。

康州经济与社区发展部的使命之一是促进经济发展、开发和实施"吸引保持商业和工作岗位"的战略。1998年，为了吸引和增加产业在康州的集聚，成立了一个由来自康州的125位商界领袖组成的工作组，研究如何以最有效的方式，实施以产业集聚为基础的经济发展。工作组找出了对康州的经济竞争力起关键作用的六个产业领域：制造业、金融服务、电信和信息、医疗服务、高技术、旅游。从 1998 年至今，先后集聚了生物科学、航空业、软件和信息技术、金属制造、海运业、塑料产业、农业商业、金融保险服务业等产业。为使这些产业能够集聚，从州、产业界和公共资金三个方面提供资金支持。如 1998 年 10 月实施的生物科学产业集聚，州提供了 30 万美元的种子资金，产业界投入了 70 万美元，经济与社区发展部提供了 37 万美元，另有 6 150 万美元的公共基金资助。

1998 年，新泽西州为解决关键的经济增长和发展问题，为本州的市民创造经济机会，以"灵活、灵活、再灵活"的宗旨，努力地进一步吸引和扩大在本州的投资，确保新泽西州的经济复兴继续以好的势头进入 21 世纪，创立了城市创业园区（Urban Enterprise Zone）项目，该项目创造了数以千计的工作岗位和数以亿计的私人投资。目前，在全州 29 个自治市（municipality）已经有 30 个城市创业园区，这些园区大都集中在纽约都市圈内。园区为投资者提供了多种激励措施和丰厚的利润，如减免对于客户的销售税，对设备和服务免去一定的销售税，提供低息或者无息贷款，提供贷款担保，股本投入以及技术服务，等等。

二、政府促进长三角一体化发展的实践

从改革开放以后的区域发展历程来看，中国地方政府的作用体现在发动经济增长和营造良好环境两个方面。发动经济增长包括创造经济增长的初始条件，在中国的实践中体现为地方政府从中央要特殊政策，以便迅速从国内、区内和国外积累资本。在这个过程中，政府制定前瞻性的计划，或者由政府主导、或者顺应市场的力量，确定本地区发展的先导工业和产业。

（一）处理好政府与市场的关系

在政府与市场的关系上，越来越多的经济学家意识到政府与市场作用

相结合的必要性，既要坚持市场的调节作用，又必须重视政府调节的作用，二者不能相互取代，而只能相互补充与协调。从西方经济学的发展及各国政府现行的政策看，国家干预主义与经济自由主义日益呈现融合的趋势。也就是说，经济自由主义逐步由彻底的自由放任向承认政府适当调控的合理性转变；而国家干预主义则承认市场机制的有效性，注意把政府调控政策与市场机制有机地结合起来，最典型的代表是计划经济体制为主的社会主义国家已经或正在向市场经济体制转轨。

经济发展的关键在于高瞻远瞩及对宏观经济政策的把握，那种认为企业纯粹是最大利润的追求者，而消费者纯粹是公共设施的最大追求者的假设是有局限性且不完整的。事实上，上述假设扭曲了对问题的分析，因为它排除了主要的文化、政治差异，而正是这些差异构成了不同的公司和公民对经济发展首创精神的不同反应。我们看到，政府在制定宏观政策、建立微观支持项目以帮助企业实现他们创造财富的全部潜力时，起到了积极作用。各国政府在企业及不同社会团体形成伙伴关系时，起到了积极的作用，各国政府在与企业及不同社会团体形成伙伴关系的同时，必须形成国家财富创建战略并达成共识，以便在高度竞争的世界市场上取得成功。政府政策的影响可能是积极的，也可能是消极的。一个尊重市场规律且具有较强预见性的政府，对于促进产业竞争力的提高具有举足轻重的作用；反之，则非但不能促进产业竞争力的提高，还会起抑制作用。

在政府与公司的新角色定位方面，要找到干预与放任的平衡，政府和企业在追求竞争力提升和繁荣时应该扮演新的、具有建设性和行动性的角色。对政府而言，旧的对无政府主义和干预的区分已经过时。政府的首要任务是要尽力去创造一个支撑生产率提升的良好环境，这意味着政府在有些方面（比如贸易壁垒、定价等）应该是尽量不干预，而在另外一些方面（诸如确保强有力的竞争，提高高质量的教育与培训），则要扮演积极的角色。政府对钻石理论中的每一个因素都会产生或多或少的影响，这种影响是理解政府与竞争之间关系的最佳方式。所以，对于企业而言，一个企业的许多竞争优势不是由企业内部决定，而是来源于公司之外，也即来源于公司所在的地域和产业集群，它为公司选择未来的战略发展要地（布局战略）提供了重要依据。企业应该与政府一起，在集体财富（信息、名声、专业化服务）或者是公共物品建设上扮演积极的角色。政府

第八章 政府在促进长三角产业一体化中的作用

和企业在国家生产率提升上应该相互依赖、积极对话、清除障碍、降低不必要的成本，共同创造合适的投入要素、信息和基础设施。政府的服务成本的提高，不利于生产率的增长，是企业经营的一个隐含成本。现在关于招商引资过程中的政府间激烈竞争，在一定程度上对降低企业与政府打交道的交易成本起到了一定的积极作用，招商的竞争某种程度上反映了政府服务的竞争。

政府发展战略的制定要取决于政府的管理质量以及当地市场力量的发育程度。在经济发展的进程启动以后，政府管理能力还体现为营造良好的环境，包括凝聚民心（包括政府部门公务员的干劲）、提供基础设施等公共产品、并在关键时候出手"替代"市场力量以迅速形成资源的集聚，如政府强有力的招商行为、举办重要的活动（如上海的《财富》论坛、世界博览会；广州的广交会；深圳的高交会等）吸引国内外投资者的瞩目等。

当然，中国的区域发展中，不同地区政府的作用千差万别，其中一个重要的原因是政府的管理水平存在很大差别。政府的管理水平首先体现为政府的理性，即当地政府设定的目标是否明确、是否科学、地方经济发展的政策是否连贯。很多地方的政策好高骛远，贪大求洋，根本无法实现；也有很多地方的最高官员一更迭，便全盘否定前任的规划，另起炉灶，造成巨大的浪费。政府的管理水平还体现为地方政府的效率和官员的专业化水平，这些方面也是与经济发展互动的，如果它们的提升速度快于经济发展水平，则能够促进增长；反之则严重阻碍经济的健康发展。当然，政府的管理水平也体现在如何协调政府与企业的利益关系上，如早期对民营企业的态度，企业有否损害地区整体发展的寻租行为（如土地批租的问题）等，以及地方政府官员的操守问题，在中国曾经出现过地方党政主要官员因贪污腐败下台导致当地经济不振的情况。

在讨论地方政府的作用时，我们必须清醒地认识政府作用和市场力量的关系，地方政府的作用必须建立在市场力量运动的方向上才能"有所作为"，如果政府的目标与市场趋势的方向不符，其政策手段将可能是"事倍功半"、甚至是劳而无功。另外一种值得注意的情况是，过去20年由于经济成长太快，市场力量发展太过迅猛，也令许多地方政府措手不及，出现政策跟不上市场的被动局面，这也会给经济发展带来副作用。

在当前的经济发展阶段,政府要从生产要素等资源配置的主导地位中退出来,使生产要素的价格真实化;缺乏竞争优势的国有企业要从有关产业中退出来,集中精力为市场机制的形成创造条件而不是相反,把有限的政府财力集中到需要政府大力支持的产业环境建设和产业技术创新体系的促进等方面。

(二)促进长三角一体化的力量是市场和企业

首先应该强调的是推动长三角一体化的主体力量是市场和企业。区域一体化的根本推动力是市场自发有序的力量,在市场的作用下,区域经济的发展必然会突破行政界限,转向形成以跨行政区的一体化组合体系为主导的区域经济模式。20世纪90年代,另一个推动都市圈形成的力量是外资和港澳台企业的大量进入。这些外资企业多在昆山和苏州等地设厂,而在上海开立银行账户和区域性的总部,三资企业用资金、服务和生产把都市圈联系起来。随着全球一体化进程加快,市场交易原则成为基本的区域交往运行机制的主导。从区域经济社会发展效应传播和扩散的未来发展趋势看,以行政为主导的模式必将逐步被以市场选择为主导的模式所替代。市场交往的法则是平等互利、追求效益,使区域资源达到最大限度的流动,冲破地域和行政干预的束缚。

企业和政府互动型的运行机制必须按市场规律办事,即同时把企业与政府看做两个相对独立的经济利益主体,企业惟一的经营动机是利润最大化,政府的目标是多重收益最大化,如财政收入、社会福利、区域实力等。这样,区域经济一体化的过程就变为企业和政府两个主体在三方面的多重博弈,即两个或两个以上区域地方政府之间的博弈,企业与企业之间的博弈,同一区域中政府与企业之间的博弈。在这种种的博弈中,要充分发挥市场在区域利益调节中的主导作用,弱化区域利益调节中的行政干预手段,逐步打破地方利益主体、经济主体和管理主体"三位一体"的格局,进一步完善市场机制。鼓励更多的民营资本和外资来配置市场,将产业形态交给市场,联手共建区域性商品市场和要素市场体系,建立相应的区际贸易和要素自由流动的监督管理机构,以市场一体化为核心来推动区域经济一体化发展。也只有在区域性市场体系形成和发展后,长三角才能够具备区域一体化的稳定基础。

长三角经济圈的形成和发展在历史上本来是一个自然发生过程，其成长和壮大的动力主要来自经济本身，依靠市场力量的推动。因此，在目前和今后的发展进程中，理所当然地也应当主要来自经济发展自身。尽管政府之间也在合作，但是相对于市场的合作行为，则慢得多、没有效率。由此也可以得出，促进大上海都市圈的形成和经济发展，根本的力量是市场和企业的力量。然而企业的成长壮大需要市场经济的环境，这就要求政府为市场主体创造促进合作交流的条件。刘易斯在《经济增长理论》中强调，产权、自由流动、制度等都是经济增长的重要因素。

（三）城市间经济联系发生新变化

江浙的块状经济和开发区、高新区，其产业、原材料和技术来源以及产品销售，都是以全国和全球为依托，形成了全国和全球的经济网络。浙江是一种基于本地的向外发散式的发展模式，苏南地区在与国际经济联系中是一种"大进大出"的模式，而上海更主要地承担了企业进入国际市场和外资进入中国市场的枢纽作用。

改革开放的25年已经使江浙经济发展对上海的依赖（包括资金、技术、信息、市场、原材料等）明显减少，与上海的传统产业链已经不如改革开放初期那样紧密，新的经济联系和产业关系正在形成之中。如江浙的企业兼并和收购上海的工业，包括从轻工业到重工业，江浙有实力的企业总部迁移到上海，而生产基地留在原地，江浙一些企业纳入上海企业特别是合资企业的全球生产和采购链，把产品销往全球；上海的企业频繁地到江浙地区投资、与当地企业联合投资和共同开发。

（四）2010上海世博会将加快长三角一体化发展进程

2010上海世博会的举办，将在全面提升上海城市综合竞争力的同时，成为推动长三角地区联动发展的强大动力。第一，以世博会为主要推动力的上海新一轮城市建设，将会进一步加快上海作为长三角核心城市的辐射力度，产业转移的速度也会加快，以此为长三角产业布局的进一步优化、产业结构的调整和功能提升提供可能。第二，为保证2010上海世博会有足够的运作空间，必须加强长江三角洲地区的交通联网、旅游连接、金融联手、生产联体、信息联通。旅游、会展、物流、建筑、投资、商贸等一系列经济合作和联动活动正在加紧组织和实施之中，这使得长江三角洲各城市获得新的发展和协作契机，从而推动长江三角洲地区经济协调发展和统筹。第三，2010上海世博会的举办，是长江三角洲都市圈各城市之间跨地区合作和联动发展的一个绝好契机和平台，从而可以从根本上转变地区各自为政的观念，以平等诚恳、开放互利的合作态度，通过空间整合、加强合作和联动发展，在政策、法规、机制、体制、市场、管理等方面确实构筑起一个统一有效的运作机制和操作平台，为全面发挥世博会直接和间接的集聚与辐射效应，更为今后长三角地区经济社会的快速发展和全面融合创造条件。

（五）政府在推进长三角一体化发展过程中的实践

1. 1982年12月国务院成立了上海经济区规划办公室。上海经济区包括上海、苏州、无锡、常州、南通、杭州、嘉兴、湖州、宁波、绍兴，共10市55县，总面积7.4万平方公里。建立上海经济区的目的是：充分发挥经济区的优势，通过内联外挤，取得更大的经济效益；打破旧框框，冲破各种不合理的障碍，闯出一条经济体制改革的新路子；能够加速国民经济发展。方针是"统一规划、择优发展、经济联合、建制不变"，"利益共沾、荣誉共享"。

政府为促进都市圈内地区之间的经济合作，成立了相应的组织机构，也采取了实质性的措施，提出的一些观点至今仍然有重要的价值，如要发挥经济杠杆的作用，主要途径是通过建立经济区的统一市场，但是，这个经济区最终还是没能建立起来。上海经济区失败的原因主要在于建立经济区依靠的是政府行为和计划方式，与改革开放的宗旨相悖。

虽然依靠行政的力量没能建立起上海经济区，但同时市场经济的力量却在促进着地区间经济的合作。江浙的乡镇企业和私营企业从事的是劳动密集型产业，与上海的资本密集型的重工业相比，无论是生产规模还是产业和产品的技术层次都比较低。这种落差为这些企业聘请专业人员和学习

第八章 政府在促进长三角产业一体化中的作用

技术提供了条件,不仅有"星期天工程师"这种常被人称道的技术服务,而且企业之间还建立了联营生产的产业组织。上海的企业以建立零部件配套体系、原材料生产基地、产品定牌加工和经济联营等方式,与都市圈的企业合作。

在计划经济时代积累的上海极化功能在市场经济的作用下自发地向外扩散。两者相比,市场的力量胜过行政的力量。由于以中心城市为主的都市圈是促进区域经济社会发展的有效途径,都市圈的外在形式是城市在空间位置上的组合,实质上是在经济活动中不限于行政区划的、密切联系的经济体或者经济组织。它的形成不一定要打破现有的行政区划,而是依靠市场、区位、交通通信、产业等因素等联系起来。大都市圈是一种有效率的经济组织,是促进经济增长的关键。大都市圈是各种要素在自由的流动与组合中对某一特定地区的发现,不是人为设计的结果,人为地限制要素流动不仅妨碍都市圈的快速形成,而且阻碍要素作用的发挥,将限制经济的发展。

2. 20世纪90年代后期的"长江三角洲城市经济协调会"和"二省一市省市长联席会议制度"。经过20年的尝试,长三角各地在地方政府协调方面取得了相当的成果,长三角各城市对接轨上海、建构长三角一体化都市圈已形成共识。2003年春,江浙沪三省市高层领导进行了闪电般的互访,签订了进一步推进经济合作与发展的一揽子协议,并提出共同建设以上海为主导的"区域经济一体化试验区"。长三角各地的官员和市民已越来越认识到,只有加快融入长三角,当地的发展才有充足的后劲,从而在江苏、浙江掀起了"接轨上海"活动的新高潮。长三角各市纷纷举办"接轨上海论坛"、"接轨上海活动周"、"融入大上海"展览展销活动等。

随着以上海为核心的长三角城市群城市化水平不断提高,城市间互动性越来越强。从2001年开始,每年召开一次由常务副省(市)长参加的"沪苏浙经济发展座谈会",以共谋发展为主题,围绕进一步优化长三角地区发展环境、加强区域合作、构建区域大交通体系、促进统一大市场建设、建设"绿色长三角"、实现区域信息资源共享、建设相互融通的区域经济功能与服务体系、促进人力资源有序流动等主题进行了协商与合作,提出了打破贸易壁垒,统一市场,共享城市食用体系的计划;承诺努力建设信用政府,大力推进政府职能转变,规范行政行为,严格依法行政,树立诚信政府的良好形象,在长三角内推进社会信用环境建设;进一步开放市场,打破地区封锁,消除地方保护,努力建设与国际接轨的大市场,促进各种要素在区域内合理流动,优化配置。

近两年来,无论是来自民间还是官方的加强长三角地区合作与发展的呼声一浪高过一浪,地方政府对开展跨区域合作的热情达到了历史的极点。这种地方政府高层领导之间的互访,一时间把长三角区域合作推向高潮。在一次次的政府论坛、会议和互访中,种种接轨的设想和方案被提了出来。如南京提出要"跳出南京、发展南京、呼应上海、辐射周边",苏州提出要"与上海错位发展配套服务",宁波则提出与上海"全面合作、错位发展"。相对于这些能级较高的城市,一些处于长三角地区二、三级的城市,则纷纷提出了更加一体化的产业合作思路。如湖州提出要建成上海产业的对接基地,嘉兴要与上海实现"无缝链接",绍兴则提出"挂靠优势,填补空白"的产业发展思路。在舆论导向影响下,战略合作的共识在一次次的论坛和宣传中逐渐深入人心,从而为进一步推动产业合作与发展,使其不断走向深化提供了很好的社会环境和必要的前提条件。

长三角三省市分管产业的政府部门为加强产业规划、经济运行、产业合作、政府管理等方面的交流,沪苏浙的经济(贸易)委员会从2003年开始每年轮流召开"长三角"专题会议。为分析长三角制造业发展中面临的共性制约问题,三省市经贸委近期联合委托中国社会科学院工业经济研究所进行《长三角制造业发展报告》专题研究。

与此相应,近两年来学界和企业界召开的长江三角洲区域发展研讨会议超过100次之多,长三角区域经济社会合作的理论研讨活动空前活跃。先后在上海召开了"长江发展论坛"第四届、第五届年会,"上海及长江三角洲地区合作与发展"国际研讨会;在杭州召开了"长江三角洲区域发展国际研讨会暨城市市长论坛";在南京召开了"长江三角洲城市经济协调会第四次会议"、"南京都市圈互动发展高层研讨会";在沪、苏、浙三省市轮流召开了"21世纪初长江三角洲区域发展战略研讨会";2004年1月召开的第九届中华经济协作系统研讨会暨第四届沪港澳关系论坛,又把这次论坛的主题确定为"区域经济:中国面临的机遇、挑战与前景",等等。并且,一些专业合作研讨、行业协会活动也蓬勃开展起来。

第八章　政府在促进长三角产业一体化中的作用

如果说上述走向"一体化"的行动还主要体现在政府与学界层面的话，那么，由长三角各种市场主体主导的"一体化"行动亦已呈现出更多的亮点。江浙两省的企业纷纷到上海投资。据相关统计，目前在上海市的内地投资中，来自江浙的投资已占50%。而在环杭州湾5万多家企业中，有一半以上已经或即将在上海设点；江浙两省至少有35亿元的民营资本有意在近期内选择上海作为投资落脚地，有十几个县的工业园区携数百家民营企业到上海自我推销、洽谈投资与引资；长三角200多家旅行社（旅游公司）齐聚杭州，互相协商旅游市场开放后的具体合作事宜。苏嘉杭高速公路江苏浙江交界收费站实现合并运营，这是长三角公路运营首次打破行政区划藩篱，成为走向联合运营的开端。三省市工商部门近日达成共识，将在投资准入、市场秩序、信用信息等方面推行一体化，企业异地办厂实行市场准入政策，鼓励民营企业跨地区投资，在省际间开通著名商标保护直通车，共建三地工商管理部门办案协作机制，共建企业信用监管体系，组建跨省市的运输集团，实现资源共享。近来上海的金融机构开始大规模向江苏、浙江的一些大企业直接发放贷款。长三角20多个城市2006年开始实施人才资格证书的互认和衔接，从而实现教育、培训和考试资源的互通与共享。无锡、上海两地的公交公司2005年还在全国率先推出"一卡两地刷"业务，目前两地异地刷卡已达到每月万次以上。未来5年内，一个纵横交错、通江达海的现代化快速交通网，将把长三角15座中心城市、55座中等城市，1 446个小城镇全部纳入"3小时都市圈"。互融互通大大降低了长三角经济发展的交易成本，目前该地区聚集的外资总量已超过计划的1 500亿美元，世界500强有400多家进驻，180多家国际金融机构在此设立办事机构。长三角的出口贸易占全国的30%，初步形成了世界区域性金融、航运、贸易和制造业中心。

在政府、学界和企业界共同努力下，长三角一体化进程正由务虚转向务实，长三角一体化步伐明显加快。这主要表现为：接轨上海、打造以上海为核心的世界级第六大都市圈已形成共识；产业整合速度加快，基础设施建设在空间上开始呈现连续性和网络化，区域资源和生产要素的聚散性及广域流动性正在逐步加强；区域政策环境正在按照市场经济规则实现一定程度上的无差异性和协同性，区域经济关系的依存性和融合性正在加大；机制变革加快启动，长三角地区各级行政区对经济活动的直接干预正在逐渐减弱；注重宏观管理和综合调控，更多地关注社会事业的发展。在这种条件下，长三角地区跨行政区经济活动将得到显著增强，长三角一体化大格局正呼之欲出。

（六）推进长三角产业一体化需要澄清三个误区

1. 目前在理论界关于地区合作、联动和"一体化"有两种不同的思路和观点，这两种思路也代表了两种不同的理论依据。第一种思路的研究方向没有脱离原有的计划体制，因而他们的思路呈现出这样两个特点：一是强调政府调控；二是强调由政府出面通过区域规划和成立管理机构来达到"（资源）优势互补、错位发展"。他们的理论依据是"地域生产综合体"的概念，它是苏联经济学家提出的。但是，"地域生产综合体"在实际应用方面具有一定的理想社会主义色彩，而且在实际应用中表现出以下特征：第一，它是以资源为导向的，即经济发展、产业布局围绕资源优势来安排；第二，它是以政府为主导的；第三，它是以计划为手段的。国家正进行经济体制改革，我们研究的目的是推进市场经济条件下的协调发展。通过对历史和现实的分析，我们提出另一种思路："长江三角洲一体化"是市场竞争和区域经济的"一体化"，我们要改变过去市场即政府，以地域为主导的观点，树立市场"一体化"的观念。我们认为，区域经济"一体化"的实质和要害是市场一体化。

2. 地区合作、联动和"一体化"主要是指金融、贸易、投资、基础设施建设和生态保护（包括生产和销售）方面的"一体化"，从而形成产业发展一体化而不是产业规划的"一体化"，否则，就回到了计划经济的老路上去了。为此，必须进行观念和理论依据的转变。

在观念转变上，我们应向市场化发展。首先，企业跟政府的关系越来越脱离，政府对企业没有直接的操控能力，而且不应该有这种操控能力，在这种背景下，政府要求企业"优势互补，错位发展"会成为典型的"同床异梦"，再好的规划报告也无法实现；其次，政府与政府之间缺乏约束力，国家的考核制度由财政考核变为政绩考核，地方利益的驱动无法消除，在这样的前提下，协调机构也就成为"纸上谈兵"。所以，观念转变的要点，在于我们的思维一定要实现由计划经济向市场经济的转变。

在理论依据转变上，有三个问题：一是要把政府调控机制从什么都管转变到强调政府创造一个市场经济的环境和条件，就好像现在流行的说法，"制订游戏规则"；二是应对"地区比较优势"观念的理解有所改变，"地区比较优势"属于国际贸易理论，对实现地区联合具有一定的指导意义，但不能完全照搬，我们要强调通过市场经济的竞争来造就地区优势，而不是由政府来规划；三是地域经济组织模式的转换，即由"地域生产综合体"向"区域产业集群"的转变。

3. 除了做好两个转变，我们强调政府在联动发展进程中的主要作用在于建立市场竞争的环境和条件，通过制度法规保证市场经济竞争的公正、公平，减少交易成本，使区域整体效益达到最佳。此外就是搞好配套设施，比如交通、通讯、医疗、教育等，以及一些基础性、服务性的一体化工作。在这里，必须进一步强调的是，地区合作、联动和"一体化"中政府的主要职能是创造统一的市场环境以及竞争条件，包括统一市场制度的健全和法制化。

（七）推动长三角地区产业合作发展的基本思路

要富有成效地推动长三角地区的产业合作发展，在观念上必须有所突破和创新，至少做到两个转变：一是要从行政区域的产业发展理念转向经济区域的产业发展理念。在行政区域的产业发展理念下，受地方经济利益的驱动，各城市都有规模扩张的冲动，力图依托市域范围内的资源基础建立和完善各自的产业体系。但由于要素流动不畅和市场范围狭窄，不仅企业难以做大做强，而且地方产业经济也难以取得突破性进展。而经济区域的产业发展理念以提升区域产业整体竞争力为目标，以灵活的市场机制为主导，倡导资源和要素自由流动和有序共享，通过产业分工与互补、合作与竞争来深化区域间的经济联系，形成区域经济共同体。二是要从产业区的发展理念转向产业链的发展理念。传统的产业发展规划偏重于产业基地和产业区的建设，而相对忽视区域内及区域间产业的价值链联系，漠视构建基于价值链上的产业链条或企业分工协作网络。实践表明，区域之间的比较优势主要体现为在价值链某一特定环节上的优势，通过建立跨区域产业链，带动相互关联的上下游产品开发，形成相关产品配套协作网络，有助于依靠网络竞争优势强化区域发展的协同效应，提升整个区域的产业竞争力。三是明确地方政府和中央政府的职责分工，长三角产业一体化发展的实质性问题是区域经济的协调发展问题，单纯依靠地方政府的积极性和主动性是不够的，还需要中央政府发挥积极主动作用。中国区域竞争在产生许多积极效应的同时（陈耀，2005），也伴随着不少负面问题，通常列举的有地方保护主义限制外地商品流入；不合理重复建设既表现在竞争性产业领域，也表现在基础设施和大型公共设施建设上，如港口、机场、大型体育场馆、文化中心等，造成大量资源闲置和浪费；环境遭到严重损害，地方政府过分注重经济增长而忽视环境效益和社会效益，产生大量负外部性问题；招商引资中的恶性竞争导致土地粗放利用和国家税收流失等。上述问题在中国各地区都不同程度地存在，但并不是中国区域发展和竞争的主流，中国区域竞争的积极效应更大，应当予以鼓励、引导和规范。产生上述问题的原因，主要是政府体制转轨滞后（如项目审批制、投资决策体制、官员政绩考核体制）、缺乏区域竞争规范（哪些属于鼓励行为，哪些属于禁止行为并无明确的法规）和有效的协调机制。而这些责任主要不在地方政府，尽管"规范"和"协调"由竞争双方或多方协商可能达成一致，但中国多年实践证明，离开上一级政府的规范和协调是很难见成效的[①]。不能企求各地区发展都从国家全局来考量；而当地方的发展与行为同国家全局发生冲突时，中央政府的宏观调控就成为必要和必然。

1. 基于中央政府角度的长三角地区产业合作发展思路。

（1）组建有效的区域协调管理机制。从上述国外大都市区实行区域协调管理的做法和经验看，各类跨区域行政组织都把区域规划作为主要政策重点，体现区域规划的全局性、战略性、长远性。在此基础上建立跨区

---

① 陈耀认为，很长一段时期以来，对地方政府行为往往指责多于褒扬，不仅把区域发展和竞争中出现的诸多问题（如重复建设、无序竞争、地方保护等）归咎于地方政府所为，即便是宏观经济运行中出现的投资过热、开发区泛滥、耕地减少、能源短缺、生态恶化、工业污染、统计水分等问题，也总是在地方政府行为上查找缘由。比如，地方政府投资冲动、盲目上项目、大搞形象工程，地方官员追求政绩、急功近利、短期行为和局部利益。应当承认，地方政府作为地区经济的管理者和组织者，对于上述问题的产生难辞其咎。但如果以地方政府所承担的责任来看，地方政府的大多数行为均有其合理性。如地方政府追求 GDP 指标、建立开发区、培育区域形象，均体现了发展是第一要务；地方政府从本地区情况出发考虑发展战略、维护地区利益，也体现了政府对当地人民的责任。

第八章 政府在促进长三角产业一体化中的作用

域的管理机构，比如区域经济联席会议、区域经济联盟或协调委员会等机构，并赋予相应的规划和调控权，由它来处理解决单一地方政府无力解决的难点问题。我国的行政等级制对行政区划的影响较大，而缺乏行政等级的跨区域协调组织实质上不具有有效的协调能力。

我国城市圈经济的快速发展，需要中央政府协调各方利益推进一体化的进程，建议成立"国务院长三角都市圈领导小组办公室"，主要职能是按照中央"统筹区域发展"的方针，制定空间布局规划、区域发展战略和区域经济政策；协调省区之间的利益关系，整合区域资源，促进区域之间经济社会的均衡、协调发展，推进大都市经济圈的一体化。

（2）编制适应长三角都市圈快速发展的国土规划制度和调整制度。城市圈的协调发展问题已成为"十一五"期间我国城镇化发展战略的重要内容。从全国范围来讲，我国国土规划调整需要注意两个方面，一是城市带、都市圈是城镇化发展中不容忽视的必然形态，二是大范围、按流域和区域制定国土规划和实施管理应是中央政府宏观管理的基本职能（谢扬，2005）。在城镇化发展加速的条件下，迫切需要明确大范围、按流域和区域制定国土规划和实施管理应是中央政府宏观管理的基本职能。中国的城镇化能否健康加速发展的问题，不在于客观规律条件不具备，而在于是否能突破制度性障碍[①]。我国城市的加速发展，目前依然还是靠政府的投入为主，靠垄断行业或企业的增长来推动。其中，在行政区划调整上就是不断地平面扩张，增加辖区面积。这种增长方式，并不能给大多数地区和绝大多数人口提供发展机遇。应尽快制定与之配套的新的全国国土开发和整治规划，其中，对长三角等都市圈的土地规划尤为迫切。[②] 在一定意义上，我们现行的农村土地制度，为城镇化的加速奠定了基础条件，但问题在于我们的城镇土地制度能否支撑城镇化的高速增长。城市化地区的农

---

① 国际上并无大都市区这一城市地域行政管理单元，只是大都市区作为一种地理现象的客观存在。与中国各城市政府管理的最大不同，它们没有如此大面积的公有城市土地要进行管理，而财政的收入来源主体是私人的财产增值而产生的税收，特别是以土地等不动产为主的税收。因此，作为城市公共财政的开支有一个比较合理的评判标准，管理监督也有一个较好制度、运转机制的民主基础。

② 在相当多的"市辖区"内，大量的外来人口依然游离在城市发展之外。这样，我国已有的"城乡二元结构"有演变成"城市中的二元结构"的危险。城镇化的区域发展要解决的土地制度问题，也是中国城镇化发展最终要解决的问题。传统城乡二元结构及潜在城市中二元结构引发的种种矛盾都与土地制度相关。

民在变成市民的过程中,不能被剥夺就业的权利,而且农民在工业化和城镇化的进程中,是积极主动的参与者和生力军。但是,现行的城市土地制度,特别是城市非农建设用地市场原则却并没有体现这一点,这是我国土地制度存在的重大缺陷。要想摆脱困境,只有改革征地制度,让农村集体非农建设用地合法进入市场,实现农民和土地的完整转移。在目前情况下,地方政府在采用国有出让方式征购土地的同时,又在不改变土地集体所有权性质的前提下,可以最大限度地将非农建设用地留作农村集体使用。建议以长三角都市圈为试点,将成功的土地制度改革经验在全国扩大试点范围,为最终建立适合我国城镇化发展的土地制度探索新的发展途径。

(3) 建立区域合作的利益补偿机制,助推城市间的合作。以上海为中心的"长江三角洲城市经济协调会"以及其他一些省内的各种城市联盟,这些城市合作组织,通过统一规划、加强协调,在推进基础设施建设、城乡布局、市场体系、产业发展和环境保护与生态建设诸方面的一体化都发挥着作用,但在协作中,一旦各方利益协调受阻,就易陷入议而不决或决而难行的困境。受以上因素影响,中国城市群的发展速度将会放缓,而"利益补偿机制(陈栋生,2005)[①]"将能助推中国城市间的合作。建立区域利益调整机制,对部分地区在地区利益和地区机会上的损失进行补偿,使这些地区同样享受到产业整合后效率提高所增加的利益,从而减少区域产业结构调整可能遇到的阻力。

(4) 合理引导"各自为政"向行政权力的联合转变。改革开放的进程,是中央政府逐步给地方更多发展自主权的过程,激发了地方政府的积极性,为追求本地区利益,促使地方政府不断进行制度超越和制度创新,提高行政效率,改进投资环境等,以尽快地促进本地区经济的增长,"各

[①] 陈栋生认为,我国城市化按城市化率、城镇密集度等众多指标衡量,与欧美学者所设定的量化指标亦有不小的差距。首先,与我国城市化长时期滞后于工业化造成的诸多负面后果有关;其次,虽然市场经济的发展,市场机制作用正在发挥,但依然不时遇到种种"行政性障碍",不仅各类市场主体深有感触,地方政府亦有同感。然而,经济全球化和地域分工深入到产业、行业、产品内部,按价值链的不同环节展开,城市群被认为是构成参与国际竞争与合作的基本单元。入世以后,特别是进入后过渡期,无论从抢抓全球化带来的机遇,融入国际大市场,还是应对全球化的挑战,中、小城市都更需要依托大城市、特大城市,大城市、特大城市在完善、提升城市功能的同时有的亦需要相应扩容,"城市联盟"就成为普遍需求,这又使得城市群的发展有了内动力。而由于受种种因素影响,城市间的合作很难达成。来自欧盟的"利益补偿机制"可能将成为"助推"城市间合作的新"药方"。由于在城市间的每一次合作中,各方利益很难平衡,"利益补偿机制"的引入可以在城市间合作的诸多事项中综合来平衡利益,这样就容易使合作达成。

第八章 政府在促进长三角产业一体化中的作用

自为政"的行政管理模式,发挥了积极的作用。涉及到共享的基础设施建设项目,国家应听取相关省市的意见。

地方经济发展产生的规模经济和外部经济性,会自然地突破行政界限的限制,进行交流和融合。特别是要加强网络性设施建设合作力度,网络性设施建设的分工与市场竞争性产业的分工不同,网络性设施具有典型的外部效应特征,需要共同制定规划,通过事先协议性分工,明确各自的责任和义务,促进区域共同发展。涉及到共享的基础设施建设项目,国家应听取相关省市的意见,确保重大基础设施建设项目的科学性和共享性。

2. 基于地方政府的一体化推进政策建议。

(1) 由让利竞争向服务竞争转变。迄今,中国的区域竞争可以概括为是以"让利竞争"为主的模式[①]。从区域竞争的阶段和层次看,"让利竞争"与企业的削价竞争相似,是一种初级的、低层次的竞争模式。按照新时期科学发展观的要求,向新型的"服务竞争"模式转型,特别是沿海发达地区应成为率先转型的典范。"让利竞争"模式虽然可以使地区短期内获得外资、就业增长、少量地方税收等好处,在发展初期是需要且有效的,但从根本上看,这种竞争使国家利益和地区长远利益严重受损,这些损失主要包括国家和地方一部分税收流失,土地价格没有反映其真实价值,竞相压价(尤其在出口贸易中)导致企业利润空间大幅压缩,以及竞争造成的环境损害等。二是长期竞相让利已导致一些地区可利用土地减少过快,长三角有些地区现在几乎已无土地可供,从而危及到地方可持续发展。三是让利竞争对境外中小投资商会有一定吸引力,但对国际战略投资家来说,他们更多看中的不是当地的优惠政策,而是当地优良的服务配套环境、规范透明的制度和高效的行政运转体系。因而要提升引资质量,必须更多在服务水平上下功夫。四是服务竞争有利于促进各地区政府切实转变职能。更好地提供地方层次的公共物品将成为区域之间争夺要素资源的关键。区域之间从招商引资的让利竞争向改善综合环境的"服务竞争"转变,是中国区域竞争不断深化、走向成熟的趋势和要求。将各

---

① "让利竞争"主要是指在招商引资中,地区之间竞相出让好处或利益给投资商的一种竞争方式。这种好处或利益包括:以低于成本的价格出让土地、减免所得税、增值税地方留成部分先征后返、高耗能企业的电价补贴、免除应交的各种规费等等。另外,在产权重组中,各地方竞相通过债务核销、人员安置、资产低估等优惠措施,吸引区外投资者购并本地资不抵债企业,也属于"让利竞争"范畴。

城市与周边的合作发展作为政绩考核指标，引导地方政府加强区域合作。

（2）加强一体化政策制度建设。一是逐步取消各地的优惠政策。为加强招商引资，各地的优惠政策导致了产业的低水平和土地的低效率利用，一体化的政策环境有利于引导产业的合理布局。二是继续推进"公共产品一体化"，在基础设施建设上要统一规划建设，在生态环境治理上要有全局的概念等，重点是促进人员流动的一体化，实施社会保障、人口管理、交通管理等方面的一体化。依托长江三角洲综合交通枢纽优势，加快完善区域内多层次、多中心的商品市场、资本市场、劳动力和技术市场等。沪、苏、浙三省市要在整顿和规范市场经济秩序方面加强合作与联动，大力推动区域信用环境，即"信用长三角"的建设。三是"产业一体化"应更多发挥市场主体作用，政府的作用只是"搭台子"，促进城市间的产业一体化，不能"包办"、代替企业间的合作，搞"指定婚姻"。

（3）优化企业组织结构，提高区域产业集中度。随着制造业生产能力的不断扩大和市场竞争的加剧，提高产业集中度是大势所趋。应以市场为导向，按照产业价值链整合的原则，积极推动企业跨地区、跨部门、跨所有制兼并、联合、重组，通过大企业大集团的横向购并及关联产业的纵向整合，实现优势企业的"强强联合"，培育和发展一批有国际竞争能力的大企业大集团。扶持和促进中小企业发展，加快产业结构、产品结构调整，引导中小企业向专精特方向发展，提高为大企业配套的能力。

（4）充分发挥民间组织在产业合作中的作用。以民间力量推动经济合作，不仅具有成本低、见效快的优势，而且没有地区利益等方面的影响。因此，应当充分重视民间组织在区域产业合作与发展中的推动作用。民间组织的主要职责是研究区域发展战略和推进地区协作。具体形式可有不同层次：一是可建立以各地经济专家为主体的"长江三角洲产业合作发展咨询委员会"、"长江三角洲产业协调联合会"、"长江三角洲产业一体化促进会"等组织。这些组织机构不同于一般的研究机构，它应成为三地政府决策的咨询参谋机构。二是充分发挥行业组织在区域产业合作发展中的积极作用。关键是行业协会要突破行政区划障碍，组成跨地区的行业联盟，共同制定区域行业发展规划、区域共同市场规则，推进区域市场秩序建立，探索区域各类市场资源的连接和整合等。

（5）积极构筑有利于产业合作与发展的服务平台。作为政府，过多

第八章　政府在促进长三角产业一体化中的作用

地干预企业之间跨区域的产业合作已经严重不合时宜，那种"政府搭台、企业唱戏"式的产业合作项目洽谈会，也已不能满足市场的需要，但这并不表明政府在新一轮产业合作发展中的作用在弱化。关键是要顺应政府职能转变的要求，积极构筑服务于长三角地区的产业合作交流平台。

建立和完善面向长三角地区的中小企业服务体系。充分发挥服务中心、行业协会等中介服务机构的整体功能，更全面地了解产业发展的技术、市场信息，采用先进的储存、检索办法迅速及时地向长三角地区广大中小企业提供信息，并根据企业的特殊需要定期向企业提供信息。这样，一方面可以使新技术成果迅速商品化，另一方面，也可避免产品的重复开发。

(6) 加强交通基础设施建设一体化是长三角产业一体化的物质基础和必要条件。在基础设施联动建设方面，重点是加强上海国际航运中心和上海国际航空港集疏运系统的配套建设、区际交通和通讯设施的衔接和标准化匹配规划。其中，围绕上海国际航运中心洋山深水集装箱枢纽港和浦东机场二期扩建工程建设，加强长江三角洲港口、机场、高速公路和内河航道集疏运系统及物流园区的联动建设是一重点。

(7) 促进要素的自由流动。促进产业的整合与集聚，要求在市场经济和充分竞争条件下，发挥都市圈中各个地区的资源比较优势，通过取消地方保护、激发全方位的竞争，形成最具竞争力的企业群和持续的产业创新机制，形成国际分工中的产业环节优势、区域产业组织优势和企业组织优势，从而保持都市圈的动态竞争优势，领导产业创新和发展的潮流。

都市圈是经济社会高度一体化的经济体，资源的自由流动是重要体现。在东京都市圈中，周边地区 2000 年有 178 万多人在东京上班；巴黎都市圈中，巴黎市及其周边的工业基地是人们的工作地，而生活在另一地，更重要的是中心城市是资本、知识等要素的配置和调控中心。但是在大上海都市圈，由于地方保护、贸易壁垒、思想观念等因素的作用，一些要素还不能自由地流动，一些劳动力的流动还没有被当地政府接受。如在前文中所表明的，要素的流动对于发挥各地的资源比较优势、抑制要素价格的上涨、引进外资、促进产业集聚等都是有利的。

三、长三角制造业发展战略

在我国转向社会主义市场经济发展阶段过程中,在市场经济形成过程中,政府管理经济的方式发生了很大改变,概括起来讲主要有由政府规划向政府策划的转变;由被动指令性工作方式向主动发现新的工作空间的转变;由政府信息保密一般原则向信息公开一般原则的转变(红头文件向媒体传播的转变)。三省市不仅探索了各具特色的政府管理模式,而且制定了先进制造业发展战略以推动长三角制造业发展。

(一)长三角政府管理模式

长三角地区虽有着相近的文化取向,却探索出了各具特色的政府管理模式,从而形成了独特的商业文化和产业发展环境。上海市的政府管理模式、苏南吸引外资的模式、浙江鼓励民营经济的模式,纷纷成为新闻媒介报道的焦点和全国其他地方学习的对象。建立在咨询基础上的决策执行机制——上海市政府管理模式,是作为强势政府行政的基础。伴随着政府管理模式由计划管理模式向市场经济管理模式的转变,上海市政府探索了一条建立在咨询基础上的决策执行机制,被媒体认为是"强势政府管理模式"。这种模式的独特性在于重视发挥强大的社会科学决策机构的咨询作用,广开言路,确保政府决策建立在科学和客观基础之上,避免政府决策的偏颇。从决策过程来看,上海的决策机制分为四个层面:(1)国内外专家学者的前瞻性战略研究;(2)每年一次的市委"务虚会";(3)重大决策前的专项调查研究;(4)市委常委会的集体决策机制。

在高度重视决策咨询作用的同时,政府资源调动和策略转化能力相当强,而国内其他地区虽然希望走此道路,却由于缺乏类似强势领导和政府政策执行力,难以模仿。

三省市形成的管理模式特点虽有不同,但有一点是相同的,这些工作都是靠"人"的力量来实现的。在这里节选王自亮和钱学亚《从乡村工业化到城市化》在结束语的一段话,作为对三省市政府管理的总结:在改革开放的年代里,政府决策者的周围聚集了一批富有活力和创造力的干部,他们之中不乏既有社会经历又具备现代化知识的人物,不乏来自基层经受过市场经济洗礼又接受了新的思维训练的干部,也不乏五六十年代活跃在人生舞台上,在风云变幻中经受考验、认准了历史方向的睿智长者。他们可以是学者,是部门负责人,是中层干部和政策研究人员,对下情的了解,对民众思想脉搏的准确把握,对社会和时代发展轨迹的清晰描述,对本行业和各自领域的深入研究,特别是对中国未来的发展趋势和世界潮流的预见,与当地实践的把握,在决策者当中所发挥的作用,以及他们创造的新的舆论环境和影响力,特别是他们的远见卓识和不尚空谈的作风,在改革开放事业和经济社会发展中起到了不可低估的作用。

(二) 江浙沪先进制造业发展战略

为加快先进制造业发展,沪、苏、浙都确立了新世纪制造业发展的重大战略。浙江省提出建设先进制造业基地的重大战略,上海市制定了《优先发展先进制造业行动方案》,江苏省提出了建设国际制造业基地发展战略。上海市在建设世界城市的战略框架下,对制造业的地位和作用进行重新审视,把建设世界级的制造业中心作为建设国际经济中心的重要支撑加以筹划,着手构筑上海工业新体系。江苏省谋划建设面向全球的制造业基地和面向全国的制造业高地,以制造业发达国家为借鉴目标,以中等发达国家制造业为赶超目标,汇聚一流人才、开发一流技术、生产一流产品、创造一流效益,构筑制造业高地的竞争优势。浙江省以城市化带动工业化发展,推动先进制造业集群化发展。

1. 上海先进制造业发展战略。

为进一步优化结构、提升能级,上海提出五大产业发展重点。

(1) 推动装备产业升级突破。主要是抓住城市化机遇,选准突破性重点,推动产学研攻关,提升集成配套能力。"十一五"期间,上海装备制造业重点发展发电设备、输配电设备、轨道交通设备、重型机械、微电子装备、环保机械、数控机床及机电一体化设备、仪表控制设备、核电、煤液化及先进采煤设备等十大行业。

（2）提升支柱产业竞争优势。主要是依托产业基地、加大投资集聚、保持规模优势，提高竞争能力。尤其在电子信息、汽车、钢铁、石化四大领域，进一步强化核心竞争优势，提升能级。这四大产业今后三年在建和拟建项目总投资约 2 900 亿元，占工业总投资的 58% 左右。到 2010 年，总产出将达到 15 200 亿元，占全市工业总产值的 56% 左右。

一是电子信息。重点是加强研发、拓展领域、加快升级、提高效益。推进集成电路设计与整机制造联动发展，推进信息产业与其他制造业融合；鼓励电子信息产业向汽车电子、数字电视、关键元器件和媒体等延伸，构建分别以芯片设计与制造为上游、手机和电视等数码终端为中游、网络运营和数码内容提供为下游的数码产业链。集成电路重点发展集成电路设计及整机开发，整机产品所需的各种专用集成电路和系统级芯片等。要建成具备研发、设计、生产、封装、测试、软件等完整的产业链，成为具有国际水平的国家级微电子产业基地。其中，网络与通信设备重点发展新一代互联网技术及产品设备等。

二是汽车产业。重点是自主开发、打造品牌、争取主动、保持领先。"十一五"期间，要以提高创新能力为核心，正确处理好合资合作与自主开发、国际资源与国内资源、全国布局与本地建设的关系。重点推进新能源和自主品牌汽车产业化，力争到 2010 年自主品牌汽车占到总量的 30% 左右；按照"燃气汽车先行使用、混合动力汽车市场突破、燃料电池汽车高端牵引"的发展途径，在加速推进燃料电池汽车的研发和示范运行的同时，重点突破混合动力汽车，到"十一五"末，率先在全国实现新能源汽车产业化。积极发展重型车、大客车和专用车辆等商用车，通过合资合作、收购兼并等途径，实现以乘用车为主向乘用车和商用车并重转变。加快提高汽车关键零部件的国产化配套能力和竞争能力。培育完善以电子技术为核心的关键零部件配套体系，构筑汽车零部件全球供应和采购平台，发展电子商务交易模式。

三是石化产业。重点是园区开发、项目建设、完善配套、优化布局。"十一五"期间，石化产业的发展要强化"炼油、石油化工、精细化工"上中下游产品一体化发展格局，重点是延伸产业链，整体提高产品市场份额和竞争力；围绕核心产品和核心技术，提高科研水平，重点发展精细化工，适度发展煤化工；建成国际化、现代化的化工基地。

第八章　政府在促进长三角产业一体化中的作用

四是钢铁产业。重点是发展精品、控制总量、优化结构、集约生产。"十一五"期间，钢铁产业要面向国际国内，继续抓住两个市场、运用两种资源，以宝钢集团为核心，调动和整合社会研发、制造和服务资源，强化技术创新，进一步提高产业国际竞争力，全面满足汽车、家电、电力、造船、机械装备、石油天然气等行业对精品钢材消费规模和档次提升的要求。"十一五"期间，在加快本地产品结构升级的同时，支持宝钢集团在外地和海外发展。

（3）加快战略产业培育壮大。"十一五"期间，战略产业主要是做大做强船舶，做精做优航天，振兴发展航空，积极发展核能，拓展海洋工程。加快发展船舶、航天、航空、核能工业和海洋工程五大战略产业。

船舶工业重点是加快长兴岛船舶产业基地建设，实现2010年造船能力达到1 000万载重吨、修船坞容量超过100万吨、船用大功率低速柴油机产量超过350万马力的目标。同时，提高船舶建造水平，突破液化天然气船舶（LNG）、超大型油船（VLCC）、超大型集装箱船（1万箱以上）、大型矿砂船等建造空白；提升船舶配套能力，重点发展大马力低速柴油机、船用钢板、船用曲轴、大型铸锻件、导航通讯设备、自动化装置等配套产品。

航空工业主要是建设和完善民用飞机产业体系，积极推进体制机制创新，大力推动民用航空运输业、制造业、服务保障业协同发展，建设一个具有民用飞机制造、维修、服务、改装、租赁、培训、零部件配套等功能的产业基地。全力支持ARJ21支线飞机的研发。

航天工业要努力争取建成国家航天产业具有支柱作用的重要基地。"十一五"期间，在产业发展方面主要是加快推进卫星应用产业化，以车载卫星导航应用为突破口，重点推进以无线测控网、卫星数据采集系统为主的IT与卫星应用产业，以资源卫星、环境卫星为主的遥感技术与数据应用产业，以及新能源与环保设备产业；在科教兴市方面，重点推进月球车研发、空间测量新技术、深空探测等若干关键技术及其衍生技术应用和产业开发。

核电工业和海洋工程要实现关键领域突破。核电工业重点发展第三代压水堆核蒸气供应系统主设备的设计和制造技术，百万千瓦级核电站汽轮发电机组设计与集成制造，开发大型核电站数字化控制与保护系统技术，大型核级容器锻件等；海洋工程重点发展调查船系列、油气勘探开发装备、各类模块油气导输系统、海上油气工程保障服务系统、深海潜器、大型海上构筑物或超大型海洋浮式平台（VCFS）等。

(4) 抢占新兴产业重点领域。"十一五"期间，新兴产业重点是加强跟踪，滚动培育，政策集聚，点上突破。重点发展光电子、生物医药、新能源、清洁能源和节能产业、新材料等四大新兴产业。

同时，"十一五"期间，要在平板显示产业、太阳能光伏电池和数字移动通信等高技术产业领域实现突破。

一是平板显示产业。"十一五"期间，上海平板显示产业重点是打造产业链，形成产业集群，支持技术含量高、产业辐射面广、经济效益好的核心产业和新型配套产业门类的建设。大力引进和发展上游配套的玻璃、彩膜、偏光片、背光源、驱动IC等产业，上游材料本土化供应率达到50%~60%。此外，利用全球平板显示领域的技术力量和相关技术资源，通过产学研联合，构建上海平板显示研发体系。

二是太阳能光伏电池。"十一五"期间，太阳能光伏电池产业将重点发展高效率太阳能电池片，用3~5年时间投资10亿~15亿元，培养2~3家太阳能光伏电池龙头企业，使本市太阳能电池组件生产能力达到200兆~300兆瓦，电池硅片达到100兆~200兆瓦，实现从亿元级产业向百亿元产业的跨越，把上海建成全国太阳能光伏发电产业的主要生产基地之一。

三是数字移动通信。按照国家启动3G移动通信商业化运营的进程，加快数字移动通信产品产业化，形成产业集群。重点支持3G移动通信系统、终端设备、专用芯片的产业化，手机设计和应用软件开发，通信增值服务业发展。

(5) 保持都市产业稳定增长。"十一五"期间，上海都市产业将以市场为主导、企业为主体，继续保持规模，拓展内涵，提升功能。预计总产值和工业增加值年均递增均为12%左右。到2010年，都市产业规模达到4000亿元，就业规模稳定在120万人左右。形成服装服饰业、食品和农产品精深加工业、包装印刷广告业、工艺旅游纪念品业、化妆品及清洁洗涤用品业等五大都市产业群。重点鼓励中心城区老工业厂房改建都市产业楼宇，加大信息化改造传统产业力度，发展知识密集型、劳动密集型的都

第八章　政府在促进长三角产业一体化中的作用

市产业；建成总面积约600万平方米的都市产业园区，形成20~30个有产业集聚度、有特色、有形象的都市产业示范园区。

2. 浙江建设先进制造业基地的发展战略。

制造业是浙江工业的主体，在工业总产值和利润总额中分别占97.1%和95.3%。浙江省委、省政府把建设先进制造业基地和主动接轨上海、积极参与长江三角洲合作和交流的重大战略决策作为当前及今后一个时期经济工作的中心任务，和工作的主要着力点来抓。为了加快推进工业化和工业现代化进程，浙江省2003年制定了《浙江省先进制造业基地建设规划纲要》。

按照接轨上海、融入长三角和参与国际竞争与合作的要求，着力构筑环杭州湾产业带、温台沿海产业带、金衢丽沿高速公路产业带。结合城市化进程和各类园区建设，进一步提升块状经济，形成一批优势明显的产业集群。争取到2010年基本建成国内领先、具有较强国际竞争力的先进制造业基地，成为我国走新型工业化道路的先行地区。在若干行业和区域形成一批产业规模、创新能力、出口规模居全国前列的全国性制造中心和国内重要的产业基地。到2020年，浙江省制造业全面融入世界现代制造业体系，基本形成以高新技术为先导，高附加值加工制造业与现代装备制造业协调发展的国际性先进制造业基地。

着重围绕技术支撑、扩大开放、加大投入、集聚发展、品牌战略等重点，实施企业信息化、技术创新、投资推进、外向带动、工业园区整合提升、大企业培育、品牌发展、可持续发展等八大工程。同时，着力构筑组织领导、基础设施、现代流通、人才支撑、投融资和政府服务等六大方面的保障体系。

环杭州湾作为一个经济带，是浙江经济社会最发达最具活力的区域之一，这一区域的萧山、绍兴、慈溪、余杭、海宁、嘉善、桐乡、上虞、平湖、海盐、嵊泗等县市均列全国县（市）社会经济综合百强。据统计，这一区域人均GDP是全省平均水平的1.4倍，是全国的3倍。培育发展"环杭州湾产业带"，是浙江接轨大上海，建设世界级先进制造业基地的重大战略。规划立足比较优势，强化区域经济整合提升，强化资源集约利用，强化科技创新，提出了产业、城市、生态融合发展的构想，勾画了环杭州湾产业带发展的蓝图。产业带战略定位是：将环杭州湾产业带打造成先进制造业核心区，世界第六大城市群重要组成部分，改革开放与新型工业化先行区，科技创新先导区和生态建设示范区。发展目标是：到2010年，"黄金产业带"初步成型。形成先进制造业集聚区、城市连绵带和绿色生态网、基础设施网联动建设格局；国内生产总值达到12 000亿元以上，人均国内生产总值超过6 000美元。到2020年"黄金产业带"基本建成。成为国际重要先进产业集聚区；成为世界第六大城市群的重要一翼；成为新兴的现代化城市连绵区。规划提出了要重点培育五大标志性产业集群，其中电子信息产业集群以杭州、宁波、绍兴等为重点（这里已是国内手机四大生产基地之一；国家级软件产业基地；国家级集成电路设计产业化基地），发展通信设备、软件、微电子、电子元器件、计算机网络以及配套研发、教育服务业等，成为以通信设备制造为特色、具有较强研发、设计能力的国际电子信息产业制造中心之一，与沪、苏电子信息产业共同构筑世界级的电子信息产业基地。

立足特色块状经济优势，发挥港口、滩涂等资源优势，利用后发优势改造提升传统特色优势产业，大力发展高新技术产业，有重点地开拓临港重化产业。选择基础条件较好、成长空间大、带动作用强、市场占有率高、盈利能力佳的产业，着力集成优势、重组产业与整合园区，强化创新、人才、流通功能平台建设，重点培育电子信息、现代医药、石化、纺织、服装等五大标志性产业集群，成为浙江省参与国际经济竞争的支柱力量；大力扶持交通运输设备、先进装备制造、新型金属材料及制品、造纸业及纸制品、家用电器及设备、食品加工制造等六大成长性产业集群，联动发展现代服务业和农业，形成产业之间、产业群之间开放协同、整合创新、动态优化、高效低耗的新型产业体系。

环杭州湾地区开发将伴随着跨杭州湾区域的"三角形"通道进一步建设，除即将兴建的慈溪——海盐杭州湾大桥外，绍兴至海宁的杭州湾大桥也将提上议事日程，若加上上海芦潮港及大小洋山以及舟山本岛至宁波的通道，萧山——海宁的钱江十桥实际上跨杭州湾通道的三角形整体网络随着开发推进而逐步形成。

加快落实、建设第二条"V"型临江滨海高速通道，建设环洲湾临江滨海高速公路，将近千平方米的滨海产业与城市分区连成一体，建立起与沪杭甬高速公路相辅相成的第二条工业化与城市化依托轴线，加快沪杭、

第八章 政府在促进长三角产业一体化中的作用

沪甬、苏嘉绍等区域性轻轨交通或城际轨道。

3. 江苏省制造业发展战略。

江苏省从优化全省生产力布局入手,以发展开发园区为载体,着力建设沿沪宁线高新技术产业带、沿江基础产业带、沿海经济产业带和淮北资源加工产业基地。江苏制造业经过多年的结构调整,特别是近几年加快承接国际产业和资本转移,逐步形成了沿沪宁线高新技术产业带、沿江基础产业带、沿海经济产业带和淮北资源型产业加工基地,年销售收入已达13 000多亿元,已发展成为江苏制造业的主体力量、建设国际性制造业基地的重要基础。

沿沪宁线高新技术产业带以南京到昆山的IT产业为主体,以苏州高新技术开发区、苏州工业园区、无锡高新技术开发区、吴江高新技术开发区、昆山高新技术开发区、南京高新技术开发区等七个高新技术开发区为基地,加快形成具有较强国际竞争力的电子信息产业聚集带。通过努力,力争该产业带建成电脑整机、计算机配套产品和电子基础材料三大全球生产基地,建成集成电路设计及产业、光电子设备及光纤、数字化视听设备、移动及卫星通信设备和软件五大全国生产基地。目前该产业带销售收入已达2 500亿元,部分电子信息产品已占据世界市场30%以上的份额。到2010年,该产业带力争销售收入超过10 000亿元。重点围绕移动通讯、光电子、微电子、计算机和软件等五个领域加快发展。

沿江基础产业带以沿长江两岸的基础产业为主体,以沿江31个产业园区为重点,充分利用沿江靠海的区位优势,加快构筑产业经济规模、专业特色明显、产业链配套的沿江基础产业聚集带,经过努力,力争将该产业带建成化工、装备、冶金、新材料、造纸五大全国生产基地。目前该产业带销售收入已达9 000亿元左右,到2010年,力争超过26 000亿元。重点围绕化工、装备、冶金、材料、造纸五大产业加快发展。

沿海经济产业带主要以南通、盐城和连云港三市临海县(市)为主体,以临海经济开发区为基地,以海洋资源为依托,加快形成全省未来经济发展的重要增长带。通过努力,在全面提升沿海地区经济发展水平的同时,争取将该产业带建成海产品加工、海洋医药、海洋化工三大全国生产基地。目前该产业带制造业销售收入超过1 200亿元,到2010年,力争超过3 000亿元。

参 考 文 献

一、中文著作

1. 国家统计局工业交通统计司：《2004 中国工业经济统计年鉴》，中国统计出版社 2004 年版。

2. 陈栋生：《中国区域经济新论》，经济科学出版社 2004 年版。

3. 张捷、赵民：《新城规划的理论与实验——田园城市思想的世纪演绎》，中国建筑工业出版社 2005 年版。

4. 盛世豪、郑燕伟：《"浙江现象"产业集群与区域经济发展》，清华大学出版社 2004 年版。

5. 靖学青：《长三角洲地区城市化与城市体系》，文汇出版社 2005 年版。

6. 中国社会科学院工业经济研究所：《中国 2003 工业发展报告》，经济管理出版社 2003 年版。

7. 经济合作与发展组织：《创新集群 国家创新体系的推动力》，科学技术文献出版社 2004 年版。

8. 曾骅、朱敏彦等：《21 世纪初长江三角洲区域发展战略研究》，中国社会科学出版社 2003 年版。

9. 洪银兴、刘志彪等：《长江三角洲地区经济发展的模式和机制》，清华大学出版社 2003 年版。

10. 中国社会科学院工业经济研究所：《中国 2004 工业发展报告》，经济管理出版社 2004 年版。

11. 中国社会科学院工业经济研究所：《中国 2005 工业发展报告》，经济管理出版社 2005 年版。

12. 上海市经济委员会：《2004 上海工业发展报告》，上海科学技术文献出版社 2004 年版。

13. 上海市经济委员会：《2005 上海工业发展报告》，上海科学技术文献出版社 2005 年版。

14. 上海市经济委员会、上海科学技术情报研究所：《2005－2006 世界服务重点行业发展动态》，上海科学技术文献出版社 2005 年版。

15. 杨汝万：《全球化背景下的亚太城市》，科学出版社 2004 年版。

16. 盛世豪、郑燕伟：《"浙江现象"产业集群与区域经济发展》，清华大学出版社 2004 年版。

17. 上海市经济委员会：《上海走新型工业化道路》，上海人民出版社 2003 年版。

18. 上海证大研究所：《长江边的中国大上海国际都市建设与国家发展战略》，学林出版社 2003 年版。

19. 王自亮、钱雪亚：《从乡村农业化到城市化——浙江现代化的过程、特征与动力》，浙江大学出版社 2003 年版。

20. 高汝熹、张建华：《论大上海都市圈——长江三角洲区域经济发展研究》，上海社会科学院出版社 2004 年版。

21. 丝奇雅·沙森著，周振华译：《全球城市 纽约 伦敦 东京》，上海社会科学院出版社 2001 年版。

22. 李清娟：《产业发展与城市化》，复旦大学出版社 2003 年版。

23. 朱文辉：《走向竞合》，清华大学出版社 2003 年版。

24. 万斌等：《2005 年：中国长三角区域发展报告》，科学技术文献出版社 2005 年版。

25. 江苏省经济贸易委员会：《江苏国际制造业基地战略研究》，江苏人民出版社 2003 年版。

26. 汪斌：《国际区域产业结构分析导论》，上海三联书店 2001 年版。

二、主要期刊

1. 窦珏：《江苏省纺织业要在竞争中巩固优势 发展优势》，载《经理参考》2003 年第 3 期。

2. 陈栋生：《利益补偿机制将助推中国城市合作》，载《中国经济时报》2005 年 9 月 13 日。

3. 陈耀：《新时期中国区域竞争态势及其转型》，载《中国经济时报》2005年6月17日。

4. 沈建新：《现代城市发展规划的3要素》，载《上海综合经济》2004年第9期。

5. 吕正：《中国能成为世界的工厂吗》，载《中国工业经济》2001年第11期。

6. 郑亚莉等：《浙江信息化改造的优势与障碍分析》，载《中国软科学》2003年第11期。

7. 黄伯和：《江苏纺织业应对后配额时代的预警措施》，载《江苏纺织》2004年第10期。

8. 课题组：《浙江纺织产业的发展思路和目标》，载《浙江经济》2005年第2期。

9. 范剑勇：《长三角一体化、地区专业化与制造业空间转移》，载《管理世界》2004年第11期。

10. 胡彬：《长江三角洲区域的城市网络化发展内涵研究》，载《中国工业经济》2003年第10期。

11. 邱风等：《对长三角地区产业结构问题的再认识》，载《中国工业经济》2005年第4期。

12. 施书芳：《用科学发展观关注长三角金融合作与互动》，载《上海企业》2005年第1期。

13. 叶耀明：《长三角城市群金融发展对产业结构变动的影响》，载《上海金融》2004年第6期。

14. 陈志等课题组：《长三角金融合作研究》，载《上海金融》2005年第3期。

三、课题研究报告

1. 政协上海市委员会：《展望明天——关于世博会与长江三角洲经济共同发展的若干建议》。

2. 上海市经济委员会等：《第二届长三角两省一市经贸合作会议资料汇编》。

3. 上海市经济委员会：《2005上海六大产业基地及开发区年度报告》。

4. 高汝喜、李金勇等课题组：《上海市生产性服务业内部结构与支持政策研究》。

5. 葛伟民等课题组：《长三角地区信息产业发展研究》。

6. 钱省三等课题组：《上海信息产业发展研究》。

7. 崔卫东等课题组：《上海及长三角装备制造业发展战略研究》。

8. 殷醒民等课题组：《上海在长江三角洲都市圈中的产业发展定位研究》。

9. 王玉课题组：《长三角装备制造业产业发展区带与上海的战略》。

10. 王忠红：《产业集群竞争力研究》上海财经大学博士论文。

11. 王步芳：《产业集群机理研究》上海财经大学博士论文。

12. 卓勇良：《走向后长三角时代——长三角大都市圈趋势与特征》。

13. 周振华等课题组：《上海十一五服务业发展战略研究》。

14. 秦世俊等课题组：《上海制造业问题研究》。

15. 瞿心声等课题组：《上海自主创新能力战略研究》。

16. 王维工等课题：《科学发展观与广义协同论》上海市经济体制改革研究会，上海市体制改革研究所。

四、英文资料

1. Saskia Sassen：Cities In a World Economy，—2nd ed，2000 Pine Forge Press.

2. John Brotchie，Peter Newton，Peter Hall and John Dichey 1999：East West Perspectives on 21st Century Urban Development：sustainable eastern and western cities in the new millennium，Ashgate Publishing Ltd.

3. Edited by E. S. Mill and P. Cheshire：Handbook of Regional and Urban Economics，1999 Elsevier Science B. V.

4. Thomas W. Shafer：Urban Growth and Economics，1977 by Reston Publishing Company，Inc.

5. Thierry J. Noyelle and Thomas M. Stanback，JR：The Economic Transformation of American Cities，1983 by conservation of Human Resources.

6. Philip McCann：The Economics of Industrial Location，Spinger-Verlag Berlin. Heidelberg 1998.

7. PhD Wang，Xiaowen：Agglomeration economies：Modeling and Inves-

tigation of China, University of Pennsylvania 2000.

8. Peter Newton and Peter Manins: Cities and Air Pollution, 1999.

9. Bruce A. Blonigen and Christopher T. Taylor, March, 2000, "R&D intensity and acquisitions in high-technology industry: evidence from the US electronic and electrical equipment industry" The Journal of Industrial Economics, Vol. XLVIII, pp. 47 – 70.

10. David L. Mckee and Richard E. Bennett: "Structural Change in An Urban Industrial Region", 1987 by Praeger publishers.

11. Sassen, Saskia: Cities in a world economic, 2000 by Pine Forge Press.

12. Porter, Michael E., 1990: The Competitive Advantage of Nations, New York, The Free Press.

13. Sung-Jong Kim, Productivity of cities, Published by Ashgate Publishing Ltd, 1997.

14. Mamoru Taniguchi, "Environmental and Urban Amenity in a Growing Mega-City", John Brotchie, Peter Newton, Peter Hall and John Dickey 1999 "East West Perspective on 21st Century Urban Development", 1999.

15. David Romer, 1995: "Advanced Macroeconomics", The Mcgraw—Hill Companies, Inc.

16. M. Kamien and N. Schwartz: "Market Structure and Innovative Activity". Journal of Economic Literature13, P. 32.

后　　记

　　对长三角的关注缘起于对上海产业功能定位的思考。关于上海的产业发展问题特别是制造业发展问题一直是学界争论的焦点，笔者主要从事制定上海产业发展规划和政策工作，需要将上海的发展置于长三角这样一个大环境中思考，因此，申请博士后工作站研究项目时，在博士论文《产业发展与城市化》的研究基础上，提出了研究长三角产业一体化问题，本书是在博士后出站报告基础上修改完成的。

　　在研究中投入精力最多的是生产性服务业部分的研究。笔者最早关注和认识生产性服务业在大都市经济中的地位和作用，是在2000~2002年间博士论文研究时期。1999年，阎小培在《信息产业与城市发展》一书中阐述了生产性服务业概念，2000年，Sassen在《Global City》一书中对生产性服务业是后工业化时期的主导产业进行了详细论述。笔者2002年博士研究生毕业后，进入上海市经济委员会工作，从事产业发展规划工作，在参与制定上海产业导向制定的工作中，在《上海产业发展与布局导向》（2003年）中首次引用了这一概念。2004年，在《上海优先发展先进制造业行动方案》（沪府2005［16］号文）中再次对生产性服务业发展重点和措施进行了深化。随后，生产性服务业一词见诸于上海各级政府的报告和文件中，江苏省2005年在制定现代服务业发展政策中也明确提出将生产性服务业作为发展重点。2005年笔者在起草制定《上海十一五生产性服务业发展重点和布局规划》过程中，系统地提出了生产性服务业发展战略。在此过程中，笔者还与嘉定区政府共同合作完成《上海江桥生产性服务业功能定位规划报告》，提出不适宜大规模发展制造业的上海近郊工业区，建立西郊生产性服务业集聚区的规划理念。之后又与闸北区政府合作完成《上海市北生产性服务业集聚区功能规划报告》，提出在老工业基地基础上，以"整合、优化、提升、完善、转型"为主线，建设环境优美、交通便捷和品牌影响力大的生产性服务业集聚区。总之，长期以来，笔者一直致力于将这一学术研究概念与政府实践紧密结合，并转化为政府的发展规划和推进措施。

目前，长三角地区在工业化的强力推动下，经济获得了快速发展，但是在发展过程中也面临着土地制度、人口制度、能源供应等方面的制约。长三角地区是我国重要的人口承载地，在建设用地指标、农业土地管理等方面需要向中央政府积极争取区域协调发展政策。需要在规划指导下，逐步实现城乡一体化的医疗保障、土地管理等制度改革，保持经济的协调可持续发展，使长三角地区成为产业技术先进，能够参与国际竞争力的制造业中心。

在政府部门的工作实践使笔者积累了大量的第一手研究资料，博士后工作站的研究工作又使笔者能够系统地关注和思考长三角产业发展中的问题。工作和学习的相互促进促成了本书的完成。

能够师从我国著名的区域经济学家陈栋生先生和制度经济学家邹东涛先生进行博士后研究工作是笔者莫大的荣幸。在2003年12月~2005年12月两年左右的博士后研究期间，始终得到两位导师的关注和支持，百忙中为我专门邮寄了有价值的研究资料，并在繁忙的工作之余审阅了论文初稿，提出了指导性修改完善意见，使我备受感动。他们严谨的治学态度、博学多识、忧国忧民的意识和对宏观经济的洞察力一直是学生为人治学的楷模，也是对今后研究的鞭策。我的博士生导师杨公朴教授一直关心和指导着我的研究工作，笔者每每遇到工作或学习的困惑，总能从恩师那里得到精神的滋养。

感谢所有向我传道授业解惑的老师们，尤其要感谢李杨先生、李茂生先生和郑新立先生，他们对论文选题、研究重点和研究方法等都提出了许多宝贵的指导意见。

本书还吸收了上海市副市长胡延照先生、上海市人民政府副秘书长兼经委主任徐建国先生的许多观点和思想。两位领导对上海及长三角经济发展中遇到的深层次问题高屋建瓴的把握能力和认识观点拓展了笔者的研究视野。

上海社科院周振华教授、复旦大学殷醒民教授、上海财经大学王玉教授在有关专家座谈会上非常有见地的发言内容也融入到了本书的观点中。

后　记

本书形成过程中，宋炳颖女士、刘平博士、陈林先生、郭保强博士和陈海林先生等提供了非常有价值的研究资料。严佳小姐和李悠小姐的部分文字录入工作保证了本书的如期完成。

感谢中国社科院金融研究所、中国博士后特华工作站的王力博士和黄育华博士的关心和指导，感谢王忠勤女士和张博先生给予的帮助。感谢上海市经济委员会的领导和同事们给予的宽容和理解，特别是夏雨先生多年来给予的一贯支持。

感谢我的家人这么多年给予我精神和经济的双重支持，使我能够无忧无虑地全身心地投入到自己热爱的政府战略和产业规划工作中。最后，感谢所有关心、支持我的老师和朋友，他们对我的工作和理论研究给予了极大的理解、帮助和支持。

李清娟

2006年3月于上海东方文苑寓所

责任编辑：吕　萍　白留杰
责任校对：徐领柱
版式设计：代小卫
技术编辑：李长健

长三角都市圈产业一体化研究
李清娟　著
经济科学出版社出版、发行　新华书店经销
社址：北京市海淀区阜成路甲 28 号　邮编：100036
总编室电话：88191217　发行部电话：88191540
网址：www.esp.com.cn
电子邮件：esp@esp.com.cn
北京汉德鼎印刷厂印刷
三河海跃装订厂装订

787×1092　16 开　15.25 印张　240000 字
2007 年 8 月第一版　2007 年 8 月第一次印刷
印数：0001—3000 册
ISBN 978-7-5058-6418-4/F·5679　定价：30.00 元
(图书出现印装问题，本社负责调换)
(版权所有　翻印必究)